U0605377

小型无人机运用效能评估

主　编：何江彦　史宪铭

副主编：胡永江　赵　乾　毛　琼

国防工業出版社

·北京·

内 容 简 介

本书重点介绍了无人机运用效能评估。主要内容包括绪论、无人机运用效能评估的基本问题、无人机运用效能评估的常用方法、基于ADC的无人机运用效能评估、基于云模型的无人机作战效能评估、基于G1法与熵值法组合赋权的无人机运用效能评估、模糊层次分析法无人机运用效能评估、基于SEA的无人机运用效能评估方法、无人机运用TOPSIS多属性决策方法、基于G1法与灰色关联组合赋权的无人机运用效能评估、侦察无人机指数法效能评估以及基于神经网络的无人机运用效能评估。

本书可为无人机工程技术与管理人员从事无人机保障相关工作参考使用，也可作为高等院校理工科各相关专业和管理专业、军事装备学专业高年级学生与研究生的教材使用，亦可作为广大科技人员和管理人员的培训教材及自学参考书。

图书在版编目（CIP）数据

小型无人机运用效能评估 / 何江彦，史宪铭主编 ；胡永江，赵乾，毛琼副主编. -- 北京 ：国防工业出版社，2025. -- ISBN 978-7-118-13635-7

Ⅰ. E844

中国国家版本馆 CIP 数据核字第 2025XR0792 号

※

国防工業出版社 出版发行

（北京市海淀区紫竹院南路 23 号　邮政编码 100048）

北京凌奇印刷有限责任公司印刷

新华书店经售

*

开本 710×1000　1/16　**印张** 13¼　**字数** 232 千字

2025 年 4 月第 1 版第 1 次印刷　**印数** 1—1500 册　**定价** 89.00 元

国防书店：（010）88540777　书店传真：（010）88540776

发行业务：（010）88540717　发行传真：（010）88540762

前　言

无人机系统是促进未来国民经济发展的重要装备之一，也是当代打赢信息化、智能化战争的重要装备之一。军用无人机系统是信息化战争中夺取信息优势、实时精确打击、完成特殊作战任务的重要装备之一，是未来军事力量的倍增器。民用无人机系统在国民经济建设中，可充分利用空域资源、空中视角功能，被广泛应用于农业、遥感、安保、物流、数据传输等多个领域，实现国民经济快速增长。因此，对无人机的运用效能进行评估势在必行。

无人机运用效能评估是无人机保障建设和决策的基础性工作，本书结合目前无人机运用效能评估中存在的实际问题，以提高无人机运用效能评估的科学性为目的，运用统计推断方法，对面向无人机运用效能统计分析问题展开研究，以期为提高无人机运用效能评估的科学性提供基础。

本书的特色和重点在于无人机的作战过程分析和运用效能建模方法的运用，具体是以无人机系统为研究对象，根据无人机在不同作战任务中的特点和不同的研究目的，分别以AD法、云模型、G1法与熵值法组合赋权、模糊层次分析法、战略环境评估（SEA）法、逼近理想解排序（TOPSIS）法、多属性决策方法、G1法与灰色关联组合赋权、指数法、神经网络等理论和方法对无人机的运用效能进行分析。

全书分为12章。第1章为绪论，介绍了无人机的发展，围绕着运用效能评估进行了综述，并对无人机运用效能评估趋势进行了展望；第2章为无人机运用效能评估的基本问题，介绍了无人机系统基本问题、运用效能评估基本问题和无人机运用效能评估的指标确定和基本流程；第3章为无人机运用效能评估的常用方法，介绍了无人机运用效能评估用到的经典模型算法，并分析了各种方法的优缺点和适用范围；第4~12章分别为基于ADC的无人机运用效能评估、基于云模型的无人机作战效能评估、基于G1法与熵值法组合赋权的无人机运用效能评估、模糊层次分析法无人机运用效能评估、基于SEA的无人机运用效能评估方法、无人机运用TOPSIS多属性决策方法、基于G1法与灰色关联组合赋权的无人机运用效能评估、侦察无人机指数法效能评估以及基于神经网络的无人机运用效能评估，各章之间既有一定的连贯性，又相对独立，读者可根据需要自行选用所需内容。

本书以作者相关科研任务研究为基础，通过整理近年来研究成果编写而成。由于学识和水平有限，书中不妥和疏漏之处在所难免，恳请读者与专家批评指正！

作　者

2024年12月于石家庄

目　　录

第 1 章　绪　　论

1.1　引言

人类从认识自然界开始，就在不断地做出决策。决策的好坏一般通过主观判断确定，决策带来的效果也是通过直观观察来进行的。随着人类认识的不断深入，决策的类型开始多种多样，用来进行辅助决策的手段和方法也越来越多，并且同时融入了主、客观的因素，这种辅助决策实际上就是评估，当然，随着评估概念的泛化，评估不止是为了决策，还可以进行装备运用方案的优化、装备性能的评价等。

效能是评价装备的主要指标，合理地评估装备效能可以反映装备在运用环境中的使用效果，进而辅助装备的开发论证和多个决策方案的对比选择。在此基础上，对装备设计参数、科学决策方案进行优化，可以获得更好的运用效果，是装备管理、开发和运用的重要依据。可见，运用效能评估在装备的研发、管理和使用方面具有重要作用。

无人机技术被认为是未来的颠覆性技术之一，是当前和未来高科技战争决定胜负的重要利器之一，是各军事强国必争的战略制高点。近年来发生的几场局部战争表明，空中战场复杂而危险，情报、监视和侦察的需求使无人机系统成为承担“危险、肮脏和枯燥”任务的最佳选择。

本书主要针对无人机运用效能进行评估。无人机的运用效能评估是指无人机完成作战任务程度的量度。无人机的作战效能评估可看作无人机运用效能的特殊情况。但是作战状态的运用和普通的运用还有所区别，由于作战过程是动态的，评估实时性更强，并且不知道对方的行动计划，快速反应能力更强。因此，评估的过程要紧密结合作战任务，评估的难度比较大，此外，评估的结果涉及其他的因素众多，如作战装备（无人机的型号）、作战环境、人员操作熟练程度等，因此，评估过程和指标选取有很大的关系，选取不同的评估指标，得出的评估结果可能不同，选取相同的评估指标，由于指标是动态的，其评估结果也不尽相同，这样无人机作战效能动态评估的结果存在不唯一、不确定、不完备的缺陷，如何提高评估的准确性和一致性，需要不断改进评估的算法，这也是作战效能评估研究的重要方向。

1.2 无人机系统概述

1.2.1 无人机系统的发展

无人机诞生于20世纪20年代，近年来无人机迎来了爆发式的发展，2013—2017年全球无人机的销量由15万架增加到300万架，5年时间增长了近20倍。近年无人机任务载荷也取得了日新月异的进展，并在军、民用领域发挥了极其重要的作用和效能。我国无人机系统走过了从无到有、从仿制到自主研发的艰难历程，突破了很多关键技术，取得了一系列技术成果，不仅涌现了像“翼龙”“彩虹”及“旋戈”等一批国际先进、国内一流、拥有自主知识产权的无人机型号，而且研制了“龙眼”等一批性能优良的光电载荷、导弹武器、雷达、数据链等机载产品，为国防建设和国民经济建设提供了性能优良的无人机系统和产品。

无人机自其诞生以来就一直被赋予作战任务，经过近一个世纪的发展，无人机在现代战争中的作用越来越明显，已成为空中作战力量不可缺少的组成部分，尤其是在近几次的局部战争中，无人机装备发挥着越来越不可替代的作用，无人机作战力量终将成为未来战场面对强敌最重要、最根本的手段，无人机的运用评估也受到越来越多的关注。

无人机系统的运用效能受到多种因素的影响，包括硬件组成、软件和控制技术、任务规划和执行能力、安全性和可靠性、应用领域、标准和法规、人员素质、环境因素以及维护保养等。要提高无人机的运用效能，需要在这些方面进行不断的优化和完善。

1.2.2 无人机系统的特点和优势

相较于传统的飞机和导弹等飞行器，无人机具有以下显著的特点和优势。

（1）无人化操作。无人机最大的特点是无须人类直接操控，通过程序控制装置和/或遥控设备进行操作。这种无人化操作模式使得无人机能够在高危险性环境中执行任务，从而避免了人员伤亡。此外，无人机的操作还具有快速响应的特点，能够在短时间内到达指定区域并执行任务。

（2）灵活性和机动性。无人机具有灵活的飞行能力和快速响应的特点，可以在短时间内到达指定区域并执行任务。这种灵活性和机动性使得无人机能够适应不同环境和任务需求，并在时间和空间上具有更高的自由度。相比之下，传统的飞机和导弹等飞行器往往受到航程、速度和机动性的限制。

（3）经济性和高效性。无人机在执行任务时具有显著的经济和高效优势。

无人机的使用可以降低成本，减少人员伤亡的风险，并且可以在短时间内完成多次任务。相比之下，传统的飞机和导弹等飞行器在执行任务时需要耗费大量人力物力，并且可能受到天气、地形等自然条件的限制。

（4）多功能性和适应性。无人机可以根据不同的任务需求进行定制和改装，以适应不同的应用场景和需求。这种多功能性和适应性使得无人机在各种领域中具有广泛的应用前景，例如侦察、监视、交通监管、消防、农业和娱乐等。相比之下，传统的飞机和导弹等飞行器往往只能执行单一的任务。

（5）高度智能和自动化。随着技术的发展，无人机逐渐具备了高度智能和自动化的能力，可以自主进行飞行控制、任务规划、载荷配置等操作，更加高效和智能化。这种高度智能和自动化技术使得无人机在执行任务时具有更高的精度和可靠性。相比之下，传统的飞机和导弹等飞行器往往需要人工操作和控制。

因此，无人机的特点和优势使其在许多领域中具有广泛的应用前景。在民用领域，与其他飞行器相比，无人机的无人化操作、灵活性、经济高效性、可持续性、多功能性和高度智能自动化等技术优势使其在各种应用场景中展现出独特的价值。随着技术的不断进步和发展，无人机的性能和应用范围也将不断扩大和完善。

在军用领域，近年来发生的几场局部战争表明，空中战场复杂而危险，情报、监视和侦察是战场指挥官最为关注的焦点，“零伤亡”的战争理念和长航时的监视需求使得无人机系统成为承担“危险、肮脏和枯燥”任务的最佳选择。无人机系统作为一种高效费比、高成功率、低风险的武器装备之一，必将在未来以信息作战能力为中心的战场环境中大显身手。

1.3 运用效能评估综述

1.3.1 效能评估概况

效能是反映装备完成任务的情况，和能力、性能的字面意思很相近，但是又有区别。以无人机装备系统为例，其效能可以指无人机单项指标效能，如无人机续航能力、最大飞行速度等；也可以是无人机系统的综合指标效能，如无人机侦察能力、保障能力等。系统效能的评估是系统基于目标的综合能力的反馈，为执行装备相关任务提供客观指导，是分析装备运用定性与定量问题的综合评价。

效能评估分为静态效能评估和动态效能评估，静态效能评估一般是对装备本身具有的固有能力、功能的评估，适用于装备运用前的预评估；动态效能评估基于任务需求，融入所处的作战环境、作战任务、人员因素等非线性因素，通过恰当的评估算法和模型，对装备运用情况给予客观、全面的评价，多用于装备运用中的实时评估。

1.3.2 效能评估发展历程

效能评估是系统工程与运筹学交叉产生的一个研究方向，其科学研究可以追溯到第一次世界大战，至今已有一百多年的时间。在今天看来，第一阶段即萌芽阶段，从20世纪初期至50年代末期，历经两次世界大战，效能评估理论以概率论与数理统计和早期运筹学理论为主，研究对象主要是单一武器装备；第二阶段即发展阶段，从20世纪60—80年代末期，系统工程理论和仿真技术不断发展，研究对象为武器装备系统，甚至武器装备体系，研究手段从物理实验向计算机仿真发展；第三阶段即快速发展阶段，从20世纪80年代末期至今，随着多军种联合作战需求的与日俱增和仿真技术的深入发展，研究重点一方面是武器装备体系作战效能的仿真评估、分析与优化，他们研究的大部分问题都属于运用效能评估的研究范畴，这为运用效能评估的持续发展奠定了牢固的基础。

效能评估问世一百余年中，相关理论的发展研究状况如下。

1. 第一阶段：效能评估的产生和发展（20世纪初期至50年代）

第一次世界大战初期，英国工程师Lanchester利用冷兵器时代作战和近代枪炮作战的特点，建立了相应的微分方程，揭示了作战效能与火力、兵力的关系。同时代的美国科学家T. A. Edison利用概率论与数理统计的方法研究水面舰艇躲避和击沉潜艇的战术选择。20世纪30年代，第一次世界大战刚刚结束，为了能够对武器的威力进行定量评判，一些国家开启了弹药对目标的杀伤效果研究。

第二次世界大战期间，美国、英国、苏联等国家的工程师、科学家和专业人员参加到国防工作中，创立了军事运筹学这一新兴学科。英国面对德国轰炸，为尽早探测到德军飞机而成立了历史上第一个军事运筹学小组，解决雷达的运用问题。20世纪40年代，《空中射击》一书的问世标志着空中射击效能理论的诞生。美国卷入第二次世界大战后，盟军建立了多个运筹学小组，研究舰队护航、反潜技术、轰炸精度、两栖作战等问题。到了40年代末，相关研究开始趋向于系统化，并出现了易损性的相关概念。1945年，一些组织和机构开始在机载火炮的运用中对机炮的最优口径问题进行研究，这标志着易损性分析正式开始。1945年，高尔莫嘎洛夫发表了两篇关于作战效能的论文，指出射击的目的是为了杀伤目标，射击效能可用对目标的杀伤概率描述。

2. 第二阶段：效能评估方法的多样化（20世纪60—80年代末期）

系统工程的出现使武器装备效能评估理论得到进一步发展。在这一发展阶段，由于计算机的出现，促进了相关数值分析理论的发展，从而涌现出大量的数值分析方法，并被不断应用到相关的效能评估理论中，效能评估得到了迅速的发展。

美苏冷战前期，美国和苏联等军事强国先后组建了相应的作战效能研究部门。1961 年，苏联茹科夫空军工程学院的温特查理出版了《作战效能的理论基础和运筹学研究》一书，这是苏联第一本作战效能相关的教科书。该书与 1964 年出版的《现代武器运筹学导论》一同奠定了系统效能评估的基础。1965 年，美国武器工业效能咨询委员会（weapon system effectiveness industry advisory committee，WSEIAC）提出了经典的 ADC（availability，dependability，capacity）效能模型，该模型通过综合武器装备的可用性、可信赖性和作战能力 3 项指标来评估武器装备的“技术效能”。1968 年，Hayward 对作战效能的度量进行研究，将作战效能描述为作战的成功概率。由公式可知，作战效能与能力、环境和使命相关。

3. 第三阶段：现代效能评估方法（20 世纪 80 年代末期至今）

这一阶段效能评估的发展主要是受到计算机仿真技术和人工智能、虚拟现实等技术发展的带动，作战效能评估开始向网络化和集成化方向发展，各种大规模、多兵种的效能评估方法开始出现，同时跨地区、跨平台的作战实验手段也在不断涌现。

20 世纪 80 年代，以美军为代表将武器装备建模与仿真广泛应用到武器装备效能评估与分析中。1983 年，美国国防部高级研究计划局实施了 SIMNET 研究计划，这一研究使分布在美国和欧洲各地的仿真器连接到一起，实现了武器装备的分布式作战仿真。1991 年，美国参联会提出 C4I 计划，之后不断发展，相继出现全球指挥控制系统（GCCS）、先进作战空间信息系统概念和 C4ISR，为复杂系统的体系结构、组织关系和信息传递等提供了通用的架构框架，体系开发过程由以产品为中心转向以数据为中心。

众多学者在诸多领域研究了效能评估，并且成果斐然。其中一个重要研究方向就是效能的度量。多篇文献指出，效能度量有两种途径，一种就是作战结果的直接观测，包括实战、演习和仿真等方法；另一种就是解析效能的度量。仿真虽然可以从不同想定中得到数据，但是不能形成准则来解释效能影响因素有哪些、为什么效能结果很好或很差等。2014 年，Dutta 针对单个舰船和多个拦截机对抗一个非机动弹道导弹的想定，采用概率论的方法分析反舰导弹的防御效能。由于效能依赖系统中的诸多变量，因此效能的评估通常是非常复杂的。

此外，通过效能评估的研究进而对费效比做了进一步探索，可以得到研制方案、设计方案或使用方案的优劣和以一些因素对效能的影响。2011 年，Campbell、Krempasky 和 Bosworth M 研究了 GFS（global fleet station，全球舰队站）使命以及需要的资源，依据美国海军和美国海岸警卫队的历史数据，通过费效比分析认为 GFS 是有必要的。同年，Goff、McNamaraC、Bradley 等评估改变维修计划和平台设计的成本和效果，通过仿真分析政策影响和哪些措施可以达到部署目标。同年，Martens 和 Rempel 利用效能、不匹配性和想定依赖程度 3 个指标评估 3 种高层方法论（high - level methodologies），通过应用实例得到矢量方法效果最好。2012 年，Meo、Chiesa、Fioriti 等考虑将涡轮机螺旋桨式飞机安装增补的柴油涡轮增压发动机，从而使该飞机执行空中预警与控制使命，费效比优于其他 4 种方案。同年，Dahalan、Mansor 和 Shaharudin 等基于压电薄膜设计了合成射流激励器，并通过估计参数和实验的方式评估其性能。2013 年，Asadi 和 Sabzehparvar 利用可达平衡点和数值计算方法评估机翼受损对飞机飞行包线和局部稳定性的影响。2015 年，Romich、Lan 和 Smith 针对传感器覆盖和通信问题，建立解析模型并选取通信效能度量指标，进而采用逼近方法和割平面算法优化。2016 年，Grzesik 利用模糊理论评估飞行器系统效能，并通过计算机仿真得到飞行速度、空投高度和攻击角度与效能的关系。

国内开展效能评估研究的时间并不算长，可追溯到 20 世纪 90 年代初，时至今日效能评估相关研究包括效能综合评估、基于效能评估结果的方案排序、效能分析和效能优化等应用目的，另外出现了装备仿真评估理论、方法和技术的研究。主要以有关航空院校、国防院校和研究院所为主，很多军事专家和国防工业专家进行了卓有成效的研究工作，研究成果主要有：建立装备效能评估的指标体系，进而选择合适的方法进行综合评估；在装备论证及方案阶段、工程阶段和使用阶段，需要对多个研制方案、设计方案和使用方案进行对比选择，效能评估结果为多个方案的对比选择提供了重要依据，得到的方案优劣排序；改变影响因素的大小，分析和优化装备系统的效能。目前，效能评估领域的相关理论和方法已经被应用到武器设计、实验、作战应用等诸多领域，成为武器研制和使用中必不可少的一项关键技术。

1.3.3 无人机运用效能评估的必要性

随着现代战争形式的变化和无人机技术的不断发展，无人机越来越多地参与到直接攻击任务中，因此对无人机的作战效能进行评估这一需求日益迫切，并逐渐成为一项重要的研究课题。

近年来，随着无人机技术、计算机仿真技术、虚拟仿真技术的不断提高和发展，相应的无人机运用效能评估技术也在迅速发展，并逐渐成为无人机设计论证和使用领域的一项重要研究内容。如何在现代的高科技战争中合理使用无人机这种先进武器，充分发挥它的运用效能，是各国军方普遍关注的一个问题。要解决上述问题，合理、全面地对无人机运用效能进行衡量是关键。因此，无人机的运用效能评估已经贯穿于无人机的设计、生产和使用等全寿命周期中的各个阶段。

大体来说，无人机运用效能评估的重要意义在于以下几方面：

（1）促进相关无人机研制技术的发展；

（2）为无人机的合理使用提供一定参考，从而能够在一定程度上促进相应技战术水平的提高与进步；

（3）为相关部门制定规则和方案提供依据，为规则制定者和方案决策者提供参考信息；

（4）为科学训练无人机操作员提供依据，从而提高人机匹配程度，进而提高无人机作战效能；

（5）为我国航空武器装备的发展研究道路提供方向，为我军航空武器装备的建设和完备提供科学依据。

总之，无人机的运用效能评估，对我国航空工业和相关国防事业的发展、进步有着不可替代的重要意义，是推进我军现代化建设的一种有效手段。由于无人机具备有人机和其他作战武器无可比拟的优势，因此各个军事强国争相发展本国的无人作战飞机。下面简要介绍无人作战飞机的研究现状。

1.4　无人机运用效能评估趋势与展望

1.4.1　趋势

目前，国内外关于无人机系统效能评估方面的研究越来越多，评估手段常见的方法有基于专家经验、统计分析、模拟仿真、数据演示等方式，通过定性或者定量方式对无人机系统效能进行综合评估，并且模型算法研究越来越有深度。

1. 将新理论与作战效能评估相结合

无人机作战效能评估的原始资料有限，且分散难收集，在很多数据缺失的情况下，应充分运用智能学习算法，如神经网络等，对数据信息进行深度挖掘，提取其中有用的部分进行归纳总结，提高无人机运用效能评估的可靠性。不断提高新数学理论、智能控制理论在评估中的应用比例，使无人机评估朝着信息化、现代化的方向发展。

2. 建立高精度动态模型

目前，对无人机作战效能评估的方法多为传统的评估方法，这些经典的评估方法都属于静态分析，得到的效能指标只能反映无人机的静态能力属性，其与实战中的复杂作战想定背景下的对抗条件属性有一定区别，此类方法虽能满足对无人机装备的初步总体论证需求，但不能很好地反映整个攻击过程效能的波动情况，越发难以满足贴近实战化作战的要求理念。现有大量运用仿真法评估无人机作战效能的实例，但模型主要集中于飞行仿真、自导模型检测方面，实例多是讨论某一特殊情况对无人机作战效能的影响，其精度普遍不高，考虑战场环境及目标的要素较少，对一些复杂过程只能通过简化模型得到近似值。下一步要加强动态仿真模型的建立，不断提高作战模型的精度，完善对无人机动态全过程能力属性的评估。

3. 多种方法对比分析

目前的研究多采用单一方法对某一无人机进行分析和研究。这种单一对象、单一方法的作战效能评估在可靠性、合理性和有效性上缺乏支撑。基于此，在未来的评估中：一是要采用多方法评估，并对结果进行验证、比对，进一步提高评估效果的合理性和科学性；二是要对输入的原始数据、评估模型进行置信度检验，提高评估结果的真实性。

4. 明确相关概念、统一评估指标

只有完善的指标体系和成熟的评估方法才能对评估结果进行比较分析，才能达到“以评领战，以评促战”的目的。无人机作战效能评估虽有明确定义，但在作战效能评估中仍存在概念不统一的现象，如对“作战效能”“系统效能”等概念的理解存在偏差。评估标准和方法的变化会影响评估结果的稳定性，使不同评估结果缺乏对比性。这就要求规范描述作战行动、作战评估及作战效能评估中涉及的相关概念，统一无人机作战效能评估指标体系（如规定目标潜艇性能参数、统一仿真模型等），以提高评估结果的通用性。

5. 深入开展体系效能评估研究

进入 21 世纪，体系作战被世界各国关注。现代化战争中投入的装备种类越来越多，装备之间的协同作战构成的体系对抗成为决定战斗胜负的关键点。在此背景下，独立研究无人机的作战效能已不能全面衡量装备效能，必须考虑无人机对体系作战效能的提升能力，即体系贡献率。现代海战中，无人机因具有高效反潜的优势，其作战效能和体系贡献率不断提高，对其进行体系效能评估研究在装备使用和发展中具有重要意义。

6. 评估的结果更准确、更合理

无人机运用效能评估不仅是对目标任务的评估，科学合理的模型算法对无人机装备运用过程中性能改进提供更准确的数据支撑，也为无人机功能完善、技术的更新提供合理化建议，因此，提高评估结果的准确性也是效能评估研究的重点。

效能评估是辅助决策的重要手段，尽管评估的任务不同、时机不同，但是评估的最终目的是相同的，就是得到可取的评估结论。客观合理的评估结果不是一次性取得的，评估的过程是指标不断优化的过程，尤其基于装备复杂任务的效能评估，评估算法也在不断改进和完善，评估的结果更具合理性。

1.4.2 展望

无人机作战效能评估的发展是很困难的，有众多外在因素的影响，各种不确定的影响直接导致作战效能评估难度直线飙升，并且还会出现很大可信度低的评估方法，为此不止需要去验证相关理论与方法的正确性，更需要从科学客观的角度出发，去实践验证那些可操作的方法，主要难点包括以下 3 个方面。

1. 无人机的体系化和协同化

无人机的发展已经不再是传统意义上的单平台单系统的对抗，而是变为了现代化的体系与体系之间的对抗，尤其是多系统作战的方式更是广为流行。如何适应多系统之间的协同作战发展，也是极大地考验了作战效能评估，故此传统的效能评估体系已经难以适应时代发展，如何以此为目标实现体系化、协同化的对抗发展中进行作战效能指标体系建立与方法探索值得重视。

2. 人为因素和电磁环境的影响

人为因素对于作战效能评估的影响也是存在的，如评估指标中就有需要靠专家经验，对相关指标进行评估时，往往会因为专家的经验产生偏差，此外系统、装备的维护也会导致微小的干扰，故此必须要重视降低人为因素的影响。此外，在现代战争中也受到了环境影响，尤其是电磁场的干扰方面，对于瞬息万变的战场，电子设备受到的影响必须重视，故此评估中还需要将电磁场纳入其中，进行电磁场环境下的影响评估。

3. 作战对象的未知性与评估时效性

现在有很多的评估方法准则以及体系，都是建立在对作战对象进行了充分了解的基础上了解对方的参数信息等，若是出现了不曾了解的装备，没有具体的数据信息，那么效能评估体系将会失去作用，即便是参数数据较为模糊，其评估方面也会大打折扣。此外，还有一个很重要的影响因素，就是现代战争的信息时效性。不同于传统战争，如今已经步入了信息作战时代，对于实时化时效性要求极高，如何在复杂的战场环境中，还能完成对资源的分配、战略的部署、方案决策的改变传递、准确有效调动兵力及掌握敌方动向，都有着很重要的影响，故此，无论是对作战对象的了解，还是对评估方面时效性的了解，都是值得研究的内容。

1.5 本章小结

本章主要介绍了无人机运用效能评估的背景、意义、发展历程以及趋势与展望。首先，阐述了人类决策的历史发展，指出评估在决策中的重要性，并特别强调了效能评估在装备管理、开发和运用中的关键作用。然后，介绍了无人机系统的发展历程、特点和优势，以及其在军用和民用领域的广泛应用前景。接着，综述了效能评估的概况、发展历程和无人机运用效能评估的必要性，指出效能评估对无人机技术发展和作战应用的重要意义。最后，讨论了无人机运用效能评估的趋势与展望，包括结合新理论、建立高精度动态模型、多种方法对比分析、明确相关概念和统一评估指标、深入开展体系效能评估研究以及提高评估结果的准确性和合理性，并指出了未来效能评估发展面临的主要难点和挑战。

参考文献

[1]韩建立,郭聚,李新成,等. 鱼雷作战效能评估方法综述[J]. 海军航空工程学院学报,2021,036(002):206-212.

[2]杨克巍,杨志伟,谭跃进,等. 面向体系贡献率的装备体系评估方法研究综述[J]. 系统工程与电子技术,2019,41(2):11.

[3]嵇成新. 军用无人机的用途及关键技术[J]. 现代防御技术,2009,37(6):26-30.

[4]代君,管宇峰,任淑红. 多旋翼无人机研究现状与发展趋势探讨[J]. 赤峰学院学报(自然科学版),2016,32(16):22-24.

[5]刘大臣,贺晨光,王万金. 无人机的应用与发展趋势探讨[J]. 航天电子对抗,2013,29(4):15-17,21.

[6]贾曙光,金爱兵,赵怡晴. 无人机摄影测量在高陡边坡地质调查中的应用[J]. 岩土力学,2018,39(3):1130-1136.

[7]中通无人机团队. 物流无人机的发展与应用[J]. 物流技术与应用,2019,24(2):110-114.

[8]付松源. 系留多旋翼无人机及其在战术通信中的应用[J]. 电子技术应用,2018,44(4):14-17.

[9]陈浩光,李云芝. 武器系统效能评估与评估创新[J]. 装备指挥技术学院学报,2004,15(4):1-5.

[10] Lanchester F W. Aircraft in warfare: The dawn of the fourth arm [M]. London: Constable and Company, 1916:172.

[11]邵国培,徐学文,刘奇志,等. 军事运筹学的过去现在和未来[J]. 运筹学学报,2013,17(1):10-16.

[12. 汪民乐,高晓光,蔡付东. 作战飞机效能分析研究综述[J]. 飞行力学,2001,19(4):1-5.

[13]周哲帅,何俊,方红兵,等. 电子对抗条件下地空导弹武器系统作战效能评估与展望[J]. 飞行力学,2011,(4):43-46.

[14] Hayward P. The measurement of combat effectiveness[J]. Operations Re-search,1968,16(2):314-323.

[15] Miller D C, Thorpe J A. Siment-the advent of simulator net-working [J]. Proceedings of the IEEE,1995,83(8):1114-1123.

[16]徐安德. 防空导弹武器系统反空袭抗多目标作战效能的评定[J]. 航空兵器,1990,(6):13-16.

[17]焦彦维,侯德亭,周东方,等. 无人机在复杂电磁环境下的效能评估[J]. 强激光与粒子束,2014,26(7):1-6.
[18]张洋铭,陈云翔,向华春,等. 航空四站保障效能组合评估方法[J]. 系统工程与电子技术,2017,39(2):340-347.
[19]齐照辉,王祖尧,张为华. 基于区间数多属性决策的导弹突防效能评估方法[J]. 系统工程与电子技术,2006,28(11):1700-1703.
[20]唐政,孙超,刘宗伟,等. 基于灰色层次分析法德水声对抗系统效能评估[J]. 兵工学报,2012,33(4):432-436.
[21]钟麟,倪世宏,钟卫. 不确定环境下战斗机采购效能评估模型[J]. 系统工程理论与实践,2013,33(1):194-198.
[22]谭乐祖,杨明军,向迎春,等. 武器系统效能评估方法研究[J]. 兵工自动化,2010,29(8):13-15,22.
[23]杨明,焦松,李伟. 武器作战效能参数化仿真评估技术研究[J]. 北京理工大学学报,2013,33(12):1269-1273.

第 2 章　无人机运用效能评估的基本问题

2.1　无人机系统

2.1.1　无人机系统的定义与分类

无人机（unmanned aerial vehicle，UAV）系统简称为无人机，关于无人机的标准定义，目前还没有统一的说法，一般指飞行员不在飞机上，由动力驱动可自动飞行、可重复使用的航空飞行器，称为无人机；能够完成一定任务的无人机。无人机系统（UAVS）是指用于执行特定任务的自主飞行的无人机，以及与其配套的通信站、起飞（发射）回收装置以及无人机的运输、储存和检测装置等的统称。

无人机在执行任务过程中，飞行员不在飞机上，但是不代表不需要人的参与，因此，无人机确切地讲一般指无人机系统。

目前，随着无人机技术的不断发展，无人机类型越来越多，根据分类准则的不同，一般有下面几种分类方式。

1. 按照起飞重量（尺寸）分类

按照无人机起飞重量分类，无人机系统主要分为大型、中大型、中型、中小型、小型、微小型无人机、微型无人机等。

2. 按照功能分类

无人机系统按照功能分类，主要分为战场侦察无人机、电子对抗无人机、通信中继无人机、预警无人机、察打无人机、空战无人机、运输无人机、特战无人机等。

3. 按照飞行器的外形分类

其可分为固定翼无人机、旋翼无人机、复合翼无人机、倾转旋翼无人机、倾转机身无人机、飞翼布局无人机、软翼无人机、两栖无人机等。

4. 按照续航时间分类

其可分为超长航时无人机、长航时无人机、中航时无人机、短航时无人机等。

5. 按照飞行航程分类

其可分为超近程无人机、近程无人机、中程无人机、远程无人机等。

6. 按照飞行高度分类

其可分为超低空无人机、低空无人机、中空无人机、高空无人机、临近空间无人机、空天无人机等，如“全球鹰”属于高空长航时无人机。

7. 按照飞行速度分类

其可分为低速无人机、中速无人机、高速无人机、超声速无人机等。

8. 按照发射回收方式分类

其可分为垂直起降无人机、滑跑起降无人机、零长发射无人机、伞降回收无人机、撞网回收无人机、撞钩回收无人机、投放无人机等。

9. 按照测控方式分类

其可分为视距测控无人机、超视距测控无人机、网络化无人机等。

此外，还有很多其他的分类方式，如可根据无人机的隐形性，也可根据无人机的人员操作情况，如单兵无人机等。研究的视角不同，分类原则就不同。

2.1.2　无人机系统的运用及流程

无人机自诞生以来就一直被赋予作战任务，经过近一个世纪的发展，在现代战争中的作用越来越明显，逐渐成为国防装备中不可或缺的一个重要组成部分。无人机系统为使用者提供的优势是多方面的，尤其是在通常被归类为“枯燥、肮脏和危险”的任务领域，无人机系统是提高组织效能的力量倍增器。无人机系统提供持久性、多功能性、生存性和降低对人员伤亡的风险。在许多情况下，无人机系统是首选的替代方案，特别是对于任务的特点是枯燥、肮脏或危险的场景。

枯燥的任务是无人机系统的理想工作选择，因为它们涉及长期的任务和不适合载人系统的常规任务。一个很好的例子就是，无人机系统需要执行长时间的观测和监视任务，如在阿富汗和伊拉克上空几乎连续一天的 MQ－1 任务。无人机系统完成着各种各样的“枯燥”任务，随着无人机系统能力的提高，所有领域的任务范围都将增大。

“肮脏”的任务有可能不必使操作人员曝露在危险的条件下。一个最典型的例子是在执行化学、生物和核探测任务中，无人机系统可以在操作人员风险较低的情况下执行这些“肮脏”的任务。1946—1948 年，美国空军和美国海军分别使用无人驾驶的 B－17 和 F－6F，在炸弹爆炸后几分钟内冲入核蘑菇云中采集放射性样本。这显然是一项“肮脏”的任务。返回的无人机系统用软管进行冲洗，它们的样本被“樱桃啄木鸟”机械臂取出，以尽量减少地勤人员曝露在放射性环境中。1948 年，美国空军认为空勤人员面临的风险是“可控的”，并用有人驾驶的 F－84 取代了无人机系统，而有人驾驶飞机上的飞行员穿着 601b 的铅制防护服。这些飞行员中的一部分后来死于坠机后被铅制防护服困住或受到长期辐射影响。有人驾驶的核尘埃取样任务一直持续到20世纪90年代。

危险的任务涉及高风险，无人机系统是首选的替代方案。侦察历来是一项危险的任务，在和平时期仍然是危险的并具有政治敏感性。在越南战争和中东战争中，空勤人员和飞机损失率最高的就是在执行这类任务期间。使用无人机系统的主要目的之一是降低在高威胁环境中人员伤亡的风险。无人作战飞机能直接完成这些分配的攻击任务，或降低综合防空系统的危险概率。随着性能和自主化能力的提高，无人机系统将通过越来越多地增强执行任务能力，减少人员曝露于危险环境的风险。

在上述3种使用场景中，无人机系统比有人驾驶飞机更受欢迎，在枯燥的环境下，机器的持续警觉性比人类更好，而在肮脏和危险的环境下，如果任务失败，无人机系统的政治风险和人力成本更低，任务成功概率更大。较低的风险和较高的任务成功概率是无人机系统持续发展的两个强大推动力。无人机系统比有人驾驶飞机更适合执行“枯燥、肮脏或危险”的任务，这是假设人是（或应该是）执行某些机载任务的限制因素时。

1. 无人机系统的军事典型应用

光电/红外（EO/IR）/合成孔径雷达（SAR）传感器一直是部署在无人机上的主要任务载荷，表2-1显示了美军研制的一些其他有效载荷，已经在军用无人机上进行了验证演示。这些任务表明，无人机可以作为满足某些需求的候选解决方案。当这些要求涉及最熟悉的3种工作时，无人机应该是首选的解决方案，这3种类型的工作最好留给无人机：“枯燥”（长时间停留）、“肮脏”（有害物质取样）和“危险”（极端曝露于敌对行动）。各类无人机系统均有各自的设计特点和性能，其作战使用任务的效能也不同。

表2-1 军用无人机典型应用

任务领域	采用理由	无人机	有效载荷	地点	年份
情报、监视与侦察	枯燥	先锋RQ-2、消耗性无人驾驶飞机、指针		海湾战争	1990—1991
		捕食者、先锋RQ-2		波黑	1995—2000
		猎人RQ-5、捕食者、先锋RQ-2		科索沃	1999
		全球鹰RQ-4、捕食者		阿富汗、伊拉克	2003年至今
		猎人RQ-5、先锋RQ-2、影子		伊拉克	2003年至今

续表

任务领域	采用理由	无人机	有效载荷	地点	年份
指挥/控制/通信	枯燥	猎人 RQ－5	CRP		1996
		消耗性无人机	TRSS		1998
		捕食者	CAN		2000
部队防护	枯燥、肮脏、危险	坎姆考普特、Dragon Drone		Sumner 基地	1999
		部队防护空中监视系统、龙眼、指针、大乌鸦、扫描鹰		伊拉克	2003 年至今
信号情报	枯燥、危险	先锋 RQ－2	SMART		1995
		猎人 RQ－5	LR－100 电子情报搜集系统		1996
		全球鹰 RQ－4		德国、伊拉克	2004
大规模杀伤性武器的侦测	肮脏、危险	先锋 RQ－2	RADIAC/LSCAD/SAWCAD		1995
		Telemaster	Analyte2000		1996
		指针	CADDIE		1998
		猎人 RQ－5	SAFEGUARD		1999
战区空中导弹防御	枯燥、危险	全球鹰 RQ－4（研究型）			1997
防空火力压制	危险	猎人 RQ－5	SMART－V		1996
		猎人 RQ－5	LR－100/IDM		1998

续表

任务领域	采用理由	无人机	有效载荷	地点	年份
战斗搜索与救援	危险	消耗性无人驾驶飞		WOODLAND COUGAR 演习	1997
		消耗性无人驾驶飞	SPUD（seamless platform for unifying data）		2000
反水雷对抗	危险	先锋 RQ－2	沿海战场侦察和分析探雷器（COBRA）		1996
		坎姆考普特	AAMI	德国	1999
		MQ－8C 火力侦察兵	沿海战场侦察和分析探雷器（COBRA）		2013
气象学和海洋学	枯燥、肮脏、危险	Aerosond	Visal		1995
		捕食者 MQ－1	T－Drop		1997
		捕食者 MQ－1	BENVINT ACTD		2002
缉毒	枯燥、危险	捕食者 MQ－1		Huachuca 基地	1995
		先锋 RQ－2		南加州	1999
		猎人 RQ－5、阴影		Huachuca 基地	2003—2004
心理战	危险	燕鸥		Leaflet Dispening	2004
全天候夜间打击	危险	冲锋		越南	20 世纪 60 年代
		捕食者 MQ－1		阿富汗、伊拉克	2001
		全球鹰 RQ－4		伊拉克	2003

续表

任务领域	采用理由	无人机	有效载荷	地点	年份
演习保障	枯燥	捕食者 MQ－1	联合行动试验台系统（JOTBS）		2002
反潜战	枯燥	冲锋		越南	20 世纪 60 年代
导航	枯燥	猎人 RQ－5		GPS 伪卫星	2000

2. 民用无人机系统的典型应用

最初无人机的开发只是考虑到它的军事作用，民用无人机用途与其军用前辈大同小异，主要涉及最熟悉的 3 种工作时（枯燥、危险和肮脏），无人机应该是首选的解决方案。加之无人机在执行任务时，具有工作时间长、机动能力强、操作简单、成本低、低空高分辨率、能进入危险环境等优点，因而在民用领域的应用呈现井喷式发展。民用无人机的典型应用种类主要有以下几个。

（1）遥感探测类，包括国土资源调查、气象探测、交通监管、管线巡检等。

我国地处太平洋西岸，濒临渤海、黄海、东海和南海，大陆海岸线长 18000km，岛屿 6000 多个。我国正处于由陆地大国向海洋大国的迈进过程中，如何对周边海域进行常态测绘监测是一个非常关键的问题。无人机监测是海洋监测的重要手段之一，它主要针对海面目标或海岛礁进行常态监测，可以方便地由任何船只搭载，可广泛应用于海岸带资源环境监测、近海污染监测、海岛资源调查、重点海洋工程制图以及极地科学考察和水色遥感、海洋安全监控等。

农林、国土和环境监测是地理国情监测的基础内容，测绘无人机可进行分辨率为 5cm 的全覆盖航拍，通过选取地面控制点进行正射纠正，提高影像的几何精度，能够制作出精度高、定位准的正射影像图，用于国土和环境监测，及时反映各种国土资源的具体情况，增强资源开发、环境保护与灾害防治的预见性，逐渐在农林、国土、环境等监测中推广使用。通过航摄所获取的竖直摄影影像、交向摄影影像、倾斜影像以及复杂航线多基线摄影影像，通过多视角影像匹配自动构建空中三角测量网，配合低空遥感的高分辨率影像，实现高精度航测定位。

无人机就能够及时从空中飞临事故现场，使公安、安全监督部门人员通过无人机发回的图像，直观地了解现场实况，做出及时调动交通车辆和处理现场的决定。城市交通管理越来越复杂，交通频繁，掌握堵塞路口和事故易发地区的车流状况，无疑对优化城市交通管理是十分有益的。

无人机可在空中高效进行高压输电线路电网巡检，石油、天然气管道巡检，高速公路与铁路线路巡检，江河湖海沿岸的空中巡查与环境监控等多方面任务。装配有高清数码摄像机和照相机以及北斗全球定位系统的无人机，可沿线路进行自主巡航普查，实时传送拍摄影像，监控人员可在计算机上同步收看与操控。无人机巡检线路具有不受地形环境限制、效率与费用之比较高等优势，同时无须顾虑其意外坠毁可能导致的机上人员伤亡等问题，又能勘测到人眼的视觉死角，还可免去人员攀爬杆塔之苦，对于迅速恢复供电很有帮助，因此备受电力行业的欢迎。

随着无人机的发展，其在气象探测方面得到应用，如战场气象测量、恶劣天气监测、大气臭氧监测、龙卷风近距环境探测监视、人工降雨等。中国气象局将无人机应用于大气探测、气象灾害遥感、生态遥感、人工影响天气等课题，已经在10多个省市展开，并且在祁连山高原科学实验、台风探测实验中都使用了无人机。民用无人机主要搭载照相机、摄像机以及气象探测设备等，飞行控制可以靠全球定位系统，自动驾驶系统则可根据当前位置计算飞行路线。无人机用于复杂天气下的人工降雨作业，可根据雷达测得的降水云系的位置，预设计飞行航线。无人机自主导航飞向空间位置，也可以根据降水云系实际情况，由遥控无人机修正航线。无人机到达作业区或接近作业区时，通过无人机自身的气象探测仪器探测到的温度、湿度等气象参数，工作人员可以进一步选择作业点，发出遥控指令让无人机进行播撒人工降雨作业。中国科研人员曾在第24次南极考察中开展了首次极地无人机应用验证实验，在中山站以北的150m超低空飞行了30km，对南极浮冰区进行冰情侦察。

无人机在其他科研领域中还有广泛的应用，如用于空中探矿、大气环境质量检测、烟囱排放浓烟超标检测、放射性尘埃探测、化学气体有害物质的探测等。

(2) 公共安全类，包括搜捕营救、反恐除暴、边境巡检等。

中国幅员辽阔，地质灾害频发，灾前预警、灾时监测、灾后重建等需对灾区进行多次反复遥感动态监测，搭载了高清拍摄装置的无人机对受灾地区进行航拍，可提供一手的最新影像。利用无人机的机载视觉系统可迅速、有效、全方位搜寻自然灾害及突发事故中的遇难者和幸存者。

自然灾害的凶猛性往往造成交通和通信中断。如果不能及时了解灾难现场和发展情况，就无法救援人员和财产。森林中的星星之火就有可能毁掉整个山林和附近的村镇。从空中快速监察是最有效的信息获取手段，然而如果远离机场，大型飞行器很难及时赶到。无人机无疑是了解灾情最便捷的工具。

突发事件对应急处理的要求是：迅速判明情况，查明事件原因；实现快速响应，尽快到达现场；采取果断措施，实施正确指挥；进行紧急救援，防止事态发展；妥善安排善后，尽力减少损失。在这些环节中无人机都能够发挥出重要作用。

（3）生产作业类，包括农业植保、林业防护、专业级航拍等。

我国拥有 18 亿亩基本农田。植保无人机平台多采用无人直升机或多旋翼无人机，其作业效率高，单位面积施药液量小、无须专用起降机场、机动性好。无人机可远距离植保作业，从根本上避免作业人员曝露在农药中的危险，改善了操作者的劳动条件。无人机在水田作业和应对爆发性病虫害等方面已经表现出突出的优势，而且可以应对农村劳动力减少的问题，因而近年来发展迅猛。

无人机系统还可以用来探测、确认、定位和监视森林火灾，在没有火灾的时候可以用无人机来监测植被情况，估算含氢量和火灾风险指数，在火灾过后也可以评价灾后的影响。无人机在灾害天气或者受污染的环境下执行高危险性的任务时，确实具有无可比拟的优势。

（4）物流运输类，包括短途快递投放、长途物资运输、无人驾驶客机等。

运用无人机进行快递和物流运输是近些年来的新兴行业，目前还处于研发和论证阶段，它是指利用无人机和无人机群执行人无法到达区域的货物快速运输任务，如高原、山区、偏远地区等，达到降低人员运输成本、快捷输送的目的。

（5）娱乐消费类，包括飞行玩具、航拍自拍、贴身伴侣等。

航拍是目前无人机最受欢迎的功能之一，也是最易进入大众视野的功能。无人机航拍广泛应用于影视作品拍摄、婚纱摄影、日常合影、自拍等生活的方方面面。较之有人驾驶飞机的航拍，无人机航拍更安全，成本更低，航拍质量也更高。多旋翼无人机均具有较好的航拍和影视制作的效果。配合虚拟现实技术的发展，是无人机在消费领域的热门应用。

综合上文中无人机系统的典型运用可以得出，由于对时敏目标反应快，可以长时间滞留空中，可执行高危险任务、超出人自身极限等有人机无法完成的侦察任务，无人机在运用中的优势越来越明显，当前无人机运用的一般流程如图 2－1 所示。

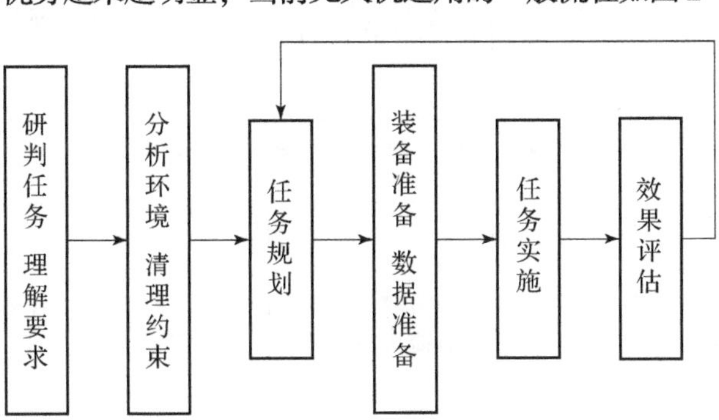

图 2－1　无人机运用一般流程

2.1.3 无人机系统结构组成与特点

无人机系统通常主要由地面控制站分系统、数据链分系统、飞行器平台、任务载荷分系统、保障分系统等 5 个部分组成，每个部分都有其各自的功能和作用，随着无人机技术的不断发展，各自的功能也在不断完善。

1. 地面控制站分系统

无人机的地面控制站类似于飞行员的座舱，是无人机系统主要的指挥中心、控制中心和信息显示中心。地面控制站主要分为主要部分和附加部分，其具体构成如图 2-2 所示。

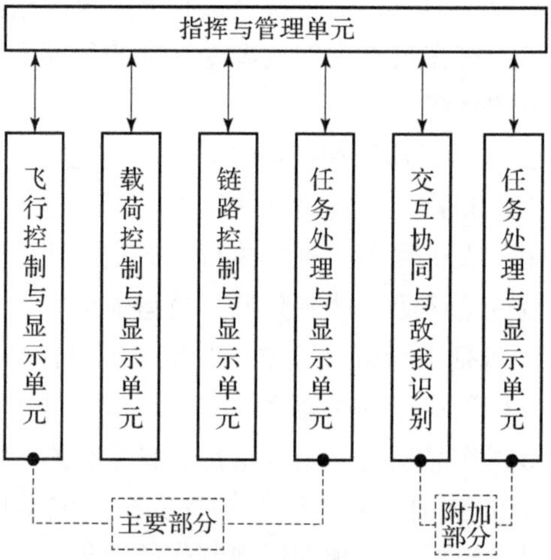

图 2-2　地面控制站分系统的组成

地面控制站分系统的功能实现如图 2-3 至图 2-6 所示。

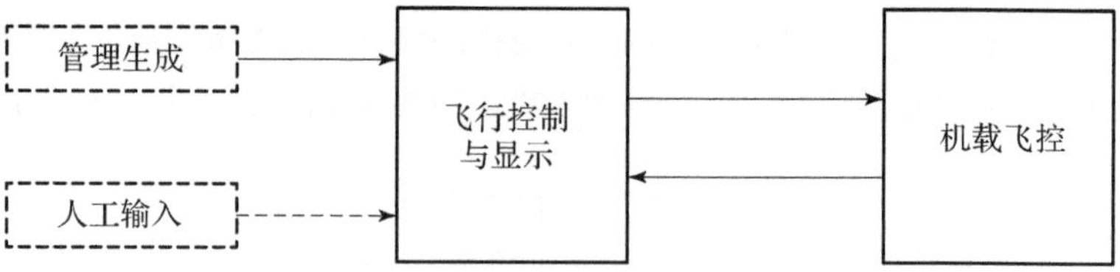

图 2-3　飞行控制与显示单元的功能实现

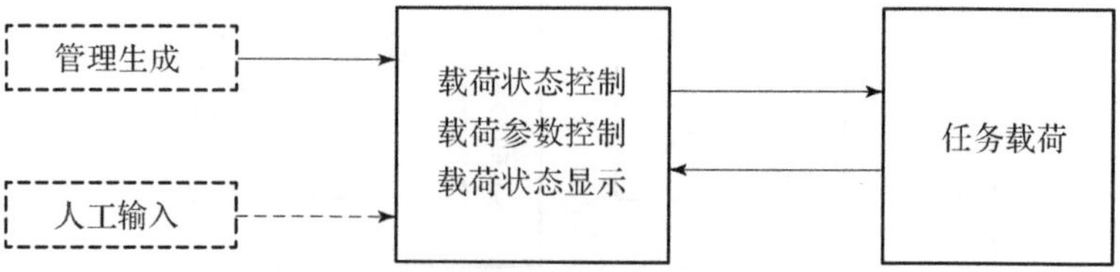

图 2-4　载荷控制与显示单元的功能实现

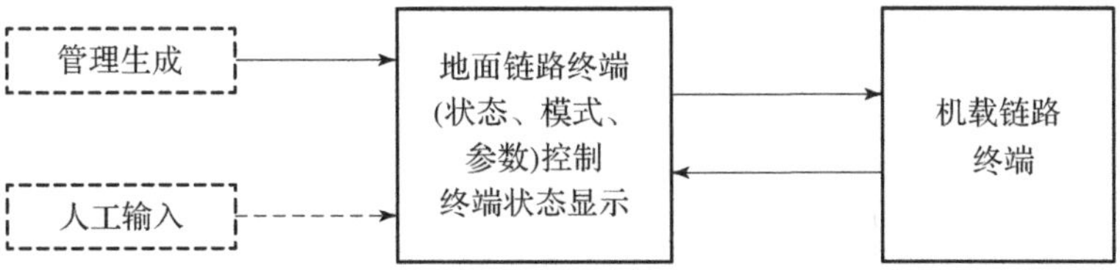

图 2-5　链路控制与显示单元的功能实现

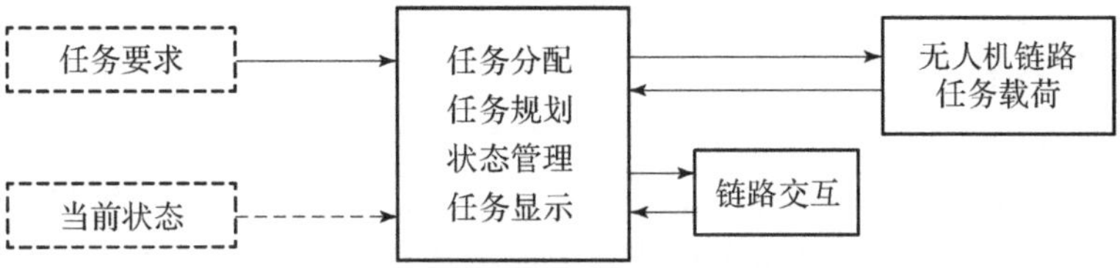

图 2-6　任务处理与显示单元的功能实现

根据无人机系统的型号不同，地面控制站分系统常见类型主要有车载独立式、车载集成式、便携一体式等，除了上述的主要功能外，还具有其他信息处理、模拟训练、任务收发等附加功能。

2. 数据链分系统

对于无人机系统而言，数据链分系统主要由机载数据链终端和地面数据链终端构成，其功能主要是实现无人机与载荷等之间的信息传输，传输的信息主要包括测控信息、任务信息、协同信息等，如图 2-7 所示。

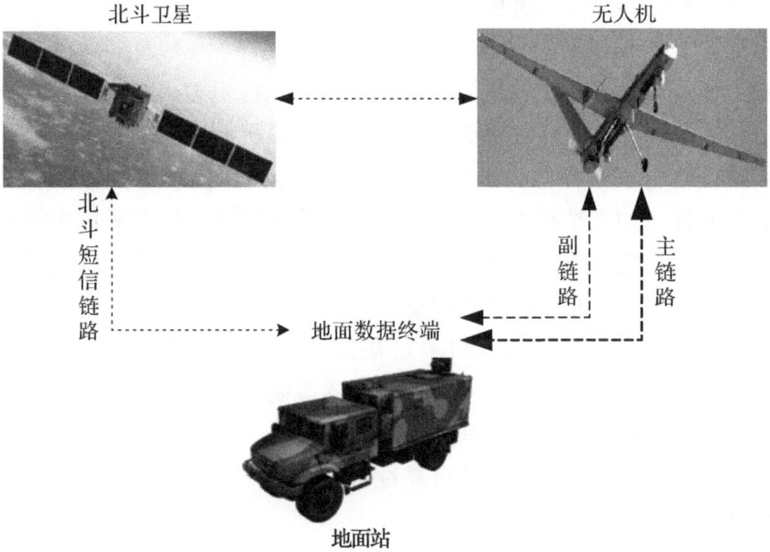

图 2-7　数据链工作的配置模式

数据链涉及的参数主要有作用距离、传输速率、误码率、测控精度、节点数量、工作频率等。

数据链分系统的特点如下：

(1) 开放性强，容易受外部干扰；

(2) 传输信息种类多，多路并行工作；

(3) 工作参数多，参数需精心规划；

(4) 性能影响因素多，状态不够稳定。

3. 飞行器平台

飞行器平台是指无人机系统中承载各种任务载荷、负责空中飞行和执行任务的主要部分。无人机飞行器平台通常由机身、机翼（或旋翼）、尾翼、起落架、动力装置、飞行控制系统等部分组成。根据不同的飞行原理和设计需求，无人机可分为固定翼、旋翼（包括多旋翼和直升机）、扑翼等多种类型。

飞行器平台的技术特点如下。

(1) 自主性与智能化。现代无人机平台普遍具备高度的自主飞行能力，能够通过内置的导航系统与飞控系统，实现自主起飞、巡航、避障、降落等复杂动作。同时，结合先进的传感器融合技术，无人机还能进行智能决策，如选择最优航线、识别并跟踪目标等。

(2) 轻量化与模块化设计。为了提升飞行效率与灵活性，无人机平台通常采用轻量化材料（如碳纤维复合材料）进行构造。此外，模块化设计使无人机在维护、升级或更换部件时更加便捷，降低了运营成本。

(3) 高效能与长航时。随着电池技术的进步，现代无人机平台的续航能力得到显著提升。同时，通过优化气动布局、减少飞行阻力、提升动力系统效率等措施，无人机在飞行速度、载重能力、航程等方面也展现出优异的性能。

(4) 适应性与多任务能力。无人机平台因其灵活性和可配置性，能够搭载不同类型的载荷（如光学相机、红外传感器、雷达等），从而适应多种应用场景和任务需求。无论是民用领域的航拍、农业植保，还是军事领域的侦察、打击，无人机都能展现出强大的多任务处理能力。

(5) 安全性与可靠性。无人机平台在设计时充分考虑了飞行安全，通过冗余系统、故障自诊断与自修复技术、紧急降落机制等措施，确保在发生异常情况时能够最大限度地保障无人机及其周围环境的安全。同时，通过严格的质量控制和环境适应性测试，无人机平台的可靠性也得到了显著提升。

4. 任务载荷分系统

任务载荷分系统是无人机获取情报数据来源的重要途径，其主要构成包括光电成像侦察设备、雷达成像侦察设备、电子干扰与侦察设备、目标指示设备、中继通信设备、气象探测设备、制导导弹（炮弹）等。

（1）光电成像侦察设备，简称光电载荷。其主要组成包括成像设备、光电吊舱、处理软件和记录设备。光电载荷主要功能是成像、目标定位、目标跟踪；主要的影响因素包括光轴的稳定精度、光轴的控制精度、光轴的控制范围。

（2）雷达成像侦察设备，简称雷达载荷。不同波段下 SAR 雷达成像的显示情况如图 2－8 所示。

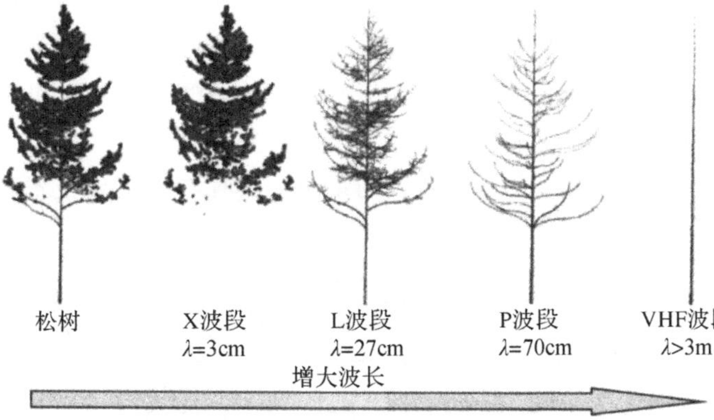

图 2－8　不同波段下 SAR 雷达成像

5. 保障分系统

保障分系统在整个无人机操作中起着至关重要的作用。保障分系统主要负责确保无人机在各种环境和条件下都能安全、有效地执行任务。它不仅涉及无人机的起飞、巡航和降落等基本飞行过程，还涵盖了故障检测、应急处理、维护修理等多个方面。无人机系统的保障分系统通常包括故障诊断与处理、导航系统备份、通信链路冗余、能源供应管理、维护与修复等多个子系统。这些子系统协同工作，为无人机的安全飞行和任务执行提供全方位的支持。

保障分系统的技术特点如下。

（1）故障诊断与处理。无人机在执行任务过程中可能会遇到各种预料之外的故障。保障分系统通过集成先进的传感器和诊断算法，能够实时监测无人机的关键部件和系统状态，及时发现并处理潜在问题。当发生故障时，系统能够自动进行故障隔离，并通过备份系统或冗余设计来确保无人机能够继续执行任务或安全返回。

（2）冗余与备份。为了确保无人机在飞行过程中的安全性，保障分系统通常采用冗余和备份技术。例如，在导航与控制系统中，可能会采用双余度或三余度的设计，即使部分系统发生故障，也能通过备份系统继续执行飞行任务。

（3）能源供应管理。无人机的能源供应是其持续飞行的关键。保障分系统通过智能电池管理系统、太阳能充电板等技术手段，实现对无人机能源的高效利用和延长续航时间。同时，系统还能监测电池的健康状态，预测剩余电量，并在必要时自动执行能源优化策略，如调整飞行高度、速度或任务载荷。

（4）维护与修复。无人机在执行任务过程中可能会遭受各种损伤，如结构破损、部件失效等。保障分系统通过模块化设计和易损件的快速更换技术，能够简化无人机的维护流程，缩短修复时间。

（5）环境适应性。无人机需要在各种复杂环境中执行任务，如高温、低温、高湿、沙尘等。保障分系统通过采用特殊材料和防护设计，提高无人机对恶劣环境的适应能力。同时，系统还能根据环境变化自动调整飞行参数和任务策略，确保无人机在各种条件下都能稳定、高效地执行任务。

无人机系统是一个高度集成和复杂的系统，其存在的主要技术特点如图2-9所示。

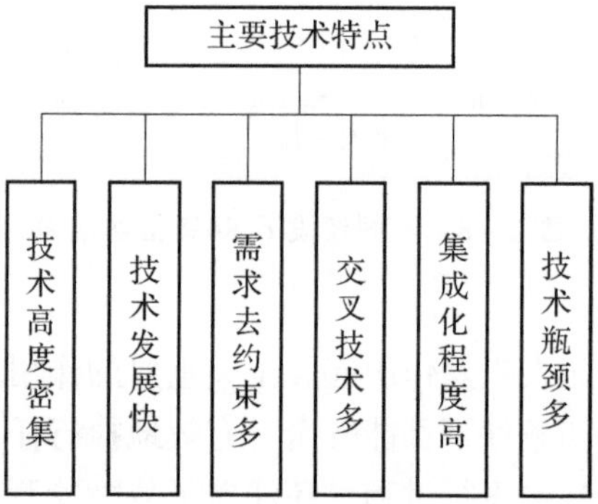

图2-9　无人机系统技术特点

无人机存在的主要使用特点如图2-10所示。

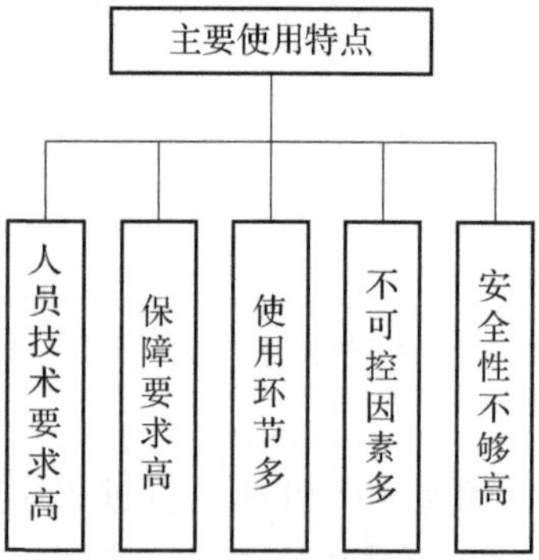

图2-10　无人机系统使用特点

2.1.4　无人机系统评估指标

当前，经多年探索和应用实践，围绕不同无人机系统，分别建立了相应的评估指标体系，划分了各大系统指标，在实际工作中取得了良好的应用效果。无人机系统评估指标体系的范畴比较广，划分标准也不一。较为常用的方式是从以下几个角度进行构建。

1. 侦察监视任务指标体系

其包括目标的发现率、目标的识别率、目标定位、指示精度、发现距离、最大侦察范围和时间、自主任务能力等。

环境影响因素：气象条件、目标条件、地理条件、方法条件。

2. 飞行的主要指标体系

其包括飞行高度、飞行速度、巡航速度、续航时间、自主飞行能力、起飞方式与要求、回收方式与精度等。

环境影响因素：气象条件、地理条件、空域条件、导航环境。

3. 测控、任控、飞控指标体系

其包括测控方式、最大测控距离、传输方式、传输速率、任务规划、自主、网络协同、导航模式及精度、特情应急能力、抗干扰、抗截获。

环境影响因素：气象环境、地理环境、空间环境、导航环境、电磁环境。

4. 适应性主要指标体系

其包括作战任务适应性、人员编成适应性、体系作战适应性、作战环境适应性、快速、运输等适应性。

环境影响因素：任务使命、作战任务、编配对象等。

5. 通用质量特性主要指标体系

其包括可靠性、维修性、保障性、测试性、环境适应性、电磁兼容性、安全性。

环境影响因素：任务使命、作战任务、编配对象等。

6. 各指标体系间的关系

指标体系应该构建出不同层次指标之间的相互关系，并且支持量化分析。根据无人机系统任务的种类多、环节多等特点，指标的选取遵循针对性、层次性、独立性和一致性原则。

（1）针对性是指选取的指标不能停留在反映信息系统的共性特征上，而要表征无人机系统区别于其他信息系统的特殊性，客观反映无人机系统本身的性质、特点、关系和运用过程，使用户对无人机系统的综合效能有一个全面的认识。

（2）层次性是要求在系统效能评估中正确划分层次，建立合理的评估指标体系。所建立的无人机系统指标体系应在系统性能参数与系统效能之间建立起有机联系。

（3）独立性指各指标间的关系应是不相关的，无人机评估指标之间应尽量交叉，具有相对独立性，每个指标应相对独立地反映无人机的一个方面。

（4）一致性是指各指标应与分析的目标相一致，所分析的指标间不相互矛盾，保持无人机系统功能与使命的一致、性能与功能的一致。

2.2 运用效能评估

2.2.1 效能的定义

效能是反映装备完成任务的情况，与能力、性能的字面意思很相近，但是又有区别。以无人机装备系统为例，其效能可以指无人机单项指标效能，比如无人机续航能力、最大飞行速度等；也可以是无人机系统的综合指标效能，如无人机侦察能力、保障能力等。

通常意义下主要包括单项效能、系统效能和作战效能 3 种，若无特殊说明，效能一般指系统效能。关于系统效能的定义，目前还没有统一的标准和规范，为了能够充分理解其含义，可参考国内外常见的出处，具体如下。

（1）美国海军认为，“系统效能是在规定条件下和规定时间内完成规定任务程度的指标”“系统在规定条件下和规定时间内满足作战需求的概率”。

（2）美国工业界武器效能咨询委员会认为，“系统效能是预期一个系统满足一组特定任务要求程度的度量，是系统可用性、可信性和固有能力的函数”。

（3）我国军用标准《可靠性维修性保障性术语》（GJB 451A—2005）认为，“系统在规定的条件下和规定的时间内，满足一组特定任务要求的程度”等。

因此，系统效能的评估是系统基于目标的综合能力的反馈，为执行装备相关任务提供客观指导，是分析装备运用定性与定量问题的综合评价。

2.2.2 运用效能评估的概念

效能评估分为静态效能评估和动态效能评估。静态效能评估一般是对装备本身具有的固有能力、功能的评估，适用于装备运用前的预评估；动态效能评估基于任务需求，融入所处的作战环境、作战任务、人员因素等非线性因素，通过恰当的评估算法和模型，对装备运用情况给予客观、全面的评价，多用于装备运用中的实时评估。

根据研究问题的不同，可将装备效能分为单项效能、系统效能和运用效能。单项效能关注的是单一使用目标，如火炮射击效能、雷达探测效能等。系统效能一般有多个任务，是对装备的综合评价，如某型号坦克系统效能、某型号飞机系统效能等。运用效能关注的是装备运用任务的完成程度，是装备在运用场景环境下的运用效果。由此可见，单项效能和系统效能是装备本身的固有属性，而运用效能具有动态的特点，在作战任务相同的情况下作战效能随环境的改变而变化，三者之间的关系如图 2－11 所示。

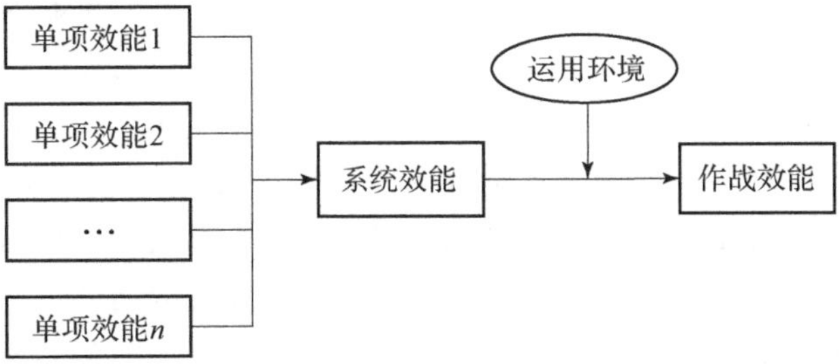

图 2－11　3 种效能的关系

无人机的运用效能是指无人机完成作战任务的程度。无人机的作战效能可看作无人机运用效能的特殊情况。但是作战状态的运用和普通的运用有所区别，由于作战过程是动态的，评估实时性更强，并且不知道对方的行动计划，快速反应能力更强。

不同的研究人员和研究机构对装备系统运用效能的研究侧重点是不同的，面向作战环境的运用效能评估，进而带来了作战效能的一些不同定义。目前看来，在学术界和工业界对装备系统作战效能的定义中，有影响的主要是以下几种。

美国海军定义的作战效能为：系统能在规定条件下和在规定时间内完成规定任务之程度的指标，或系统在规定条件下和在规定时间内满足作战需要的概率。美国航空无线电研究公司定义的作战效能为：在规定条件下使用系统时，系统在规定时间内满足作战要求的概率。美国麻省理工学院 A. H. Levis 等在评价 C^3I 的作战效能时给出的定义是："系统与使命的匹配程度"。

我国军用标准《装备费用—效能分析》（GJB1364—92）中对武器装备作战效能的定义为："在规定的条件下达到规定使用目标的能力"。朱宝鎏在《作战飞机效能评估》一书中认为，武器的作战效能是指武器装备完成给定作战任务能力的大小，从更广义的理解或从系统工程的角度来看，效能还应包括它的可用度、可靠度和保障度。

由此可见，运用效能是一个相对的、定量的值，需要考虑特定的使用环境和特定的任务目标，而效能评估则是对系统作战效能的分析和评价。由上面的定义可以得到效能评估的3个特点。

（1）对抗性。即评估武器装备的作战效能必须于存在对抗的前提下进行，这与给定的作战任务有关，也与对方的装备配置和战斗力相关。

（2）不确定性。“效能”一词本身就是一个模糊的概念，大多数的效能评估方法与概率论和不确定性数学相关，因此效能评估中存在一定的不确定性，其中武器装备的任务可靠性和对方的刻意欺骗、干扰是造成这种不确定性的两个重要因素。

（3）可预测性。尽管武器装备效能评估中存在一些不确定因素，但是通过对不确定因素的合理建模和分析，同样可以得到武器装备的作战效能。

可见，评估的过程要紧密结合作战任务，评估难度比较大，此外，评估的结果涉及其他的因素众多，如作战装备（无人机的型号）、作战环境、人员操作熟练程度等，因此，评估过程和指标选取有很大关系，不同的评估指标其评估结果可能不同，相同的评估指标由于指标是动态的，其评估的结果也不尽相同，这样无人机作战效能动态评估的结果存在不唯一、不确定、不完备的缺陷，如何提高评估的准确性和一致性，不断改进评估算法是作战效能评估研究的重要方向。

2.2.3 无人机体系贡献度评估

无人机未来作战都是基于体系展开的，无人机体系作战效能评估或者体系贡献度评估是急需面对的问题。无人机装备贡献率是指在一定的使命背景下，将待评估无人机系统纳入未来联合作战体系中，对其在该体系中所产生的“能力提升”“效能增益”及“连接作用”的综合评判，是一个受到无人机系统自身属性、体系内部互动模式以及多使命需求共同影响的总体概念。综合大量文献的研究成果，总结得到面向体系贡献率的无人机装备体系评估一般的研究框架为：明确作战任务；构建无人机装备体系描述化模型；从不同角度评估无人机装备体系，将多个评估指标综合；移除待评估的无人机装备，重新构建无人机装备体系模型；计算新的无人机装备体系的综合评估值；通过前后两个装备体系的综合评估值，计算装备的体系贡献率。

无人机对体系贡献率的内涵丰富，目前还没有一个统一的评估角度。总结现有的文献资料，学者们多从以下几个方面对面向体系贡献率的无人机装备进行评估：一是从作战能力角度考虑，将体系贡献率理解为装备对体系作战能力的影响，这是静态的过程；二是从作战效能角度考虑，将体系贡献率理解为装备对体系作战效能的影响，这是动态的过程；三是从体系结构角度出发，将体系贡献率理解为无人机对体系结构完整度的影响。由于无人机装备体系的结构层次复杂，包含作战实体种类多、实体间关联关系繁杂，面向体系贡献率的无人机评估角度较多，因此评估方法也是多种多样的。针对不同的评估视角，将面向体系贡献率的无人机装备体系评估方法归纳为以下三部分，即从作战能力视角评估贡献率、从作战效能视角评估贡献率以及从体系结构视角评估贡献率。

1. 从作战能力视角评估贡献率

体系作战能力是指现代化军队构建在网络信息体系架构基础上，融合各种作战要素、作战单元、作战力量和作战系统，以联合作战为主要形式，在敌我双方体系对抗为中表现出来的态势感知、信息攻防、快速机动、精确打击、全维保障等整体作战能力。贡献率评估可以从多个维度进行，而能力评估是装备体系的静态能力体现。无人机体系作战能力贡献率是在一定作战条件下，对体系作战能力的提升做出的贡献。目前，无人机装备体系作战能力的评估方法主要包括解析法和证据推理法，其中解析法主要包含分解 – 综合以及分解 – 判别两种范式。

基于分解 – 综合以及基于分解 – 判别的解析方法较为成熟，是典型的系统分析与评估方法。其中，基于分解 – 综合的评估方法适合于体系的整体评估，而基于分解 – 判别的评估方法适合于体系方案的比较与排序。而基于证据推理的评估方法在处理不确定信息方面有独特的优势，通过对不确定性信息的处理弥补了数据不确定的问题，结合专家经验和历史数据使数据更加可靠。但是，该方法需要构建合理的置信规则库和确定相关的信度，也需要足够的置信规则库的数据来保障评估效果，在数据量充足的条件下，选择该方法可以得到较为客观、有效的评估结果。

2. 从作战效能视角评估贡献率

作战效能是指无人机装备在一定的作战环境下，完成规定作战任务程度的度量。在无人机装备体系中的无人机系统都有其各自的作战效能，但是在体系效能评估中更看重的是这种系统效能对于体系整体效能的贡献程度。主要评估方法有基于贝叶斯网络的评估方法、基于仿真的评估方法、基于探索性分析的评估方法、基于 ADC 的评估方法及层次分析法等。

对于作战效能评估和分析来说，贝叶斯网络能够处理不确定信息和不完备信息，使用的图形化方法描述无人机装备体系各级能力间复杂的关联关系也符合人们的思维习惯。但是，当前基于贝叶斯网络的无人机装备体系能力或效能评估中均未进行贝叶斯网络的结构学习与参数学习，网络模型与参数模型的建立主要基于专家经验，受主观因素影响较大，评估结果的说服力不够。而 EA 的优点在于能够分析输入因素的不确定性对作战效能的影响以及特定作战效能需求下的输入因素取值范围，全面探索问题解空间中的可行解、优化解和最优解。ADC 法操作简单，不需建立网络模型，所需数据量较小，但存在矩阵确定过程复杂、过于依赖专家经验等缺点。AHP 是一种较为成熟的评估方法，能够较好地评价底层能力参数对作战效能评估，得到相关能力参数对无人机装备体系的贡献率排序，但是该方法也在一定程度上依赖于专家给予的权重，在评估上不能避免存在主观因素。实际上，从整体的角度来看，可以利用基于仿真评估的方法获取装备体系评估的底层数据，然后借助贝叶斯网络方法处理存在的不确定信息和不完备信息，使底层数据更加完整。在对体系整体进行评估时，借助 AHP 与 ADC 方法相结合，可以减少对专家的依赖性，使评估结果更具有合理性。

3. 体系结构视角评估贡献率

无人机装备体系结构是指体系内部各组成元素之间的相互关联关系，从体系视角评估，也就是分析在作战对抗中体系结构发挥的作用。常用的方法有基于作战环的评估方法、基于复杂网络的评估方法等。

无人机装备体系作为一个大型复杂系统，涉及的装备类型多、关系复杂，对无人机装备体系进行合理建模描述是研究装备体系贡献率首先需要攻克的难题。基于作战环的评估方法和基于复杂网络的评估方法在对无人机装备体系进行网络化建模的基础上，有效地考虑了装备之间的关联关系，从体系的角度评估装备在体系中的贡献。基于作战环的评估方法对装备节点和边都进行了分类和详细描述，充分考虑了无人机装备体系中装备和装备之间关联关系的异质性，结合 OODA（observation、oriented、decision、action，观察、导向、决策、行动）理论，反映了实际的作战过程。而基于复杂网络的评估方法则认为装备体系中的装备以及装备之间的关联关系都是相同的，从宏观的角度分析该体系的拓扑特性，对装备的贡献率进行评估。从整体来看，对于复杂无人机装备体系的宏观评估问题，可以采用基于复杂网络的评估方法，此时可以有效考虑体系的拓扑关系，计算上也较为便捷，但是无法考虑体系中装备的多样性。当无人机装备体系的规模较小，从微观的角度评估无人机装备体系时，需要将其与作战任务相关联，此时采用基于作战环的评估方法，虽然计算方法较为复杂，但是可以有效地考虑体系中装备的多样性以及装备与作战活动之间的关联关系，使评估结果更加符合实际。

4. 从复合型角度评估贡献率

由于无人机装备是一个复杂的系统，所以对无人机装备的评估也不能一概而论，不同的评估视角得到的评估结果也不一样。因此，所需方法应该是复合型的，即从多个视角对无人机装备体系的贡献率进行评估。典型的方法有基于结构方程模型（structural equation modeling，SEM）的评估方法、基于灰靶理论的评估方法、基于无人机装备体系演化的评估方法等。SEM 考虑了显变量和潜变量，能够将作战能力、效能和贡献率 3 种不同的评估指标通过模型进行关联，很好地体现了系统思想。在评估过程中经常会遇到信息量并不多的情况，而基于灰靶理论的评估方法在评估过程中所需信息量小，不需要大样本及其典型分布。另外，该方法计算量小，评估流程简明易懂，可以有效处理量纲不一致的数据。但是，该方法不能处理不完备信息，在评估过程中最优值（参考系）的选择也会对评估结果产生较大影响。基于体系演化的评估方法是一种动态评估的方法，综合分析了体系内部和外部的主要因素，更加合理地对无人机装备体系进行评估。

2.3 无人机运用效能评估的指标确定和基本流程

2.3.1 无人机运用效能评估的指标确定

系统效能评估主要是根据评估指标体系进行的，一般情况下，不同任务的系统效能评估选取的评估指标不同。每个系统都有一个指标集，指标集中每一个指标看作一个元素，指标集里选取的元素和任务复杂程度息息相关，任务越复杂，选取的元素越多，基数越大，分析越困难，因此，指标集的选取是非常关键和困难的，需要经过初步筛选→完善→完备过程，指标筛选过程一般遵循以下原则。

1. 精简性原则

指标体系间尽量做到精简，冗余性的指标分摊指标权重，使评估的准确度降低，分散评估任务，使评估目标不够清晰，不利于评估的进行。因此，指标体系进行初次筛选时要考虑此原则。

2. 独立性原则

指标独立性强，则指标间兼容性小，相互间影响小。

3. 全局性原则

评估指标的全局性是提高评估准确度、全面衡量装备体系效能的前提，它与精简性指标既有冲突的地方，又有相互补充的地方。这里的全局性是指在精简性的基础上，对评估指标进行全局性把控，但是由于精简性是要求评估的维数不能过高，全局性要求评估从系统宏观角度出发，并且指标的选取和任务复杂程度相关，因此，指标的选取也是评估研究的方向。

4. 可量化原则

选定评估指标后，通过选定模型算法进行评估，因为评估的参数数据获取是多源的。比如，陆军无人机执行侦察任务时，飞行高度按照距离单位标定，续航能力按照小时标定，任务载荷获取的资料是图像，按照拍摄的清晰度标定等，这样基于任务的无人机系统效能评估涉及的标准不唯一，指标间无法进行直接横向比较，因此，评估指标需要量化。在评估指标中，一些指标是可直接量化的，但是对于一些定性指标，比较难以量化，需要借助专家打分、组合赋权等方式进行量化。

2.3.2 无人机运用效能评估的基本流程

无人机装备的效能评估基本流程，主要包括分析评估任务、组建专家团队、分析评估对象的功能和结构、构建装备指标体系、确定评估模型和选择算法以及运用效能评估反馈及应用。

1. 分析评估任务

效能评估的前提是进行评估任务分析，主要包括任务目标、任务说明、任务评估时机、任务评估方法、任务评估环境、执行任务系统装备、人员要素分析等，这些都是分析评估不可缺少的因素。

2. 组建专家团队

效能评估是制定决策的重要环节，或者说决策的制定依赖于效能评估，无人机系统效能若得到系统、全面的评估结果，评估组需要建设精通无人机系统方面的专家团队，全方位分析无人机运用效能评估中可能涉及的因素。

3. 分析评估对象

评估对象是评估任务的实体。无人机系统效能评估的对象主要包括无人机的技术性能、任务执行能力、作战效能以及安全性和经济性等方面。具体来说，需要评估无人机的飞行性能、载荷能力、导航与控制系统、通信系统等技术性能指标；同时还需要评估无人机的任务成功率、任务效率、任务适应性等任务执行指标；对于军事用途的无人机，还需要评估其侦察与情报收集能力、打击与摧毁能力等作战效能指标。此外，还需要对无人机的安全性和经济性进行评估，包括系统可靠性、飞行安全、地面安全以及采购成本、运营成本等。

4. 构建装备指标体系

确立无人机评估指标集，选择评估指标集涉及的主要方法和概念。

在构建无人机装备指标体系之前，首先要明确无人机运用效能评估的目标。比如，搞清楚是装备的运用效能评估还是作战运用效能评估，如果是装备的运用效能评估，还需要清楚是装备运用前的预评估，还是装备运用中的实时效能评估，深度了解把握执行任务无人机的功能、参数、执行环境、人员等因素。其次是无人机运用效能评估指标的初步筛选。在无人机运用效能评估中，评估指标的选取通常采用主、客观相结合的方式，如 Delphi 法、层次分析法等属于主观因素比较强的选取方法，主要根据专家的打分来选取指标，并赋予权重；还有的评估指标是主、客观一起的组合赋权法，如人工神经网络法等。

指标体系选择是效能评估的关键，但是由于评估指标可以是定性或者定量指标，不同性质指标间不能进行直接比较，需要指标间进行统一标准化处理，并且指标间的关系也不能完全确定，因此，选择评估指标的方法至关重要。但是关于评估指标的确立，目前存在的问题：一是指标构建，为了评估的完备性，涉及指标维数就会过高，指标间不是完全独立关系，且多个指标参与权重的分割，难以找到合适的评估方法，给评估带来困难，需要进行降维处理；二是模型构建，模型构建过程中难以发现问题，仿真验证时才会意识到，需要根据仿真结果补充和完善指标。目前对于指标体系方法的选择，国内外已经研究很多，从不同的视角进行了考虑。例如，从系统工程的角度，无人机系统可看作一个复杂的系统，如何清楚描述系统之间的状态，属于系统工程要研究的问题。

5. 确定评估模型和选择算法

效能评估的方法按照模型或者算法分类，主要分为以下 4 类。

1）解析法

利用评估指标与系统之间的参数关系，通过数学模型中确定的函数关系进行分析求解，这种方法客观性强，如果不涉及其他因素的影响，这种方法的可信度比较高，主要涉及的解析法评估模型有 WSEIAC 效能评估模型、ARINC 效能评估模型、AN 效能评估模型、AAM 效能评估模型 4 种，4 种模型适用的场合不同。

2）仿真法

在无人机系统效能评估中，根据任务需求，仿真流程可描述为：通过任务分析，结合无人机自身属性、运用特点、历史运行数据及任务场景建立概念模型，并通过设定输入参数，借助计算机构建的模型，对任务场景进行随机模拟仿真，得到输出结果，并通过统计的方法对结果进行分析，最后得出综合评估的结论。在此过程中，仿真结果可能不唯一，如何提高仿真结果的一致性也是分析效能评估的关键。

3）统计法

利用数理统计的方法，依据实验的大量数据进行效能评估，如正交探索性分析法、线性回归等。

4）混合法

效能评估方法是基于两种或者两种以上方法的综合，具体运用需要根据评估的需要进行选择。

6. 运用效能评估反馈及应用

效能评估是一个渐进的过程，它不但需要确立评估目的、设计评估方案、选择评估算法，还要对评估结果进行分析。

评估结果所起的作用主要有以下 3 个方面。

（1）对当次任务的评估。

效能评估的结果只关注本次任务，对当次的评估结果进行分析，评估结果对后续的影响不进行讨论。比如，某型号无人机在一定任务场景下对某基地目标进行侦察的评估。评估结果与执行任务场景、任务目标、评估方法有直接的关系，因此，在其他客观条件不变的条件下，可以通过不同的评估算法验证评估的正确性。

（2）对后续任务的指导。

（3）对衍生效应的判别。

效能评估的结果，如果考虑时间因素，很多衍生性、次生性评估结果也应该属于评估的范围，但是这样评估结果不能马上给出，因为它需要根据时间的进展进行阶段性评估，也可根据任务需要进行周期性评估，目的是能够很好地把握事态的发展情况，不断完善评估的结论，为下一步评估提供决策辅助。

2.4 本章小结

本章详细阐述了无人机运用效能评估的基本问题，主要包括无人机系统、运用效能评估的概念及其实施流程。首先，定义了无人机系统及其分类，概述了无人机的多种分类方式及其在不同场景下的应用，如军事侦察、电子对抗、通信中继等，以及民用领域的遥感探测、公共安全、生产作业等。接着，介绍了无人机系统的组成结构，包括地面控制站、数据链、飞行器平台、任务载荷和保障分系统，并分析了各组成部分的技术特点。

在运用效能评估方面，本章明确了效能的定义及其与能力和性能的区别，阐述了效能评估的分类（静态与动态）及其在装备研发和作战决策中的重要性。特别指出，无人机运用效能评估需结合具体任务和环境因素，评估结果具有对抗性、不确定性和可预测性等特点。进一步地，讨论了无人机体系贡献度的评估方法，从作战能力、作战效能和体系结构 3 个视角出发，提出了多种评估框架和具体方法。

在评估指标的确定上，本章提出了精简性、独立性、全局性和可量化等原则，并详细说明了无人机运用效能评估的基本流程，包括分析评估任务、组建专家团队、分析评估对象、构建指标体系、确定评估模型和选择算法以及运用效能评估反馈与应用。通过这些流程，可以系统地评估无人机的运用效能，为装备的研发、采购和使用提供科学依据。

参考文献

[1]韩建立，郭聚，李新成，等．鱼雷作战效能评估方法综述[J]．海军航空工程学院学报，2021，036(002)：206－212.

[2]亢瑾. 航天电子侦察系统作战效能评估技术综述[J]. 新型工业化,2019,9(6):11.
[3]杨克巍,杨志伟,谭跃进,等. 面向体系贡献率的装备体系评估方法研究综述[J]. 系统工程与电子技术,2019,41(2):11.
[4]罗云,张际良,蔡鲁闻,等. GJB 1364—92,中华人民共和国国家军用标准:装备费用－效能分析[S]. 国防科学技术工业委员会,1992:1－4.

第3章　无人机运用效能评估的常用方法

无人机效能分析不仅涉及评估方法，也涉及无人机类型，无人机的种类不但繁多，而且其面向任务不同、构建指标不同，为了研究的方便，在本章的介绍中，主要以执行典型任务的空地攻击型无人机、侦察无人机、电子战无人机等为主。在无人机运用效能评估中分析的角度不同，模型算法运用不同，无人机运用效能评估结论倾向性也不同。本章主要介绍无人机运用效能评估用到的经典模型算法。

3.1　效能评估方法分类

根据不同分类原则，效能评估的方法主要有3类，如图3-1所示。

根据评估的主客观程度，可分为主观评估法、客观评估法和主客观结合评估法。其中，主观评估法包括专家评估法、层次分析法（AHP法）、比较矩阵法、重要性排序法等；客观评估法包括ADC法、加权分析法、主成分分析法、因子分析法、乐观和悲观法、回归分析法等；主客观结合评估法主要有模糊综合评判法、灰色关联分析法、系统效能分析法（SEA法）、探索性分析法、聚类分析法、物元分析法、人工神经网络法、参数效能法等。

根据得出评估结果的基本途径，可分为统计法、解析法和仿真法。其中，统计法是应用数理统计的方法，依照实战、演习、实验获得的大量统计资料评估效能指标，其前提是所获得的统计数据的随机特性可以用模型表示并相应加以利用；解析法是根据解析式计算，如兰彻斯特方程，适用于非对抗条件下系统效能评估和简化条件下的作战效能评估；仿真法则是通过建模和仿真实验，得到关于作战进程和结果的数据，进而得出效能指标估计值，主要有作战模拟法和分布交互仿真法。

根据评估过程，可以分为静态评估方法和动态评估方法。静态评估方法的基本思想是，系统的效能是系统性能和数量的函数，可通过一定的变换，从系统的性能得到其体系的静态效能。其优点是输入变量较少，计算简洁；不足之处是难以准确反映实际运用过程中各组成部分间的相互关系。动态评估方法的思想是，通过对实际使用过程中系统内外部相互关系的描述，使效能评估更接近实际。其优点是更真实、更有说服力，但实现上较为复杂。

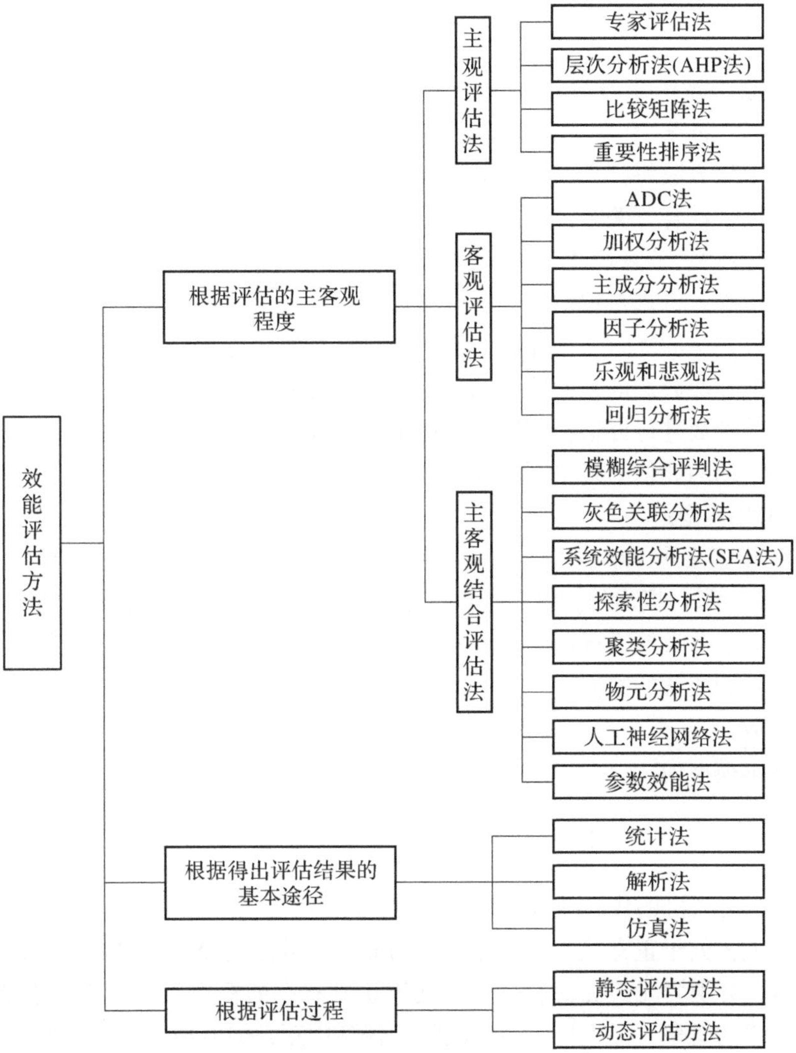

图 3-1　效能评估方法分类

3.2　典型效能评估方法对比分析

下面对常用的几种效能评估方法进行比较，给出各自优、缺点和适用范围。

1. 专家评估法

专家评估法是应用较早的一种评估方法。该类方法通常以专家作为获取信息的对象，依靠专家的知识和经验进行预测、评价。需要专家对指标的权重或能力参数进行打分，适用于一些难以量化的指标。该方法的局限性在于受主观因素影响较大，过于依赖专家的经验，实际操作时往往因为专家观点的不同而导致评估结果的不稳定。在评估中，可以通过选取多个专家、丰富专家的来源层次等方法减小因专家主观因素导致评估结果不稳定的影响。该方法由美国学者 Thmoes L. Saaty 于 20 世纪 70 年代提出，是一种对多属性指标进行定量、定性分析的评估方法，但该方法将指标关系简单地表述为由上至下的传递关系，不能体现指标之间的反馈、耦合等关系。可采用层次分析法建立无人机－无人机系统的作战效能评估指标体系，通过专家评估法确定指标权重，运用模糊理论确定指标分数，最终对两型无人机进行评估，确定两型无人机作战效能。

专家评估法的优点是，能够对难以定量计算的效能指标进行评估。其难点在于专家选取和参数选取，而缺点则是专家评估时的主观性大。对同一系统，即使选取同样的参数进行评估，不同专家得出的结果可能迥然不同，有时甚至同一专家在不同时期的评估结果也不一样。

2. ADC 模型法

ADC 模型法属于解析方法，是 20 世纪中期美国工业界武器系统效能咨询委员会（WSEIAC）提出的。该方法以装备系统的总体构成为对象，以所完成的任务为前提对装备效能进行评估。该模型综合考虑了系统结构和战技术特性之间的相关性，强调装备的整体性，把系统效能表示为装备可用度、可信度和固有能力的相关函数。

其基本模型为

$$\boldsymbol{E}=\boldsymbol{ADC}=[a_1,a_2]\begin{bmatrix} d_{11} & d_{12} \\ d_{21} & d_{22} \end{bmatrix}\begin{bmatrix} c_1 \\ c_2 \end{bmatrix} \tag{3-1}$$

式中：$\boldsymbol{E}$ 为无人机的作战效能；可用度 $\boldsymbol{A}$ 有两种状态（a_1、a_2），分别对应任务来临时无人机处于正常状态和故障状态的概率；可信度 $\boldsymbol{D}$ 有 4 种状态（d_{11}、d_{12}、d_{21}、d_{22}），分别为无人机发射前后均处于正常状态的概率，无人机发射前正常、任务中故障的概率，无人机发射前故障、任务中正常的概率，无人机发射前后均处于故障状态的概率；作战能力 $\boldsymbol{C}$ 有两种状态（c_1、c_2），分别为处于正常状态的无人机完成任务的能力和处于故障状态的无人机完成任务的能力。

该方法的优点是可以通过相对较小的计算量得到较为准确的评估结果，且考虑因素比较全面，将系统的效能评估和具体的应用任务综合起来，能够反映既定任务的完成情况。但其计算公式中相关能力矩阵的确定是个难题，当作战过程复杂，且 $\boldsymbol{A}$、$\boldsymbol{D}$、$\boldsymbol{C}$ 中各个指标的维数增大时，矩阵的求解会占用大量资源，在加入维修、多任务、敌方对抗等条件后，该方法的求解将极为困难。并且，将状态之间的转换以概率的形式体现也过于简单，不能很好地反映系统要素之间的复杂联系及其对系统效能的影响。

3. 层次分析法

层次分析法（AHP）是一种多准则决策方法，采用定性与定量相结合的方式，具有系统、灵活、简洁的优点，应用面较广。该方法根据问题的性质和要达到的目标分解出问题的组成因素，并按因素间的相互关系及隶属关系，将因素层次化，组成一个层次结构模型，然后按层分析，最终获得最低层因素对于最高层（总目标）的重要性权值。

层次分析法的优点是可将人的主观判断用数量形式进行表达和处理，实现决策问题的定量与定性处理的结合。但也存在一致性检验客观标准的有效性、结果过多地依赖于决策者的偏好或主观判断等问题，进而导致评估结果的可信度存疑。

4. 系统效能分析法

系统效能分析（system effectiveness analysis，SEA）法是 20 世纪 70 年代末提出的系统效能分析框架。该方法基于 6 个基本概念，即系统、任务、环境、原始参数、性能量度和系统效能。系统是由相互关联的各部分组成并协同动作的有机整体；任务是赋予系统必须完成的使命；环境是与系统发生作用而又不属于系统因素集合；原始参数是一组描述系统、环境及任务的独立的基本变量。上述中，前 3 个概念用于提出问题，后 3 个概念用于确定分析过程的关键量。

SEA 方法的优点是，把系统的能力与使命要求放在同一个空间进行比较，从而实现对系统完成使命程度的评价，系统效能表明了系统完成使命的可能性大小，采用该方法的主要工作集中在性能量度的提取以及系统映射和使命映射的建立上。

5. 实验统计法

该方法是通过现场实验的方法得到全面真实的实验数据，观察系统的性能特征，收集实验数据进行统计分析，进而评定系统效能。其应用前提是所获统计数据的随机特性可以清楚地用模型表示，并相应地加以利用。常用的统计评估方法有抽样调查、参数估计、假设检验、回归分析和相关分析等。

实验统计法不但能准确地得到装备作战效能的评估值，还能显示系统性能、运用规则等影响因素对效能指标的影响，从而为改进系统性能和运用模式提供了定量分析基础，其结果比较准确，但需要大量人力、物力、财力且耗时巨大，对一些在论证、研制初期的装备难以进行评估。

6. 灰色关联法

含有未知的、不确定信息的系统称为灰色系统。该方法利用已有的小样本数据进行建模，模拟系统自身规律，根据信息覆盖的原则，使整个系统由“灰”变“白”。灰色关联法的核心是通过比较曲线间的拟合程度来获得序列间的关联程度。无人机作战效能综合评估时，部分因素存在信息未知、模糊的情况，而灰色关联法正适用于解决此类问题。可使用灰色关联法，并结合层次分析法和专家打分法对无人机作战效能进行评估。灰色关联法需要的信息量适中，对原始数据要求少，既能考虑人为因素，又能保留底层因素，适用面广、实用性强。

7. 信息熵评估法

该方法通过将信息熵函数进行变换，来获得装备效能评估模型，并利用模糊的自信息量表示各系统效能的评估结果。通过信息熵评估法对潜射无人机作战效能进行评估，构建该无人机的效能评估模型。

8. 作战模拟法

作战模拟法是指建立模型，最大限度地还原真实作战场景，并通过模型的运行情况，研究作战效能。模型种类多样，其规模大小可根据需要调整，复杂程度可按实际情况设置。在无人机作战效能评估中，对无人机攻击过程进行建模仿真是作战模拟法的典型代表。通过全过程的模型仿真，模拟再现了无人机投放、入水、搜索、跟踪、毁伤的全过程，可以为无人机的实际作战使用提供依据。

模型仿真法通过计算机仿真获得了无人机作战效能评估数值，节省了因复杂繁琐的实战演练而消耗的时间和经费。但对于对抗条件、无人机装备协同的考虑却不够充分，细节也不够统一，这是该方法应用于无人机作战效能评估时需要改进的地方。

9. 新兴评估方法

随着信息化联合作战的不断深入，战场的复杂程度不断提升，传统评估方法已不能满足现代战场需求，于是各种智能算法被引入作战效能评估中。以神经网络为例，其具有自学习功能，通过对历史数据的训练得出结果，用户将训练结果与期望结果进行比对，调整优化各指标权重，最终获得装备的真实评价结果。该方法既能完成单个装备的效能评估，也可完成多个装备的效能比较分析，是作战效能评估走向智能化的一个标志。运用神经网络法对无人机主要性能参数进行仿真优化，该方法计算时间明显缩短，可进一步运用到复杂的多参数系统中。通过建立基于神经网络的无人机作战效能模糊综合评价模型，克服了人为因素的干预，充分利用了专家的经验，使仿真结果可行有效。

3.3 常用效能评估算法模型

1. 层次分析法

层次分析法（analytic hierarchy process，AHP）是20世纪70年代美国匹兹堡大学专家T. L. Saaty提出的系统分析方法，用于解决定性和定量相结合问题，同时通过标准化、规范化、归一化等方法对指标赋予权重，但是此方法也存在很大的弊端，就是主观性太强，尤其在指标筛选的过程中和利用比较矩阵对指标赋予权重的过程中，主要依据专家的经验，主观因素所起的作用太大，导致效能评估的准确性、完备性降低。关于此方法我们以高空长航时无人机效能运用评估为例，具体阐述如下。

1）指标层选取

评估指标根据重要程度的不同划分层次，层次结构如图 3－2 所示。目标层即是任务层，准则层指影响目标层的决策依据，指标层指直接影响准则层的所属对象。指标间的层次越多，需要分析的程度越复杂。

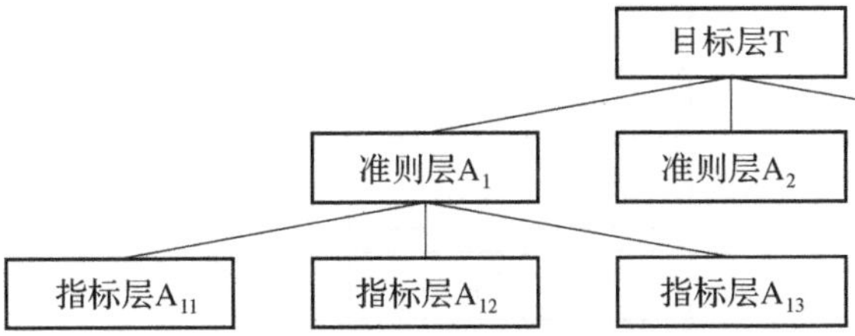

图 3－2　AHP 指标间层次结构

以高空长航时无人机运用效能评估为例，目标层就应该是高空长航时无人机的运用效能，准则层可依据任务需要选择影响无人机运用的主要方面，如任务可执行度、空中侦察能力、作战能力、电子干扰能力、中继能力等，指标层可依据准则层进一步设置，任务可执行度可分为时间可执行度、环境可执行度，空中侦察能力可分为链路传输能力、情报判读能力、侦察设备间协同能力等，作战能力可以考虑对地攻击能力等，具体指标体系如图 3－3 所示。

当然，效能评估目标和任务的复杂程度相关，越复杂的任务分的层次越多，指标的划分越详细，这样的好处是评估的完备性相对越好，缺点是评估越复杂，精确度相对越低。

2）指标赋予权重

利用 AHP 方法对指标赋予权重，需要明确同一层次的指标间相对于上一层的重要程度，从而构成比较判断矩阵。评估指标可能是定量指标，指标间的两两比较矩阵方便建立，通过构造相对权重标度来实现，对于 3 层的指标结构，需要建立两层比较矩阵，比较矩阵的形式相似，含义不同：一层是计算准则层各指标间的权重；二层是不同准则下对应措施层之间的相对权重。比较矩阵的建立，需要指标间 i、j 两两比较，那么对于定性指标，很难直接进行两两比较，需要通过一定的手段使其量化。由于人们对事物的辨别能力一般在 9 以内量化级别，因此，引入可量化的标度，一般引入指标标度为 1 ~9，如表 3－1 所列。

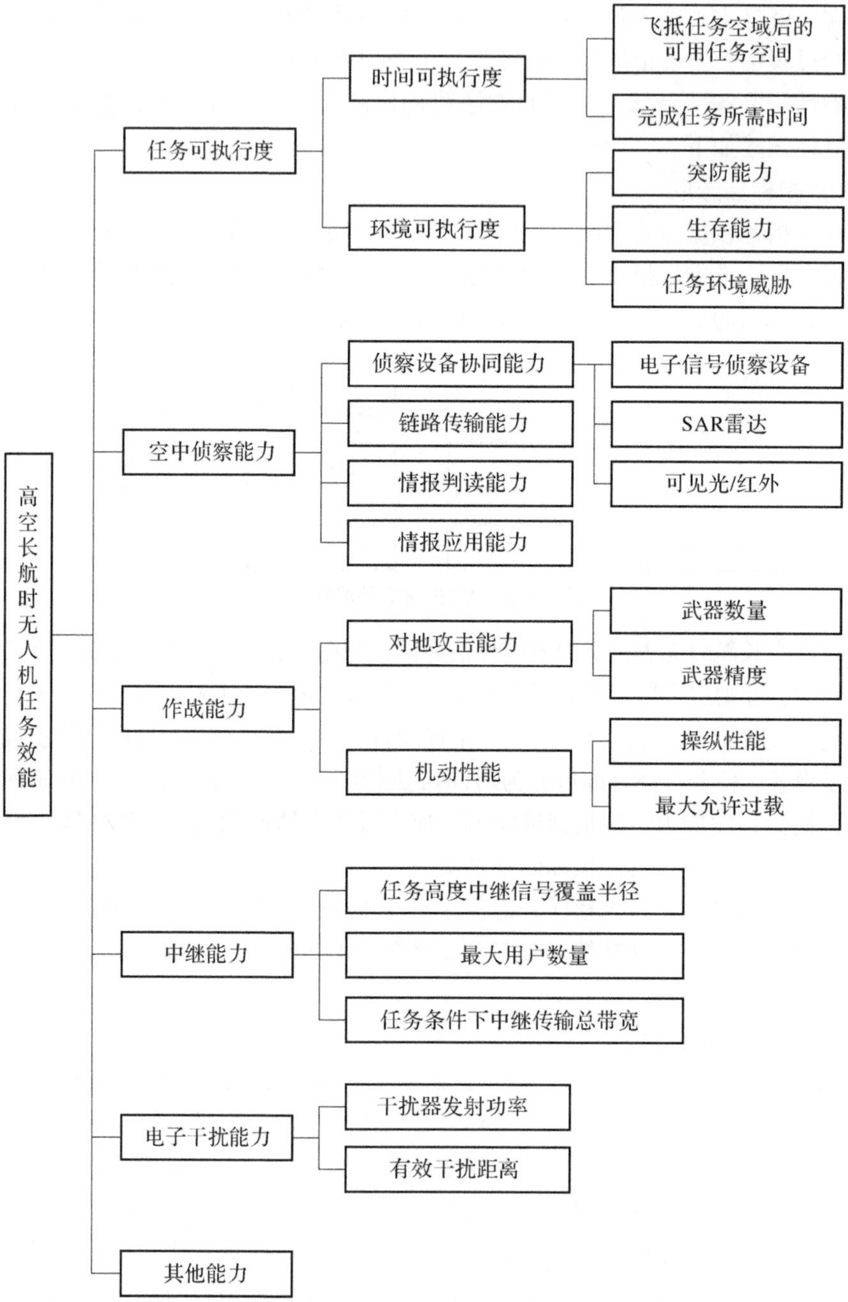

图 3－3　高空长航时无人机系统效能评估指标体系

表 3－1　指标比较权重标度

值	意义
1	指标 i 与 j 同等重要
3	指标 i 比 j 略微重要
5	指标 i 比 j 明显重要
7	指标 i 比 j 显然重要
9	指标 i 比 j 绝对重要
2、4、6、8 按照排序取中间值，如果指标 j 比 i 重要，则取倒数	

建立比较矩阵的形式为

$$\boldsymbol{A}=\begin{bmatrix} a_{11} & a_{12} & \cdots & a_{1n} \\ a_{21} & a_{22} & \cdots & a_{2n} \\ \vdots & \vdots & \ddots & \vdots \\ a_{n1} & a_{n2} & \cdots & a_{nn} \end{bmatrix} \tag{3-2}$$

需要说明如下。

（1）比较矩阵 $\boldsymbol{A}$ 是方阵，n 是方阵维数，且 $a_{ii}=1, i=1,2,\cdots,n$。

（2）a_{ij}是指标 a_i 与指标 a_j 的相对权重，显然 $a_{ij}=\dfrac{1}{a_{ji}}$。

（3）指标权重的计算归结为求 $\boldsymbol{A}$ 的最大特征值 $\lambda_{\max}$与特征向量。常用简化计算方法有方根法、和积法、幂法等。

（4）为了提高权重分析可靠性，需要对 $\boldsymbol{A}$ 做一致性检验和修正，具体过程为

$$\mathrm{CI}=\frac{\lambda_{\max}-n}{n-1},\ \mathrm{CR}=\frac{\mathrm{CI}}{\mathrm{RI}}<0.1$$

式中：RI 为修正因子，其与比较矩阵之间的关系如表 3－2 所列。

表 3－2　修正因子与比较矩阵之间的关系

维数	1	2	3	4	5	6	7	8	9
RI	0	0	0.58	0.96	1.12	1.24	1.32	1.41	1.45

3）合成权重

假设求得准则层权重向量为 $\boldsymbol{W}=(w_1,w_2,\cdots,w_n)$，$w_i(i=1,2,\cdots,n)$为第 i 个准则在准则层中的相对权重；若第 i 个准则下的措施层权重为 $w_i=(w_{i_1},w_{i_2},\cdots,w_{i_k})(i=1,2,\cdots,n)$，则最底层各指标权重为上面权重的复合权重：$w_{ij}=w_i\cdot w_{i_j}$。

4）计算评估结果

评估的结果为：所有底层指标权重×相应指标评价分数，再求和。这种方法主要采用专家赋权的方式，主观性太强，对于系统性比较强的任务，不太适合选择此种方法。

2. ADC 分析法

ADC 分析法又称为 ADC 模型，由美国工业界武器系统效能咨询委员会提出，模型中 $\boldsymbol{A}$、$\boldsymbol{D}$、$\boldsymbol{C}$ 分别代表可用性向量、可信性矩阵及固有能力向量，系统效能的通用表达式为

$$\boldsymbol{E}=\boldsymbol{ADC}=[a_1,a_2]\begin{bmatrix} d_{11} & d_{12} \\ d_{21} & d_{22} \end{bmatrix}\begin{bmatrix} c_1 \\ c_2 \end{bmatrix} \tag{3-3}$$

该方法主要用于系统单项效能评估，对于复杂性的评估系统，需要其他方法的介入。根据一个系统满足特定任务要求程度的量度，是系统可用性、可信性与固有能力的函数，其评估过程如下。

（1）计算可用性向量 $\boldsymbol{A}$。

可用性向量 $\boldsymbol{A}$ 表示系统在开始执行任务时的所有状态。例如，$\boldsymbol{A}=\{a_1,a_2,\cdots,a_n\}$ 中 $a_i(i=1,2,\cdots,n)$ 表示开始任务前系统的第 i 个状态的概率，并且满足 $\sum_{i=1}^{n} a_i = 1$ 。

（2）计算可信性矩阵 $\boldsymbol{D}$。

$\boldsymbol{D}$ 代表可信性矩阵，如 $\boldsymbol{D}=(d_{ij})_{n\times m}$，$d_{ij}$ 表示系统执行任务期间由初始状态 i 转变为状态 j 的概率。

（3）计算固有能力向量 $\boldsymbol{C}$。

$\boldsymbol{C}$ 代表固有能力向量。例如，$\boldsymbol{C}=\{c_1,c_2,\cdots,c_n\}$ 中 $c_i(i=1,2,\cdots,n)$ 代表系统处于状态 i 时完成任务的程度或者概率，通过后面的学习可知，固有能力向量是系统效能评估的关键。

3. 系统效能分析法

系统效能分析（system effectiveness analysis，SEA）法是 20 世纪 80 年代由美国麻省理工学院信息与决策实验室 Levis 等提出的，系统效能是通过制定系统任务和最终完成的使命之间的重合度判断，重合度高则系统效能高，相反，则系统效能低。

此方法的特点是系统性比较强，考虑因素多，从全局性角度出发进行整体系统效能的评估，是一种综合的评价方法；缺点是容易忽视评估中的细节，主观性强。目前，美军基于此方法开发了相关的仿真评估软件，如 SEAS V1.0、SEAS V2.0 等，并在军事的很多领域得到应用。

1）基本概念

SEA 方法主要涉及 6 个基本概念，即系统、原始参数、运行环境、性能度量、任务使命和系统效能。系统效能评估的过程也主要围绕这 6 个概念展开，以无人机系统为例，系统是指无人机系统装备的各个组成部分，无人机通过各部分之间协同运作，共同完成预定任务；原始参数是描述事物状态的初始变量，为了便于研究，参数经过筛选，并且之间默认为是独立的，在此方法中，主要涉及无人机系统、运行环境及任务使命的原始参数；性能度量是无人机系统和任务使命原始参数的函数，通过性能度量来反映无人机某一时刻运行状态或者使命完成状态，这样无人机系统效能通过这个公共性能度量空间，求解系统性能和任务使命性能重合度；运行环境是指无人机完成任务所需的条件状态或影响因素等；任务使命是无人机系统预先设定完成的任务；系统效能指无人机系统完成任务使命的程度。

2）基本原理

假设 $\boldsymbol{s}=(s_1,s_2,\cdots,s_k)$、$\boldsymbol{c}=(c_1,c_2,\cdots,c_l)$、$\boldsymbol{g}=(g_1,g_2,\cdots,g_j)$ 分别表示无人机系统、运行环境、任务使命的原始参数构成的向量，这些向量分别构成了无人机系统能力空间、运行环境空间、任务使命空间，为了能够分析评估无人机任一状态下的效能，需要对在此状态下无人机系统能力和完成的任务使命能够在同一属性空间下进行比较，这一公共空间实际就是性能度量空间 {MOP}，不妨设 $\{\text{MOP}\}\subset R^n$。因此，建立两个映射关系，即系统能力映射 $f_{\text{s}}:(S,C)\to R^n$ 和任务使命映射 $f_{\text{m}}:(G,C)\to R^n$，$L_{\text{s}}$ 和 L_{m} 分别为两个映射的值域，分别记作 $L_{\text{s}}=R(f_{\text{s}})=\{\text{MOP}_1\}\subset R^n$，$L_{\text{m}}=R(f_{\text{m}})=\{\text{MOP}_2\}\subset R^n$，画出 L_{s} 和 L_{m} 的轨迹图，轨迹的重合度通过空间测度计算，公式为

$$\boldsymbol{E}=\frac{\bar{V}(L_{\text{s}}\cap L_{\text{m}})}{\bar{V}(L_{\text{m}})} \tag{3-4}$$

当性能度量空间的维数 n 不同时，空间测度表示的含义也不同。例如，当 $\boldsymbol{n}=1$ 时，空间测度是长度；当 $n=2$ 时，空间测度是面积等。以 $n=2$ 为例，L_{s} 和 L_{m} 的轨迹如图 3-4 所示。

并且：当 $L_{\text{m}}\cap L_{\text{s}}=\varnothing$ 时，说明无人机系统在不同的状态下无法完成任务使命，在此任务下，无人机系统效能认定为 0。

当 $L_{\text{m}}\cap L_{\text{s}}\neq\varnothing$ 时，说明无人机系统在某些状态下可以完成部分任务使命，特殊地，当 $L_{\text{m}}\cap L_{\text{s}}=L_{\text{m}}$ 时，此时无人机系统效能认定为 1，效能为 1 这种情况实际上是不存在的，是无人机效能分析的理想状态。

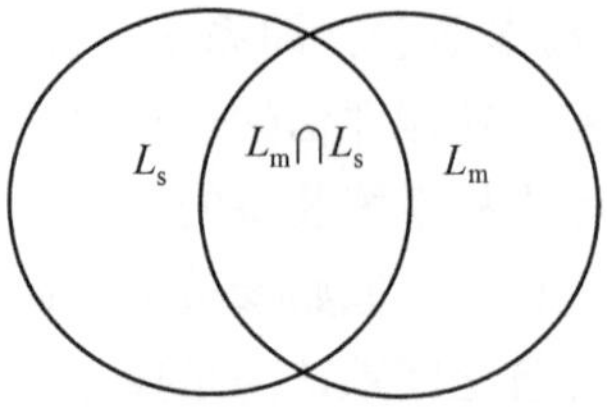

图 3-4 系统轨迹与任务使命轨迹空间测度

3）基本流程

SEA 方法实际是“任务”和“完成任务”直接对比的方法，因此，利用这种方法有几个关键问题要解决。

（1）性能度量空间选取。性能度量空间根据不同的任务，由多个性能度量集合构成 $S=\{MOP_i\}$，每个集合 MOP_i 中元素取值由相应的系统映射 f_{s_i} 确定，同一集合 MOP_i，f_{s_i} 不同，取值可能不同，表达的意义也不同。

（2）系统映射选取。这个方法中，映射的概念和数学中学习的映射概念有所不同，它不是数值的对应关系，也不满足映射定义中要求的多对一或者一对一的说法，这个映射是非线性的，是描述性的，它的输入是系统功能、状态、影响因素等的描述，输出是性能度量的集合，即轨迹 L_s，需要用变通的角度理解其含义。

（3）任务使命映射的选取。与系统映射的描述类似，输入是完成任务所有状态的子集，输出是性能度量的集合，即轨迹 L_m。

综上所述，利用 SEA 方法，无人机效能分析的基本流程如图 3-5 所示。

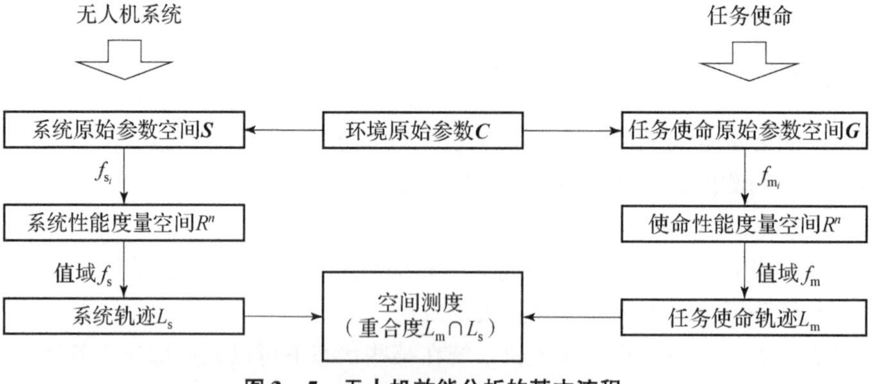

图 3-5 无人机效能分析的基本流程

4. 模糊综合评估法

效能评估问题中，经常存在评估指标的边界不清楚、概念模糊等现象，不能定量解决评估问题，模糊综合评估法是用来解决这类问题的方法之一。

模糊综合评估法是利用模糊数学中的理论，把定性问题转化为定量问题进行研究，是对多种属性的事物，或者说其总体优劣受多种因素影响的事物，做出一个能合理地综合这些属性或因素的总体评判。模糊综合评判的具体过程是：将评价目标看成由多种因素组成的模糊集合（称为因素集 $\boldsymbol{U}$），再设定这些因素所能选取的评审等级，组成评语的模糊集合（称为评判集 $\boldsymbol{V}$），分别求出各单一因素对各个评审等级的归属程度（称为模糊矩阵），然后根据各个因素在评价目标中的权重分配，通过计算（称为模糊矩阵合成）求出评价的定量解值。

20 世纪 80 年代初，汪培庄提出了模糊综合评判模型，此模型以它简单、实用的特点迅速波及国民经济和工农业生产的方方面面。与此同时，还吸引了一些理论工作者对此模型进行深化和扩展研究，涌现了一批诱人的成果，如多级模型、算子调整、范畴统观等。而且，针对实际应用中模糊综合评判模型常遇到的一些问题，对其进行了改进，产生了多层次模糊综合评判模型和广义合成运算的模糊综合评判模型。

1）工作步骤

模糊综合评估法是考虑与被评价事物相关的各个因素，对其所做的综合评判。模糊综合评判的数学模型可分为一级模型和多级模型。

（1）一级模型模糊综合评判。

①选取被评判对象的因素集与评语集。因素集也称指标集，是能较全面地反映被评价对象特性的因素的集合。这些因素通常都具有不同程度的模糊性，在模糊综合评判方法中，模糊性通过隶属函数来处理。

因素集为

$$\boldsymbol{U}=\{u_1,u_2,\cdots,u_m\} \tag{3-5}$$

评语集就是在评价某个事物时，可以将评价结果分成若干个等级，所有的等级构成的集合就是评语集。例如，对选取的某个炮兵观察所进行综合评判时，可把评判的等级分为“很好”“较好”“一般”和“不好”4 个等级。

评语集为

$$\boldsymbol{V}=\{v_1,v_2,\cdots,v_n\} \tag{3-6}$$

②单因素评价。单因素的评价通常用打分的方法进行。对每个因素 u_i 打分，确定该事物对评语等级 $v_j(j=1,2,\cdots,n)$ 的隶属程度 r_{ij}，表示 u_i 具有评语 v_j 的程度，它是从 $\boldsymbol{U}$ 到 $\boldsymbol{V}$ 的一个模糊映射。

在进行模糊综合评判时，首先从因素集中的单个因素出发进行评判，确定评判对象对评语集中各元素的隶属程度。设评判对象按因素集中第 i 个因素 $u_i(i=1,2,\cdots,m)$ 进行评判时，对评语集中第 j 个元素 v_j 的隶属程度为 r_{ij} $(i=1,2,\cdots,m;j=1,2,\cdots,n)$，则按第 i 个因素 u_i 评判的结果可用模糊集合表示为

$$\boldsymbol{R}_i=(r_{i1},r_{i2},\cdots,r_{in})$$

它是评语集 v 上的一个模糊集合。将 n 个因素的评判集组成一个总的评价矩阵，即

$$\boldsymbol{R}=\begin{bmatrix}R_1\\R_2\\\vdots\\R_m\end{bmatrix}=\begin{pmatrix}r_{11}&r_{12}&\cdots&r_{1n}\\r_{21}&r_{22}&\cdots&r_{2n}\\\vdots&\vdots&\ddots&\vdots\\r_{m1}&r_{m2}&\cdots&r_{mn}\end{pmatrix}\tag{3-7}$$

式中：$\boldsymbol{R}$ 为单因素评判矩阵，显然，$\boldsymbol{R}$ 为模糊矩阵。

③权重集的建立。一般而言，各个因素的重要程度是不一样的，为了反映各因素的重要程度，对各个因素 u_i 应赋予相应的权重系数 w_i。由各权重系数组成的集合称为因素的权重集 W，即

$$W=(w_1,w_2,\cdots,w_m)$$

同时，各权重系数还应满足归一和非负的条件，即所有因素的权重系数的和为1，各权重系数均为非负。

④综合评判。从单因素评判矩阵 $\boldsymbol{R}$ 可以看出，$\boldsymbol{R}$ 的第 i 行反映了第 i 个因素影响评判对象隶属于各个评语集的程度；$\boldsymbol{R}$ 的第 j 列则反映了所有因素影响评判对象隶属于第 j 个评语集元素的程度。当权重集 W 和单因素评判矩阵 $\boldsymbol{R}$ 为已知时，便可做模糊变换来进行综合评判，即

$$\boldsymbol{B}=W\circ\boldsymbol{R}=(w_1,w_2,\cdots,w_m)\circ\begin{pmatrix}r_{11}&r_{12}&\cdots&r_{1n}\\r_{21}&r_{22}&\cdots&r_{2n}\\\vdots&\vdots&\ddots&\vdots\\r_{m1}&r_{m2}&\cdots&r_{mn}\end{pmatrix}=(b_1,b_2,\cdots,b_n)\tag{3-8}$$

式中：“∘”表示某种合成运算；$\boldsymbol{B}$ 为模糊综合评判集；$b_j(i=1,2,\cdots,n)$ 为模糊综合评判指标，简称为评判指标，b_j 为综合考虑所有因素的影响时评判对象对评语集第 j 个元素的隶属度。

根据模糊合成运算“∘”的不同，一般有4种不同的模糊综合评判法的计算模型。

模型Ⅰ：取大取小型 $M(\wedge,\vee)$——主因素决定型。

$$b_j=\vee\{(w_i\wedge r_{ij}),1\leqslant i\leqslant n\}\quad(j=1,2,\cdots,n)\tag{3-9}$$

式中：“$\vee$”为取大符号；“$\wedge$”为取小符号。

其评判结果只取决于在总评价中起主要作用的因素，其余因素均不影响评判结果，此模型比较适用于单项评判最优就能作为综合评判最优的情况。

模型Ⅱ：乘积取大型 M（$\bullet$，$\vee$）——主因素突出型。

$$b_j = \vee\{(w_i r_{ij}),1\leqslant i\leqslant n\} \quad (j=1,2,\cdots,n) \tag{3-10}$$

它与模型 $M(\wedge,\vee)$ 相近，但比模型 $M(\wedge,\vee)$ 精细些，不仅突出了主要因素，也兼顾了其他因素。此模型适用于模型 $M(\wedge,\vee)$ 失效（不可区别），需要“加细”的情况。

模型Ⅲ：取小上界和型 $M(\wedge,\oplus)$。

$$b_j = \wedge\left\{1,\sum_{i=1}^{n}(w_i \wedge r_{ij})\right\} \quad (j = 1,2,\cdots,n) \tag{3-11}$$

此模型实际应用较少，主因素（权重最大的因素）在综合评判中起主导作用时，若 $M(\wedge,\vee)$ 失效，可以用此模型。但直接对隶属度做“有上界”相加，在很多情况下得不出有意义的综合评判结果。

模型Ⅳ：乘积求和型 $M(\bullet,+)$。

$$b_j = \sum_{i=1}^{n}(w_i r_{ij}) \quad (j = 1,2,\cdots,n) \tag{3-12}$$

此模型对所有因素依权重大小均衡兼顾，适用于多个因素起作用的情况。

（2）多级模型模糊综合评判。

有些情况因为要考虑的因素太多，而权重难以细分，或因各权重太小，使评估失去实际意义。为此，可根据因素集中各指标的相互关系，把因素集按不同属性分为几类。可先在因素较少的每一类（二级因素集）中进行综合评判，然后再对综合评判的结果进行类之间的高层次评判。如果二级因素集中有些类含的因素过多，可对它再进行分类，得到三级以及更多级的综合评判模型。注意要逐级分别确定每类的权重。

下面以二级综合评判为例给出其数学模型：

设第一级评估因素集为 $U=\{u_1,u_2,\cdots,u_m\}$；

各评估因素相应的权重集为 $W=\{w_1,w_2,\cdots,w_m\}$；

第二级评估因素集为 $U_i=\{u_{i1},u_{i2},\cdots,u_{ik_i}\}(i=1,2,\cdots,m)$；

对应的权重集为 $W_i=\{w_{i1},w_{i2},\cdots,w_{ik_i}\}$；

相应地，单因素评判矩阵为 $\boldsymbol{R}_i=[r_{lj}]_{k_i\times n}(l=1,2,\cdots,k_i)$。

二级综合评判数学模型为

$$\boldsymbol{B} = W \circ \begin{bmatrix} W_1 \circ R_1 \\ W_2 \circ R_2 \\ \vdots \\ W_m \circ R_m \end{bmatrix} \tag{3-13}$$

2）模糊综合评估法的特点和使用范围

模糊综合评估法是利用模糊集理论进行评估的一种方法，将一些边界不清、不易定量的因素定量化。不仅可对评估对象按综合分值的大小进行评估和排序，而且还可根据模糊评估集上的值按最大隶属原则去评定对象所属的等级，这就克服了传统数学方法结果单一性的缺陷，结果包含的信息丰富。这种方法简易可行，很好地解决了判断的模糊性和不确定性问题。

模糊综合评估法的优点：数学模型简单，容易掌握，对多因素、多层次的复杂问题评判比较好，是其他数学分支和模型难以代替的方法。缺点：它并不能解决评估指标间相关造成的评估信息重复问题，隶属函数的确定还没有系统的方法，而且合成的算法也有待进一步探讨。其评估过程大量运用了人的主观判断，由于各因素权重的确定带有一定的主观性，因此，总地来说，模糊综合评估法是一种基于主观信息的综合评估方法。

3.4　本章小结

本章详尽地探讨了无人机运用效能评估的多种方法，系统地对其进行了分类，并深入对比分析了各类方法的优势劣势及其适用场景。依据评估过程中主客观因素的融入程度，将其划分为主观评估法、客观评估法以及主客观结合评估法；从得出评估结果的基本途径来看，又可细分为统计法、解析法和仿真法；同时，按照评估过程的动态性，还可区分为静态评估方法与动态评估方法。

在典型评估方法的对比中，可以发现每种方法都有其独特的优势与局限性。例如，专家评估法凭借其丰富的专家经验，在评估难以量化的指标时展现出独特的优势，但其主观性较强，评估结果可能因专家的不同观点而有所波动。ADC模型法则通过精细的数学模型，综合考虑了系统的多个维度，为效能评估提供了有力的量化支持，但在面对复杂任务时，其计算复杂度显著增加。层次分析法（AHP）巧妙地结合了定性与定量分析，但在应用过程中需特别注意确保权重分配的一致性与合理性。

在具体算法模型的应用方面，本章详细介绍了层次分析法、ADC 分析法、系统效能分析法（SEA 法）以及模糊综合评估法。层次分析法通过构建清晰的层次结构，帮助决策者系统地考虑各因素间的相互关系，但在实际应用中需警惕主观偏好的影响。ADC 分析法以其严谨的数学逻辑，为单项效能评估提供了强有力的支持，但在多任务或多系统协同的场景下，其应用难度显著增加。SEA 法则从全局视角出发，通过性能度量空间将系统能力与任务使命进行对比分析，为系统效能评估提供了全面的框架，但在细节处理上仍需进一步优化。模糊综合评估法则巧妙地利用模糊数学理论，将定性因素转化为定量评估，为处理复杂、模糊性问题提供了新的思路。

参考文献

[1]牛作成,吴德伟,雷磊. 军事装备效能评估方法探究[J]. 电光与控制,2006,13(5):98 - 101.
[2]李卉. 光电防御系统作战效能评估方法研究[D]. 北京:中国科学院,2012.
[3]赵虎. 综合电子信息系统效能评估研究综述[J]. 舰船电子工程,2011(7):20 - 22.

第4章　基于ADC的无人机运用效能评估

4.1　侦察无人机

侦察无人机系统主要完成近距离战场侦察任务，作战半径通常在30km以内，通常由单人或几个人操控，由小型车辆运载或单兵携行。该类无人系统具有系统轻便、使用灵活、快捷等特点，在特种作战、城市作战、山区丘陵作战等得到广泛应用，有效支持了作战过程的信息保障。

4.1.1　侦察无人机的组成

侦察无人机系统通常由无人机、便携控制站、传输链路、任务载荷、保障资源等5部分组成，如图4－1所示。

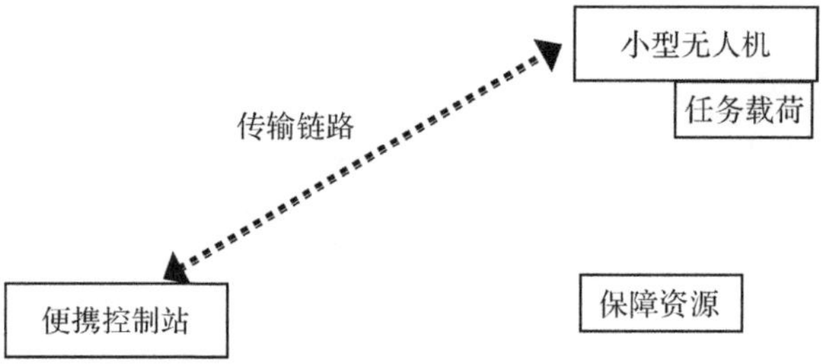

图4－1　侦察无人机系统组成

其中，便携控制站完成无人机飞行控制、无人机上任务载荷控制、侦察图像的显示与目标检测、识别及定位，一些便携控制站还可以同时控制多架无人机。无人机主要完成侦察载荷承载，并飞行到指定区域。无人机一般由电池驱动，其类型包括多旋翼无人机、固定翼无人机、无人直升机等。任务载荷安装在无人机上，主要完成战场信息获取，常用的侦察载荷包括可见光成像、红外成像、激光测距等部件，将这些部件安装到光电吊舱中，构成战场侦察系统，可以对战场环境形成稳定、清晰的图像，通过图像分析出来，可以实现对战场目标的跟踪和定位。传输链路完成无人机与便携控制站之间的信息传输。由便携地面站向无人机传输发送各种控制信息，由无人机向便携式地面站传输发送侦察信息及各种状态信息。保障资源的功能是为无人机系统有效运用提供保障支持的相关资源，一般包括维修备件、维修工具、备份电池等，可以提升无人机系统的可用性。无人机系统的这 5 个部分都直接或间接影响无人机系统的效能，只有它们都处于良好的工作状态，并进行有效配合，才能保证侦察无人机系统高质量完成作战任务。

4.1.2　侦察无人机系统典型工作过程

侦察无人机系统主要完成战场侦察，并对战场目标进行检测、识别与定位。对指定区域进行侦察过程中，其基本工作过程如图 4－2 所示。

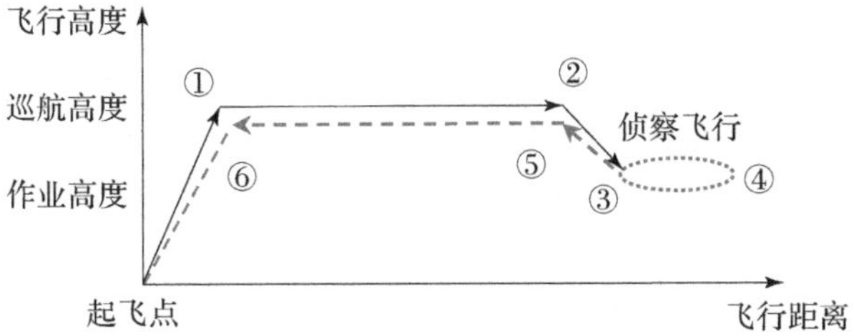

图 4－2　侦察无人机典型工作过程

侦察无人机工作中，从起飞点开始起飞，按照程序飞行模式，爬升到巡航高度，到达①点位置，然后进行水平飞行，到达距离侦察区域较近的②点位置。下降飞行高度到最佳作业高度，到达③点的位置，开始侦察作业。对于侦察无人机而言，在④点区域进行侦察的过程中，无人机可以按照 Z 字线、环线、矩形线等不同的航线对指定区域实施侦察，并把侦察图像传输到地面站，地面人员通过观察战场图像，发现目标，识别目标，并对关注的目标进行定位。地面操控人员在侦察作业过程中，通过控制无人机飞行航线、控制任务载荷的光轴指向、选择跟踪目标的不同，来改变侦察区域和关注的目标。在完成侦察任务后，重新爬升到巡航高度，到达⑤点位置，沿着巡航高度按照程序飞行到达⑥点位置，然后进入降落航线，安全降落到起飞点，这样侦察无人机完成了一个完整的作业过程。

1. 作业过程中需要了解的要点

（1）无人机所有的飞行过程都是在程序控制下完成的，操控人员不需要接入，无人机按照规定的航线，在飞行控制计算机的控制下程序化地飞行，但在需要的情况下，操控人员可以干预飞行，使无人机按照操控人员的意志和需要飞行。

（2）无人机作业全过程，操控人员通过对侦察任务载荷的光轴、焦距等进行控制，实现对侦察区域、侦察目标的选择与控制。

（3）侦察信息中的目标检测、目标识别等工作目前主要还是依靠人来实现，人的经验、能力等对目标检测、识别的快速性、准确性都有影响。随着人工智能的发展，这部分工作将逐渐被人工智能所代替。

（4）传输链路通常是无线电数据链，其工作时容易受到环境的影响，包括地物环境和电磁环境，如果传输链路受到遮挡或干扰，发生中断，无人机将无法将获得的侦察信息传输到地面站，地面人员也无法控制无人机，发生此种情况后，无人机通常将会按照预先规划的航线飞回起落点，待飞机降落后，从无人机上下载存储的侦察信息，获取一定数量的战场侦察信息，减小传输链路中断带来的损失。这种情况下获得的战场信息通常不够全面，实时性也很差。

（5）侦察无人机通常利用可见光、红外线对战场进行侦察成像，个别的还配置了 SAR 雷达对地面进行成像侦察，这些反映战场目标不同特征的侦察信息经过融合，就可以发现战场上的伪装目标，侦察效能就会得到较大提升。

2. 无人机典型作战运用过程分析

侦察无人机在执行战场侦察作战任务过程中，主要涉及多个阶段和环节，具体环节如图 4－3 所示。

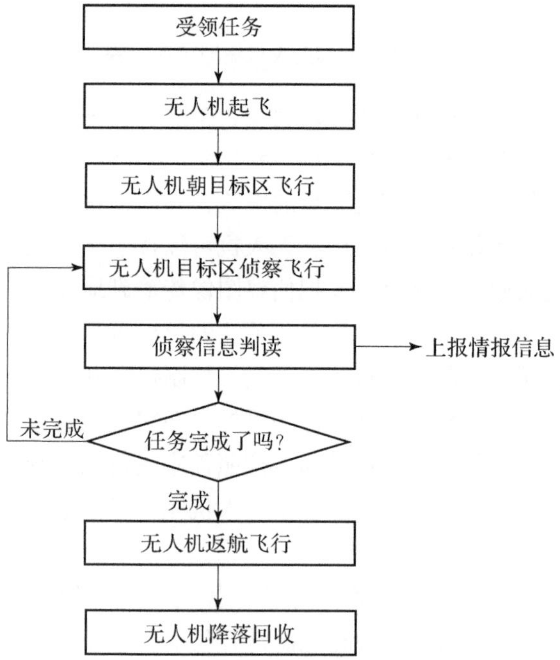

图 4－3　无人机执行战场侦察任务主要流程

从图 4－3 中可以看出，作战运用过程中主要涉及以下步骤。

（1）受领任务。这是指接受上级下达的侦察作战任务，并对任务进行解读，明确侦察区域、侦察目标、侦察时间等要求。制定侦察任务实施方案，并对无人机任务载荷、传输链路、飞行航迹等进行预先规划。

（2）飞机起飞，该阶段主要完成无人机、传输链路、任务载荷等的工作状态与参数设定，飞行航线规划和装定，飞机起飞。

（3）朝目标区飞行，该阶段无人机按照已规划的航线，朝目标区飞行，飞行过程通常采用程序飞行控制模式。

（4）侦察飞行，该阶段是指无人机到达侦察任务区后，按照侦察航线飞行，利用任务载荷，对战场实施侦察成像，并将侦察图像信息实时传输到控制站。

（5）地面人员利用侦察图像信息，检测、识别目标，对关注目标进行跟踪、定位，并形成战场情报信息，利用其他手段将情报信息及时上报给上级机关。

（6）对比受领任务，判断任务完成情况，如果已经完成侦察任务，则执行步骤（7），如果还没有完成侦察任务，则重复执行步骤（4）。

（7）返航飞行，是指无人机完成侦察任务后，按照规划的航线，朝着驻地飞行。

（8）降落回收，是指无人机降落飞行，安全降落。然后对无人机进行状态检查、必要的维修、更换电池等，为再次起飞执行任务做好准备。

从侦察无人机侦察作战运用的步骤可以看出，无人机侦察作战输入是作战任务，输出是情报信息，或者说战场态势情报。侦察无人机作战效能主要体现在获得战场情报信息的数量、质量、时效性等方面。

4.2　ADC 效能评估方法

美国工业界武器系统效能咨询委员会针对武器系统的效能问题，提出了一种反映武器系统效能的模型，认为系统效能是系统满足特定任务要求程度的度量，是系统的可用性、可信性及能力的函数，可表示为

$$\boldsymbol{E}=\boldsymbol{A}\cdot\boldsymbol{D}\cdot\boldsymbol{C} \tag{4-1}$$

式中：$\boldsymbol{E}$ 为系统效能；$\boldsymbol{A}$（availability）为系统可用性度量；$\boldsymbol{D}$（dependability）为系统可信性度量；$\boldsymbol{C}$（capability）为系统固有能力度量。对于每个参数可进行深入分析。

4.2.1　系统的可用性（A）

可用性是武器系统开始执行任务时所处状态的描述，开始执行任务时处于所有可能状态的概率，构成了可用性向量，它与系统的可靠性、可维修性等因素相关。系统的可用性向量表示为 $\boldsymbol{A}=[a_1,a_2,\cdots,a_i,\cdots,a_n]$，其中 a_i 为系统开始执行任务时处于 i 状态的概率，$i=1,2,\cdots,n$。可以看出 a_i 满足以下式子，即

$$\sum_{i=1}^{n} a_i = 1 \tag{4-2}$$

在分析武器系统的可用性时，首先要明确武器系统可能具有的工作状态。系统的典型状态包括完好状态、次要部件故障失能状态、主要部件故障失能状态、瘫痪状态等，具体状态要根据实际系统的属性、结构等确定。系统处于完好状态时，说明系统有可能高质量完成任务，展现出最大效能。系统处于瘫痪状态时，系统也就无法完成指定任务，其效能为0。如果处于次要部件故障失能状态，说明系统主要功能还有可能实现，能够展现一定效能，但不可能实现最大效能。系统的工作状态在武器系统结构确定之后，主要取决于系统的可靠性，如果系统在使用前是可维修的，可用性还与系统的可维修性有关。如果系统可靠性高，那么系统处于完好状态的概率就大；反之亦然。如果系统的可维修性好，那么系统处于故障失能状态的时间就短，处于故障失能状态的概率就小；反之亦然。与系统可用性直接相关的参数包括以下几个。

（1）系统可靠性：指系统在指定的时间内和指定的条件下，保持完成指定任务的能力，它直接反映了系统的可用性，它与系统可靠度、系统故障率和平均寿命等有直接关系，常用平均故障间隔时间（MTBF）来表征。

（2）系统可靠度（R）：是指系统在指定的时间内和指定的条件下，保持和完成指定任务的概率。通常情况下指定的时间越短，系统状态发生变化的可能性就小，系统完成规定任务的概率越大；反之，完成规定任务的概率越小。

（3）系统故障率（λ）：是指系统单位时间内发生故障的次数。故障率越小，可靠性越高，系统的可用性越好。故障率越大，可靠性就越低，系统的可用性也就越差。系统故障率与系统可靠性存在以下关系，即

$$\lambda = \frac{1}{\text{MTBF}} \tag{4-3}$$

（4）平均寿命：是指系统平均能正常工作的时间。可见，如果武器系统是不可修复的，平均寿命就是系统在发生故障之前平均无故障工作时间；如果系统是可修复的，平均寿命就是平均故障间隔，是系统在两次故障间的平均工作时间。

（5）可维修性：是指特定条件下和规定时间内，以一定的手段和方法对武器系统维修时，武器系统可以维持或者恢复到其规定状态的能力，它与维修度、平均修复时间和修复率这3个参数直接相关，通常用平均修复时间（MTTR）来表征。

（6）维修度（M）：指以一定的手段和方法对武器系统维修时，武器系统可以恢复到其规定状态的概率，表征了武器系统维修的难易程度。对于一般的无人

机系统，认为都是可维修的，而且可以恢复到规定状态，可以认为其维修度为1。

（7）平均修复时间（MTTR）：指武器系统由故障状态转为可工作状态时所需修理时间的平均值，是维修性的重要指标。

（8）修复率（μ）：是指在规定条件下和指定的时间内，武器系统在同一规定的维修级别上被修复的故障总数与在相同条件下系统修复性维修总时间之比。显然，系统维修性越好，修复率就越高；反之亦然，且存在着如式（4-4）所示的关系，即

$$\text{MTTR} = \frac{1}{\mu} \tag{4-4}$$

由系统可靠性和维修性定义可以看出，系统的可用性 a 可以表示为

$$a = \frac{\text{MTBF}}{\text{MTBF} + \text{MTTR}} \tag{4-5}$$

式中：MTBF 为系统的平均故障间隔时间；MTTR 为系统的故障平均修复时间。

从式（4-5）可以看出，系统的可用性是系统固有的，只与系统本身的属性有关，如可靠性、可维修性、保障性等，而与系统以外的因素无关。

1. 串联系统可用度向量计算

如果武器系统由 N 个组成单元串联而成，则称该系统为串联系统。对于这样的武器系统中其中的任何一个部分发生故障时，将导致整个系统无法正常工作，所以这样的系统将有两种状态（正常工作、故障失能）。该系统的可用度向量 $\boldsymbol{A} = [a_1 a_2]$，其中 a_1 为系统处于“正常”状态的概率，a_2 为处于“故障失能”状态的概率 $a_2 = 1 - a_1$，则有

$$a_1 = \prod_{i=1}^{n} \frac{\text{MTBF}_i}{\text{MTBF}_i + \text{MTTR}_i} \tag{4-6}$$

式中：MTBF_i 为第 i 个组分系统的平均故障间隔时间；MTTR_i 为第 i 个组分系统的故障平均修复时间；a_2 为处于故障失效状态下的概率。

2. 并联系统可用度向量

如果武器系统由 N 个组分系统并联而成，且某个组分系统发生故障时，不会对其他组分系统造成影响，这样的武器系统共有 n 种状态，并有 $n = 2N$。各状态条件下，第 j 种状态的可用度可以表示为

$$a_j \prod_{i=1, i\neq j}^{n-1} (a_i + a_i') = a_j \prod_{i=1, i\neq j}^{n-1} a_i + a_j \prod_{i=1, i\neq j}^{n-1} a_i a_i' + \cdots + a_j \prod_{i=1, i\neq j}^{n-1} a_i' \tag{4-7}$$

式中：a_i 为第 i 个组分系统正常状态概率；a_i'为第 i 个组分系统故障状态概率。

3. 混合系统可用度向量

通常武器系统结构复杂，既包含串联组成关系，又包含并联组成关系，称这

样的系统为混合系统。在分析混合系统可用度时，首先依据系统的功能，对系统组成进行合理的划分，合理确定系统可能的工作状态，然后再对每种状态下的可用度进行计算。

武器系统可用性计算时，通常按照图4－4所示步骤进行。

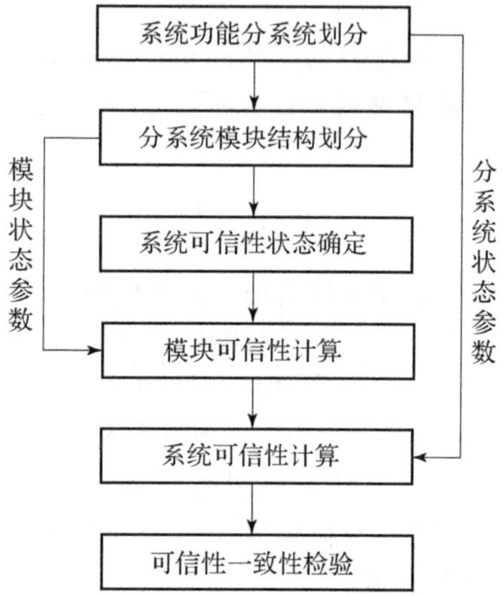

图4－4　武器系统可用性计算流程

首先对武器系统的功能进行分析，按照功能对系统进行分块，形成功能模块；对功能模块的组成结构进行分析，形成组成模块，并分组成模块的串、并联关系；依据功能模块、组成模块，确定武器系统可用性的所有可能的状态；确定各组成模块的可用性，然后依据模块间结构关系，确定功能模块的可用性，依据功能模块的可用性，计算出系统的可用性；一致性检验，初始状态概率满足式（4－2）。

4.2.2　系统的可信性（D）

通常表示系统在执行任务过程中所处状态的度量，人们总是希望系统在使用过程中状态一直处于最佳、完好的状态，且一直保持不变，这样才有可能实现系统效能的最大化。实际中，系统的状态是会发生变化的，使用开始时刻，系统是完好的状态，使用过程中出现次要故障，系统状态就会从完好状态转移到次要故障状态，此时系统的效能可能就会下降。如果系统又从次要故障状态转移到严重的故障状态，系统就会完不成指定任务，失去效能，系统就处于失能状态。系统可用性就反映了系统各种状态变化的可能性大小，它与系统的可靠性指标直接相关。对于一个武器系统，如果可靠性高，意味着在一定时间内，从完好状态转移到故障状态的概率就小；反之亦然。如果系统在使用过程中是可修复的，那么系统就存在这样的可能，即从故障状态转移到完好状态，或者从严重故障状态转移到次要故障状态的可能性，此时，系统就可能从低效能状态转移到高效能状态。所以，对于可修复的系统，可信性还与系统的维修性相关联。对于一般用武器系统，其可信性用矩阵 $\boldsymbol{D}=[d_{ij}]_{n\times n}$来表示，其中 d_{ij} 表示系统从初始状态 i，经过时间 t 转移到状态 j 的概率，i、$j=1,2,\cdots,n$。显然，有

$$0\leqslant d_{ij}\leqslant 1 \tag{4-8}$$

由于矩阵的第 i 行代表了系统由初始状态 i 转换到任意一种状态 $j(j=1,2,\cdots,n)$ 的概率，因此矩阵的第 i 行所有转移概率之和为 1，即

$$\sum_{j=1}^{n} d_{ij} = 1 \tag{4-9}$$

对于不可修复的武器系统而言，因为系统不可修复，所以系统状态只能由完好的状态转换为有故障状态，从少故障失能状态转换到多故障失能状态；反之则不行。那么状态转移矩阵为一个上三角矩阵，即

$$\boldsymbol{D}=\begin{bmatrix} d_{11} & d_{12} & \cdots & d_{1n} \\ 0 & d_{22} & \cdots & d_{2n} \\ \vdots & \vdots & \ddots & \vdots \\ 0 & 0 & 0 & d_{nn} \end{bmatrix} \tag{4-10}$$

对于一个武器系统，其状态转换服从马尔可夫过程，设系统 t 时刻处于状态 x_i 的概率为 y_i，这样 t 时刻状态概率向量为 $\boldsymbol{y}(t)=[y_1(t),y_2(t),\cdots,y_n(t)]$，设 p_{ij}为状态 x_i 转移到状态 x_j 的概率，则状态转移矩阵表示为 $\boldsymbol{P}=[p_{ij}]$。由马尔可夫状态转移属性，可以得到状态概率方程为

$$\frac{\mathrm{d}\boldsymbol{y}(t)}{\mathrm{d}t}=(\boldsymbol{P}^{\mathrm{T}}-\boldsymbol{I})\boldsymbol{y}(t) \tag{4-11}$$

式中

$$\boldsymbol{P}^{\mathrm{T}}-\boldsymbol{I}=\begin{bmatrix} p_{11}-1 & p_{12} & \cdots & p_{1n} \\ p_{21} & p_{22}-1 & \cdots & p_{2n} \\ \vdots & \vdots & \ddots & \vdots \\ p_{n1} & p_{n2} & \cdots & p_{nn}-1 \end{bmatrix}$$为状态概率方程的系数矩阵。

假设系统有 n 个状态，处于第 i 个状态的初始状态，则其概率向量为 $\boldsymbol{y}(0)=[0,\cdots,1,\cdots,0]$，即第 i 个状态概率为 1，共有 n 个这样的初始状态概率向量，即

$$\begin{cases} y_1(0)=[1\ 0\ \cdots\ 0] \\ y_2(0)=[0\ 1\ \cdots\ 0] \\ \vdots \\ y_n(0)=[0\ 0\ \cdots\ 1] \end{cases} \tag{4-12}$$

解微分方程式（4－8）一阶微分方程，可得到状态概率的通解，利用式（4－9）的每一个初始条件，可到的 n 个特解 $d_1(t),d_2(t),\cdots,d_n(t)$。令 $\boldsymbol{D}=[d_1(t),d_2(t),\cdots,d_n(t)]^{\mathrm{T}}$，就可以得到可信性矩阵为

$$\boldsymbol{D}=[d_1(t),d_2(t),\cdots,d_n(t)]^{\mathrm{T}}=\begin{bmatrix} d_{11} & d_{12} & \cdots & d_{1n} \\ d_{21} & d_{22} & \cdots & d_{2n} \\ \vdots & \vdots & \ddots & \vdots \\ d_{n1} & d_{n2} & \cdots & d_{nn} \end{bmatrix} \tag{4-13}$$

可以看出，计算武器系统可信性 $\boldsymbol{D}$ 的流程主要如下。

①判断系统状态转移过程是否满足马尔可夫过程，如果满足，进行步骤②。

②根据系统组成模块的可靠性参数，以及分系统、模块之间的连接关系，计算状态转移矩阵。

③根据状态概率方程式（4－11），求解状态概率方程通解。

④根据初始状态条件和概率方程通解，求解状态概率方程特解，得到系统可信性矩阵。

⑤对于一些状态数量较少，分系统、模块组成关系简单，特别是状态只有一次转换，没有多次转换，可以直接在初始状态的基础上求出转移矩阵，该转移矩阵就是初始态到最终态的转移矩阵，直接得到可信性矩阵。

4.2.3　系统的固有能力（C）

它主要是指系统在一定的状态下，完成规定任务的程度。可用能力矩阵 $\boldsymbol{C}=[c_{jk}]_{n\times m}$来表征，$c_{jk}$表示在系统处于最后的状态 j 时，达到第 k 项效能的指标值，其中 $j=1,2,\cdots,n$；$k=1,2,\cdots,m$。它由武器系统的技术性能指标以及系统所处的状态等因素共同决定。

对于一个效能指标，它是与多个能力相关的，通常用层次分析法将一个效能指标与关联要素建立起定量关系。层次分析法通过两两比较，建立要素之间重要性相对关系，最后确定是一种比较的思想。层次分析法主要包括以下流程。

（1）建立层次结构模型，构造判断阵。

（2）通过对系统的效能建立层次结构模型，理清每个效能指标与子指标之间的层次关系，通常分为目标层、准则层和方案层。然后在一个层次上、一个准

则下，对相关指标进行两两重要性比较，构建判断矩阵为

$$\begin{bmatrix} a_{11} & a_{12} & \cdots & a_{1n} \\ a_{21} & a_{22} & \cdots & a_{2n} \\ \vdots & \vdots & \ddots & \vdots \\ a_{n1} & a_{n2} & \cdots & a_{nn} \end{bmatrix}$$

判断矩阵的元素取值是根据重要性标度确定，如果是 9 标度（9 标度对应：极端重要、非常重要、很重要、较重要、相同重要、较不重要、很不重要、非常不重要、极端不重要），其取值是 1 ~9 的正整数或倒数，如果是 5 标度，其取值是 1 ~5 的正整数或倒数（5 标度对应：重要、比较重要、相同重要、比较不重要、不重要）。

（3）对矩阵进行一致性检验。

首先确定矩阵的最大特征值 $\lambda_{\max}$，然后按照以下公式计算一致性指标 CR，即

$$\mathrm{CR} = \frac{\mathrm{CI}}{\mathrm{RI}} = \frac{\lambda_{\max} - n}{(n-1)\mathrm{RI}} \tag{4-14}$$

其中：

$$\mathrm{CI} = \frac{\lambda_{\max} - n}{(n-1)} \tag{4-15}$$

RI 是个经验值，只与矩阵阶数 n 有关。具体取值如表 4 – 1 所列。

表 4 – 1　RI 与阶数 n 的关系

指标	数值							
n	1	2	3	4	5	6	7	8
RI	0	0	0.52	0.89	1.12	1.26	1.36	1.41
n	9	10	11	12	13	14	15	—
RI	1.46	1.49	1.52	1.54	1.56	1.58	1.59	—

（4）判断更新。

当 $\mathrm{CR} < 0.1$ 时，则判断矩阵满足一致性要求；若不满足需要对矩阵进行更新。

（5）计算权重。

在构建判断矩阵的基础上，计算每个要素的权值，形成权重向量，典型的方法有以下两个。

①和法确定权重向量。和法确定权重向量的方法是将判断矩阵的每一列归一化，然后再将 n 个列向量算术平均作为权重向量，第 i 个要素的权重计算式为

$$\boldsymbol{w}_i = \frac{1}{n}\sum_{j=1}^{n}\frac{a_{ij}}{\sum_{p=1}^{n}a_{pj}} \quad (i = 1,2,\cdots,n) \tag{4-16}$$

②特征根法。它是选用判断矩阵最大特征根对应的归一化向量为权重向量。具体计算方法如下：

a. 求判断矩阵的最大特征值 $\lambda_{\max}$，及其对应的特征向量 $\boldsymbol{U} = (u_1, u_2, \cdots, u_n)$；

b. 对 $\boldsymbol{U}$ 进行归一化，就得到权重向量 $\boldsymbol{w} = (w_1, w_2, \cdots, w_n)$，其中

$$\boldsymbol{w}_i = \frac{u_i}{\sum_{i=1}^{n}u_i} \quad (i = 1,2,\cdots,n) \tag{4-17}$$

4.3 基于 ADC 方法的侦察无人机系统效能评估

利用 ADC 先评估方法，对一种侦察无人机进行效能评估，假设该型侦察无人机系统主要完成 20km 范围内的目标侦察，能够实现目标跟踪和目标定位功能，定位误差不大于 5m（CEP），由地面控制站、传输链路、四旋翼无人机、光电侦察吊舱等部分组成，其工作时的连接结构如图 4-5 所示。

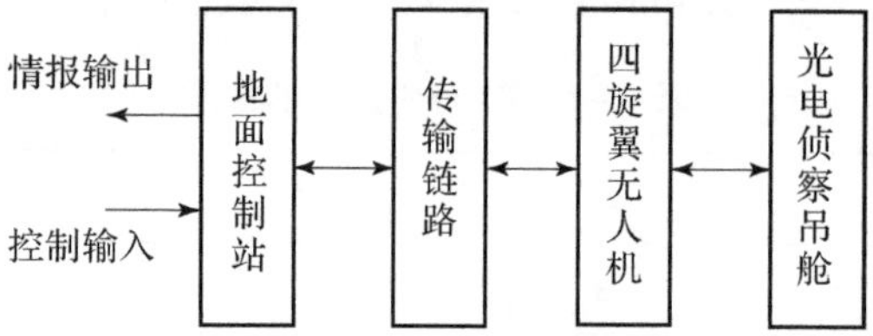

图 4-5 无人机系统连接框图

从图 4-5 中可以看出，地面控制站、传输链路、四旋翼无人机、光电侦察吊舱是串联工作的，如果一个部分出现故障，就会使无人机系统失去完成任务的能力，而且无人机在执行任务的过程中出现故障，不能进行修复。

4.3.1 无人机系统可用性分析

假定侦察无人机系统地面控制站平均无故障时间 $\text{MTBF}_C = 300\text{h}$，平均故障修复时间 $\text{MTTR}_C = 0.17\text{h}$；在执行任务前，地面控制站有两个状态，分别是完好状态和故障失能状态，其可用性向量表示为

$$\boldsymbol{A}_C = [\,ca_1 \quad ca_2\,] \tag{4-18}$$

式中：ca_1 为控制站处于完好状态的概率；ca_2 为地面控制站处于故障失能状态的概率。由可靠性、可维修性定义，可以分别计算出 ca_1 和 ca_2，即

$$ca_1 = \frac{\mathrm{MTBF}_C}{\mathrm{MTBF}_C + \mathrm{MTTR}_C} = \frac{300}{300 + 0.17} = 0.999 \tag{4-19}$$

$$ca_2 = \frac{\mathrm{MTTR}_C}{\mathrm{MTBF}_C + \mathrm{MTTR}_C} = \frac{0.17}{300 + 0.17} = 0.001 \tag{4-20}$$

所以，地面控制站可用性向量为 $\boldsymbol{A}_C = [ca_1 \quad ca_2] = [0.999 \quad 0.001]$。

同样，传输链路平均无故障时间 $\mathrm{MTBF}_S = 200\mathrm{h}$，平均故障修复时间 $\mathrm{MTTR}_S = 0.20\mathrm{h}$，在执行任务前，传输链路有两个状态，分别是完好状态和故障失能状态，可计算传输链路可用性向量为 $\boldsymbol{A}_S = [sa_1 \quad sa_2] = [0.999 \quad 0.001]$。四旋翼无人机平均无故障时间 $\mathrm{MTBF}_F = 50\mathrm{h}$，平均故障修复时间 $\mathrm{MTTR}_F = 0.20\mathrm{h}$，在执行任务前，四旋翼无人机有两个状态，分别是完好状态和故障失能状态，计算四旋翼无人机可用性向量为 $\boldsymbol{A}_F = [fa_1 \quad fa_2] = [0.994 \quad 0.006]$。光电侦察吊舱平均无故障时间 $\mathrm{MTBF}_G = 100\mathrm{h}$，平均故障修复时间 $\mathrm{MTTR}_G = 0.30\mathrm{h}$，光电侦察吊舱有两个状态，分别是完好状态和故障失能状态，计算光电侦察吊舱可用性向量为 $\boldsymbol{A}_G = [ga_1 \quad ga_2] = [0.997 \quad 0.003]$。由于地面控制站、传输链路、四旋翼无人机、光电侦察吊舱是串联工作的，侦察无人机系统的完好状态就要求这 4 个分系统都同时处于完好状态，所以处于完好状态的概率 a_1 为

$$a_1 = ca_1 \cdot sa_1 \cdot fa_1 \cdot ga_1 = 0.999 \times 0.999 \times 0.994 \times 0.997 = 0.989$$

4 个分系统中有一个或一个以上分系统处于故障失能状态，那么无人机系统处于故障失能状态。由于无人机系统只有完好状态和故障失能状态两种状态，其处于故障失能状态的概率为 $a_2 = 1 - a_1 = 0.11$。

这样，可以得到无人机系统的可用性向量为

$$\boldsymbol{A} = [a_1 \quad a_2] = [0.989 \quad 0.11] \tag{4-21}$$

4.3.2　无人机系统可信性矩阵

无人机系统的状态确定原则，无人机系统状态是由其组成各分系统确定的，每个分系统有若干种状态，最后得到系统的状态。可以看出，分系统分解得细，系统的状态数就多，具体怎么划分定义状态，确定状态数量，应坚持以下基本原则。

（1）穷尽原则。与系统功能、性能相关联的状态不能遗漏，要将其作为状态集的一个元素。

（2）去冗余原则。如果系统的一些状态与系统的功能、性能产生相同的关联关系，对功能、性能产生完全相同的影响，可以将这些状态合并成一个状态，

不造成冗余，减小评估过程的计算量。

针对图 4 - 5 所示的无人机系统结构框图，可以设定无人机工作时的状态为［完好 故障失能］两个状态，无人机初始状态为［良好 故障失能］。这样可获得可信度矩阵为

$$\boldsymbol{D}=\begin{bmatrix} d_{11} & d_{12} \\ d_{21} & d_{22} \end{bmatrix} \tag{4-22}$$

式中：d_{11}初始状态为完好状态，经过时间 t，工作最终状态为完好状态的概率；d_{12}初始状态为完好状态，经过时间 t，工作最终状态为故障失能状态的概率；d_{21}初始状态为故障失能，经过时间 t，工作最终状态为良好状态的概率；d_{21}初始状态为故障失能，经过时间 t，工作最终状态为故障失能状态的概率。

根据工程实际，无人机系统各组分系统的可靠度服从正态分布，可表达 $\exp(-t/\mathrm{MTBF}_i)$，其中 MTBF_i 为 i 分系统的平均故障间隔时间。考虑的无人机系统的状态一般不经过多次转移，通常都是转移一次，这样就有：i 分系统保持状态发生不变的概率可表示为 $\exp(-t/\mathrm{MTBF}_i)$，状态发生转变的概率表示为 $1-\exp(-t/\mathrm{MTBF}_i)$。

无人机系统是由地面控制站、传输链路、四旋翼无人机、光电侦察吊舱等串联起来工作的，这样 $d_{11}(t)$可表示成

$$\begin{aligned} d_{11}(t) &= \exp(-t/\mathrm{MTBF}_C)\exp(-t/\mathrm{MTBF}_S)\exp(-t/\mathrm{MTBF}_F)\exp(-t/\mathrm{MTBF}_G) \\ &= \exp(-t/300)\exp(-t/200)\exp(-t/50)\exp(-t/100) \end{aligned}$$

同样有

$$d_{12}(t)=1-d_{11}(t)$$
$$d_{21}(t)=0$$
$$d_{22}(t)=1$$

4.3.3 无人机系统能力矩阵计算

侦察无人机能力主要体现在侦察能力上，也只有这一个指标，无人机状态只有两个［正常状态 故障失能］，所以侦察无人机能力矩阵表示为

$$\boldsymbol{C}=[c_{11} \quad c_{12}] \tag{4-23}$$

式中：c_{11}为正常状态下的侦察无人机能力，显然 $c_{11}=1$；c_{12}为故障失能状态下的侦察无人机能力，显然 $c_{12}=0$。

所以，得到无人机固有能力矩阵为

$$\boldsymbol{C}=[1 \quad 0] \tag{4-24}$$

根据式（4 - 1）、式（4 - 18）、式（4 - 22）、式（4 - 23）可得侦察无人机效能为

$$E = \boldsymbol{ADCT} = 0.999 \cdot \exp(-t/300) \cdot \exp(-t/200) \cdot \exp(-t/50) \cdot \exp(-t/100)$$

当 $t=0$ 时，$E=0.999$，即与初始状态的效能一致。当 $t=1$ 时，$E=0.961$；当 $t=10$ 时，$E=0.68$；当 $t=30$ 时，$E=0.316$；当 $t=50$ 时，$E=0.15$。可以看出，随着时间的延长，无人机运用过程中，从完好状态转移到故障状态的概率逐渐增大，由式（4-22）可知，在 $t=18$ 时，转移概率达到了 50%，也就是说，$t=18$ 以后，出现故障的概率较大，无人机失去效能的可能性变得较大，可信性降低，效能也随之降低。

4.3.4　无人机系统效能评估细化

以上是对侦察无人机效能的简单、概略分析，下面对无人机进行较为深入详细的分析，对图 4-5 中的工作组成结构中侦察任务载荷进行细化，形成图 4-6 所示的无人机功能结构框图。

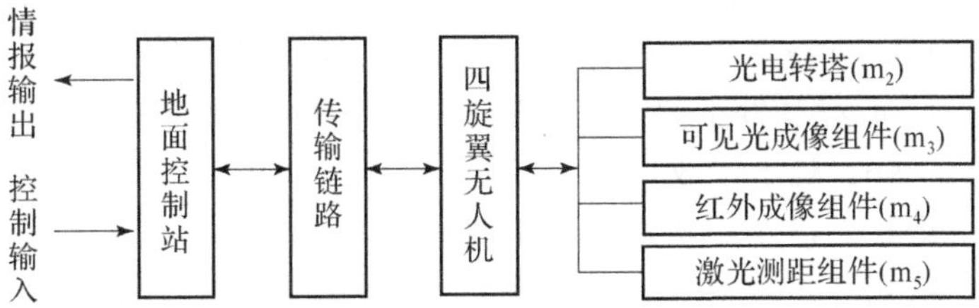

图 4-6　侦察无人机系统

在图 4-6 中，将光电侦察吊舱进行了细化，为光电转塔、可见光成像组件、红外成像组件、激光测距组件 4 个部分，光电转塔主要承载可见光组件、红外组件、激光测距组件等，控制成像组件的光轴指向、稳定光轴的指向，光电转塔出现故障，一是导致无法控制光轴指向、无法灵活改变成像组件的成像区域，二是成像组件的光轴稳定度下降，导致侦察图像模糊，甚至导致无法实现对目标的跟踪。可见光成像组件出现故障，将导致无法成像。红外组件出现故障，将导致无法进行红外侦察成像。激光测距机出现故障，将导致对目标无法精确测距，战场侦察目标定位精度将会下降 2/3。可以看出，通过对侦察任务载荷进行细化后，系统的状态将会显著增加，下面进一步对这样的系统采取 ADC 方法进行效能评估。

1. 系统可用性分析

图 4-6 中每一个模块都有两种状态，分别是“完好”和“故障”，这里的故障是指模块出现故障后其性能严重降低，丧失了应具备的功能。从图中可以看出，地面控制站、传输链路、四旋翼无人机 3 个是串联结构，3 个中任意一个出现故障，都会导致无人机系统失去效能，所以把这 3 个模块看作一个整体，称其

为无人机（m_1），这样系统就由5个模块构成，如图4－7所示。

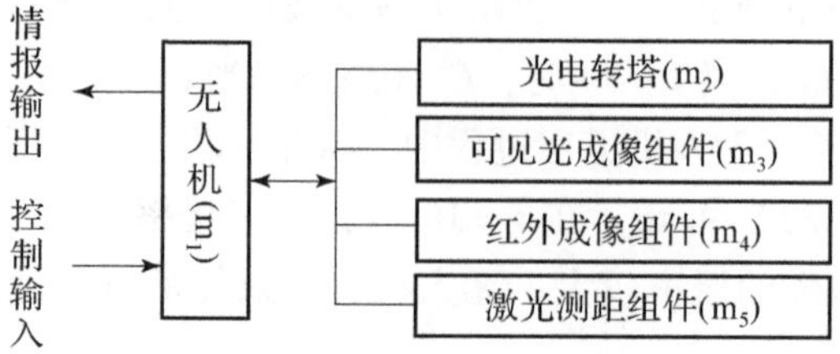

图4－7　无人机系统分析框图

无人机系统分别由无人机（简称 m_1）、光电转塔（简称 m_2）、可见光成像组件（简称 m_3）、红外成像组件（简称 m_4）、激光测距组件（简称 m_5）5个功能模块构成。光电转塔 $MTBF_G=120$、$MTTR_G=0.5$，可见光成像组件 $MTBF_K=180$、$MTTR_K=0.5$，红外成像组件 $MTBF_H=160$、$MTTR_H=0.5$，激光测距组件 $MTBF_J=150$、$MTTR_J=0.5$，利用式（4－5）和式（4－6）可知 m_1 模块的处于“完好”状态的概率为 $0.999\times0.999\times0.994=0.992$，处于“故障”状态的概率 $1-0.992=0.008$。m_2 模块处于“完好”状态的概率为 $MTBF_G/(MTBF_G+MTTR_G)=120/120.5=0.996$，处于“故障”状态的概率为 $1-0.996=0.004$。同理计算可得：模块 m_3 处于“完好”状态的概率为0.997，处于“故障”状态的概率为0.003，模块 m_4 处于“完好”状态的概率为0.997，处于“故障”状态的概率为0.003，模块 m_5 处于“完好”状态的概率为0.997，处于“故障”状态的概率为0.003。每个模块有“完好”和“故障”两个状态，这样共有 $2^5=32$ 个状态，考虑无人机系统的运用实际，并假定无人机系统中各模块之间相互独立，同时出现故障的可能性非常小，所以不讨论两个和两个以上模块同时出现故障的情况。确定了6种状态，分别定义如下。

S_1 状态：m_1、m_2、m_3、m_4、m_5 模块都处于完好状态。

S_2 状态：m_1、m_2、m_3、m_4 模块都处于完好状态且 m_5 模块处于故障状态。

S_3 状态：m_1、m_2、m_3、m_5 模块都处于完好状态且 m_4 模块处于故障状态。

S_4 状态：m_1、m_2、m_4、m_5 模块都处于完好状态且 m_3 模块处于故障状态。

S_5 状态：m_1、m_3、m_4、m_5 模块都处于完好状态且 m_2 模块处于故障状态。

S_6 状态：m_2、m_3、m_4、m_5 模块都处于完好状态且 m_1 模块处于故障状态。

$S_i(i=1,2,\cdots,6)$ 状态出现概率用 $a_i(i=1,2,\cdots,6)$ 表示，则可用性向量表示为

$$\boldsymbol{A}=[a_1\quad a_2\quad \cdots\quad a_6]$$

利用每个状态的计算过程如下：

a_1 是 S_1 状态出现的概率，有

$$a_1 = 0.992 \times 0.996 \times 0.997 \times 0.997 \times 0.997 = 0.979$$

a_2 是 S_2 状态出现的概率，有

$$a_2 = 0.992 \times 0.996 \times 0.997 \times 0.997 \times 0.003 = 0.003$$

a_3 是 S_3 状态出现的概率，有

$$a_3 = 0.992 \times 0.996 \times 0.997 \times 0.003 \times 0.997 = 0.003$$

a_4 是 S_4 状态出现的概率，有

$$a_4 = 0.992 \times 0.996 \times 0.003 \times 0.997 \times 0.999 = 0.003$$

a_5 是 S_5 状态出现的概率，有

$$a_5 = 0.992 \times 0.004 \times 0.997 \times 0.997 \times 0.997 = 0.004$$

a_6 是 S_6 状态出现的概率，有

$$a_6 = 0.008 \times 0.996 \times 0.997 \times 0.997 \times 0.997 = 0.008$$

可用性向量为 $\boldsymbol{A} = [a_1\ a_2\ a_3\ a_4\ a_5\ a_6] = [0.978\ 0.003\ 0.003\ 0.003\ 0.004\ 0.008]$，利用式（4－2）进行一致性检验，满足要求。

2. 系统可信性分析

1）直接计算法

在确定了 6 个初始状态概率的基础上，研究在使用过程中，每个状态之间的转移矩阵，最后求出初始状态转移到最终状态的概率。设定每个模块的可靠度服从正态指数分布为 $\exp(-t/\mathrm{MTBF}_i)$，其中 MTBF_i 为每个模块的平均故障间隔时间。由于系统使用过程中不可修复，所以“故障”状态不能转移到“完好”状态，“故障”状态向另一个“故障”转移的概率也非常小，不考虑这种状态转移情况。此外，在无人机执行任务过程中，状态只进行一次转移，不存在多次转移情况，在这种假设条件下，可直接得到 t 时刻的可信性矩阵 $\boldsymbol{D} = [d_{ij}]_{n \times n}$，每一元素计算式为

$$d_{11}(t) = \exp(-t/\mathrm{MTBF}_{\mathrm{m}_1})\exp(-t/\mathrm{MTBF}_{\mathrm{m}_2})\exp(-t/\mathrm{MTBF}_{\mathrm{m}_3})\exp(-t/\mathrm{MTBF}_{\mathrm{m}_4})\exp(-t/\mathrm{MTBF}_{\mathrm{m}_5}),$$

且 $\exp(-t/\mathrm{MTBF}_{\mathrm{m}_1}) = \exp(-t/\mathrm{MTBF}_C)\exp(-t/\mathrm{MTBF}_S)\exp(-t/\mathrm{MTBF}_F) = \exp(-t/300)\exp(-t/200)\exp(-t/50)$

则 $d_{11}(t) = \exp(-t/300)\exp(-t/200)\exp(-t/50)\exp(-t/120)\exp(-t/180)\exp(-t/160)\exp(-t/150)$；

$d_{12}(t) = \exp(-t/300)\exp(-t/200)\exp(-t/50)\exp(-t/120)\exp(-t/180)\exp(-t/160)[1-\exp(-t/150)]$；

$d_{13}(t) = \exp(-t/300)\exp(-t/200)\exp(-t/50)\exp(-t/120)\exp(-t/180)[1-\exp(-t/160)]\exp(-t/150)$；

$d_{14}(t) = \exp(-t/300)\exp(-t/200)\exp(-t/50)\exp(-t/120)[1-\exp(-t/$

$180)]\exp(-t/160)\exp(-t/120)$;

$d_{15}(t)=\exp(-t/300)\exp(-t/200)\exp(-t/50)[1-\exp(-t/120)]\exp(-t/180)\exp(-t/160)\exp(-t/150)$;

$d_{16}(t)=[1-\exp(-t/300)\exp(-t/200)\exp(-t/50)]\exp(-t/120)\exp(-t/180)\exp(-t/160)\exp(-t/150)$;

$d_{21}(t)=0$,

$d_{22}(t)=\exp(-t/300)\exp(-t/200)\exp(-t/50)\exp(-t/120)\exp(-t/180)\exp(-t/160)$;

$d_{23}(t)=0, d_{24}(t)=0, d_{25}(t)=0, d_{26}(t)=0$;

$d_{31}(t)=0, d_{32}(t)=0$,

$d_{33}(t)=\exp(-t/300)\exp(-t/200)\exp(-t/50)\exp(-t/120)\exp(-t/180)\exp(-t/150)$;

$d_{34}(t)=0, d_{35}(t)=0, d_{36}(t)=0$;

$d_{41}=0, d_{42}(t)=0, d_{43}(t)=0$;

$d_{44}(t)=\exp(-t/300)\exp(-t/200)\exp(-t/50)\exp(-t/120)\exp(-t/160)\exp(-t/150)$;

$d_{45}(t)=0, d_{46}(t)=0$;

$d_{51}(t)=0, d_{52}(t)=0, d_{53}(t)=0, d_{54}(t)=0$;

$d_{55}(t)=\exp(-t/300)\exp(-t/200)\exp(-t/50)\exp(-t/180)\exp(-t/160)\exp(-t/150)$;

$d_{56}(t)=0$;

$d_{61}(t)=0, d_{62}(t)=0, d_{63}(t)=0, d_{64}(t)=0, d_{65}(t)=0$,

$d_{66}(t)=\exp(-t/120)\exp(-t/180)\exp(-t/160)\exp(-t/150)$;

t 时刻可信性矩阵为

$$\boldsymbol{D}=\begin{bmatrix} \square & \square & \square & \square & \square & \square \\ 0 & \square & 0 & 0 & 0 & 0 \\ 0 & 0 & \square & 0 & 0 & 0 \\ 0 & 0 & 0 & \square & 0 & 0 \\ 0 & 0 & 0 & 0 & \square & 0 \\ 0 & 0 & 0 & 0 & 0 & \square \end{bmatrix}$$

2）判断马尔可夫过程

无人机实际运用过程中，各个子系统在执行任务时由一种状态转换为另一种状态是随机的，且转换的概率仅与当时时刻相关，而与以前时刻的状态无关。因此，无人机系统执行侦察任务时的状态变化服从马尔可夫随机过程。

3. 系统固有能力分析

侦察无人机主要完成战场侦察，侦察能力主要与无人机飞行能力、光电转塔性能、可见光成像性能、红外成像性能、激光测距性能等因素有关，按照层次分析法，对侦察能力进行分解，如图 4－8 所示。

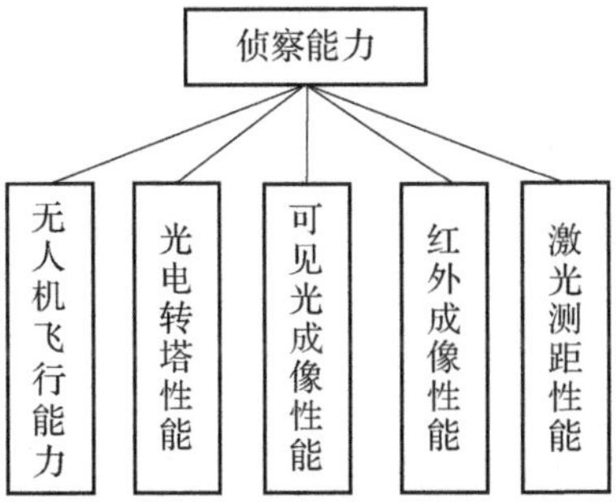

图 4－8　侦察能力关联因素分析

侦察无人机效能主要体现在侦察能力上，侦察能力又与无人机性能（包括地面控制站、传输链路、四旋翼无人机）、光电转塔性能、可见光成像性能、红外成像性能、激光测距性能等因素有关。无人机的主要作用是将侦察任务载荷运载到侦察区域，并将侦察图像传输到地面站，实现对侦察区域的控制、关注目标的选择、目标定位等功能。这里，无人机包括地面控制站、传输链路、四旋翼无人机，任意一个部分出现故障，其性能通常会降低 90%。对于光电转塔，主要功能体现在：①隔离飞机的姿态变化，保证可见光、红外等成像组件光轴的稳定性，以获得清晰、稳定的侦察图像；②实现对目标的跟踪；③控制侦察区域。光电转塔是一种多部件组成的精密功能，出现故障，其性能通常会降低 85%。可见光成像主要在白天完成对侦察区域的成像，一般由光学部件和电子部件构成，出现故障后，其性能会降低 80%。红外成像主要完成在夜间或能见度较差时间段的侦察，一般也是由光学部件和电子部件构成，出现故障后，其性能会降低 80%。激光测距组件主要完成无人机到跟踪目标斜距离的测量，出现故障后，其性能将降低 80%。

设无人机、光电转塔、可见光成像、红外成像、激光测距等在状态 i 条件下，其性能分别为 C_{wi}、C_{gi}、C_{ki}、C_{hi}、C_{ji}。

对于状态 S_1 各模块的性能取值为

$$C_{w1}=1, C_{g1}=1, C_{k1}=1, C_{h1}=1, C_{j1}=1 \text{ 即 } \boldsymbol{S}_{C1}=[1\ 1\ 1\ 1\ 1]$$

对于状态 S_2 各模块的性能取值为

$$C_{w2}=1, C_{g2}=1, C_{k2}=1, C_{h2}=1, C_{j2}=0.2 \text{ 即 } \boldsymbol{S}_{C2}=[1\ 1\ 1\ 1\ 0.2]$$

对于状态 S_3 各模块的性能取值为

$$C_{w3}=1, C_{g3}=1, C_{k3}=1, C_{h3}=0.2, C_{j3}=1 \text{ 即 } \boldsymbol{S}_{C3}=[1\ 1\ 1\ 0.2\ 1]$$

对于状态 S_4 各模块的性能取值为

$$C_{w4}=1, C_{g4}=1, C_{k4}=0.2, C_{h4}=1, C_{j4}=1 \text{ 即 } \boldsymbol{S}_{C4}=[1\ 1\ 0.2\ 1\ 1]$$

对于状态 S_5 各模块的性能取值为

$$C_{w5}=1, C_{g5}=0.15, C_{k5}=1, C_{h5}=1, C_{j5}=1 \text{ 即 } \boldsymbol{S}_{C5}=[1\ 0.15\ 1\ 1\ 1]$$

对于状态 S_6 各模块的性能取值为

$$C_{w6}=0.1, C_{g6}=1, C_{k6}=1, C_{h6}=1, C_{j6}=1 \text{ 即 } \boldsymbol{S}_{C6}=[0.1\ 1\ 1\ 1\ 1]$$

（1）首先确定能力关联要素的权重。利用5测度方法，对侦察能力涉及的要素 m_1、m_2、m_3、m_4、m_5 进行两两比较，经专家打分，构建了以下判断矩阵，即

$$\begin{bmatrix} 1 & 4 & 3 & 3 & 4 \\ 1/4 & 1 & 1/3 & 1/3 & 3 \\ 1/3 & 3 & 1 & 1 & 3 \\ 1/3 & 3 & 1 & 1 & 3 \\ 1/4 & 1/3 & 1/3 & 1/3 & 1 \end{bmatrix}$$

（2）其次进行一致性检验。根据判断矩阵，可求出其最大特征值 $\boldsymbol{\lambda}_{\max}=5.258$，根据式（4-14）可求得 $CI=0.058<0.1$。与最大特征值对应的特征向量为 $\boldsymbol{U}=[0.819\quad 0.192\quad 0.372\quad 0.372\quad 0.121]$，对其进行归一化，得到权重向量，即

$$\boldsymbol{w}=[0.436\quad 0.1023\quad 0.198\quad 0.198\quad 0.065]$$

这样，可得到一维能力矩阵，即

$$\boldsymbol{C}=[C_i]_{1\times 6} \tag{4-25}$$

其中

$$C_i=S_{Ci}\cdot \boldsymbol{w}^{\mathrm{T}} \tag{4-26}$$

将相关数据代入式（4-26），有

$$\boldsymbol{C}=[1\quad 0.948\quad 0.842\quad 0.842\quad 0.913\quad 0.607]$$

（3）最后得到系统效能，即

$$\begin{aligned} E &= \boldsymbol{A}\cdot\boldsymbol{D}\cdot\boldsymbol{C} \\ &= [0.978\ 0.003\ 0.003\ 0.003\ 0.004\ 0.008]\cdot[d_{ij}]\cdot\boldsymbol{C}_{\mathrm{T}} \\ &= 0.978d_{11}+0.927d_{12}+0.003d_{22}+0.823d_{13}+0.003d_{33}+0.823d_{14} \\ &\quad +0.003d_{44}+0.893d_{15}+0.004d_{55}+0.593d_{16}+0.005d_{66} \end{aligned}$$

当 $t=1$ 时，$E=0.993$；$t=10$ 时，$E=0.883$；$t=30$ 时，$E=0.671$；$t=50$ 时，$E=0.510$。

4.4　侦察无人机系统完整效能评估

采用 ADC 法进行效能评估时，首先要对侦察无人机系统进行分析，包括功能结构、物理结构、能力结构，为确定无人机系统状态、指标体系、指标权重奠定基础。

4.4.1　侦察无人机系统分析

无人机系统主要由无人机系统承载侦察任务载荷系统，完成战场侦察，并将侦察信息通过传输链路传输到地面，其功能结构如图 4－9 所示。

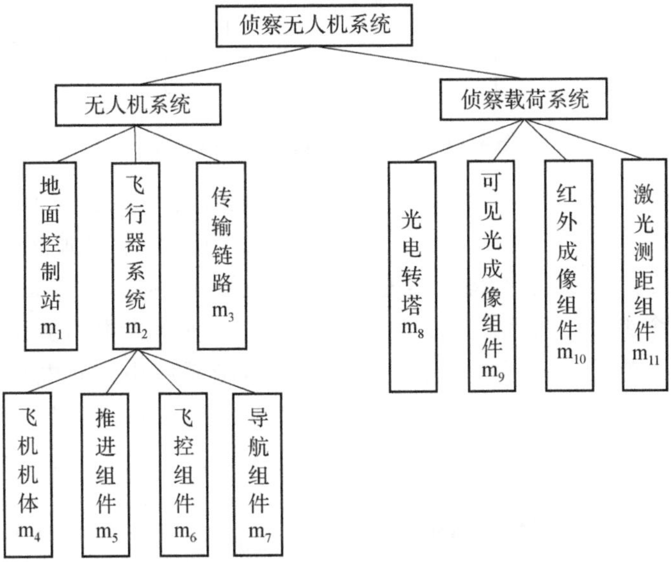

图 4－9　侦察无人机系统功能结构组成框图

从图 4－9 中可以看出，侦察无人机系统由无人机系统和侦察载荷系统两个功能系统构成，其中无人机系统包括地面控制站（m_1）、飞行器系统（m_2）、传输链路（m_3）3 个主要的系统。地面控制站完成对飞行、侦察任务过程的控制，飞行器系统完成运载任务，将侦察载荷承载到指定区域，为战场侦察提供支撑，传输链路完成地面控制站与无人机之间的信息通信，并将侦察载荷获得的侦察信息传输到地面。侦察载荷系统包括光电转塔（m_8）、可见光成像组件（m_9）、红外成像组件（m_{10}）、激光测距组件（m_{11}）。其中光电转塔隔离飞机运动对成像的影响，保证侦察图像不抖动，并稳定光轴指向确定的方向。光轴指向由地面控制站控制。可见光、红外成像组件完成对战场区域的电视成像和红外成像，激光测距组件完成无人机到地面目标之间的距离精确测量。飞行器系统包括飞机机体（m_4）、推进组件（m_5）、飞控组件（m_6）、导航组件（m_7）等。飞机机体中包括机身、机载电气等，推进组件包括动力、螺旋桨等，飞控组件包括控制计算机、传感器、舵机等。导航组件主要是北斗导航组件。每个组件可靠、有效，才能保证侦察无人机系统具备战场侦察能力。这些模块物理结构框图如图 4－10 所示。

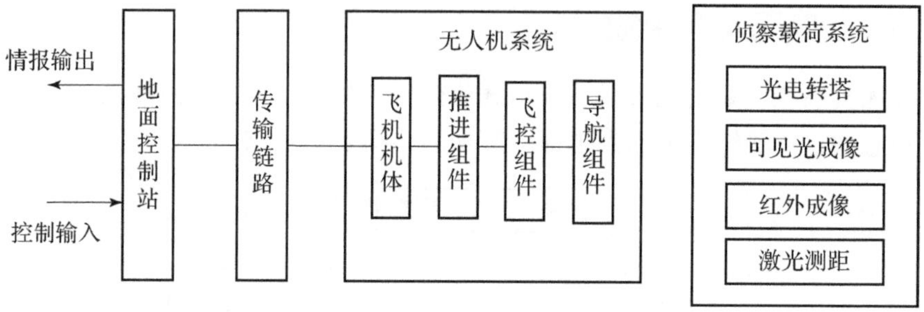

图 4－10　侦察无人机物理结构框图

从图 4－10 中可以看出，地面控制站、传输链路、无人机系统、侦察载荷是一个串联系统，其中任意一个部分出现故障、失去功能，将使侦察无人机失去效能。无人机系统中，飞机机体、推进组件、飞控组件、导航组件又是串联系统，其中任意一个组件出现问题失去功能，无人机系统将失去功能，进而侦察无人机系统失去效能，完不成指定任务。侦察载荷系统中，光电转塔、可见光成像组件、红外成像组件、激光测距组件等是并联工作的，其中一个组件故障，失去功能，只会影响正常无人机效能，不会使无人机系统丧失功能。

4.4.2　侦察无人机状态确定

根据无人机的功能结构和物理结构，考虑无人机系统运用过程实际，不考虑两个和两个以上系统、组件出故障的情况，故障状态也不会转移到另一个故障状态，并根据效能评估需要，确定以下的系统状态。

S_1 状态：所有系统、组件工作正常。

S_2 状态：地面控制站（m_2）故障，其他组件完好。

S_3 状态：传输链路（m_3）故障，其他组件完好。

S_4 状态：机体组件（m_4）故障，其他组件完好。

S_5 状态：推进组件（m_5）故障，其他组件完好。

S_6 状态：飞控组件（m_6）故障，其他组件完好。

S_7 状态：导航组件（m_7）故障，其他组件完好。

S_8 状态：光电转塔（m_8）故障，其他组件完好。

S_9 状态：可见光成像（m_9）故障，其他组件完好。

S_{10} 状态：红外成像（m_{10}）故障，其他组件完好。

S_{11} 状态：激光测距（m_{11}）故障，其他组件完好。

无人机分系统、模块的可靠性、可维修性指标如上所述。为了方便，复述如下：地面控制站 $MTBF_{m_2} = 300$、$MTTR_{m_2} = 0.17$；传输链路 $MTBF_{m_3} = 300$、$MTTR_{m_3} = 0.2$；光电吊舱 $MTBF_{m_8} = 120$、$MTTR_{m_8} = 0.5$；可见光成像组件 $MTBF_{m_9} = 120$、$MTTR_{m_9} = 0.5$；红外成像组件 $MTBF_{m_{10}} = 120$、$MTTR_{m_{10}} = 0.5$；激光测距组件 $MTBF_{m_{11}} = 120$、$MTTR_{m_{11}} = 0.5$。

增加的几个模块的可靠性分别设定为：飞机机体组件 $MTBF_{m_4} = 280$、$MTTR_{m_4} = 0.5$；推进组件 $MTBF_{m_5} = 220$、$MTTR_{m_5} = 0.2$；飞控组件 $MTBF_{m_6} = 300$、$MTTR_{m_6} = 0.2$；导航组件 $MTBF_{m_7} = 260$、$MTTR_{m_7} = 0.2$。

4.4.3 侦察无人机可用性分析

利用前面描述的方法，对于 11 种状态，求出每一种状态的出现概率，形成可用性向量 $\boldsymbol{A}$，即

$$\boldsymbol{A} = [a_i]_{1\times 11} \tag{4-27}$$

式中 a_i 表示状态 $S_i(i = 1, 2, \cdots, 11)$ 出现的概率，即

$$a_1 = \prod_{j=1}^{10} \frac{MTBF_{m_{j+1}}}{MTBF_{m_{j+1}} + MTTR_{m_{j+1}}} \tag{4-28}$$

$$a_i = \frac{MTTR_{m_i}}{MTBF_{m_i} + MTTR_{m_i}} \cdot \prod_{j=1, j\neq i}^{10} \frac{MTBF_{m_{j+1}}}{MTBF_{m_{j+1}} + MTTR_{m_{j+1}}}$$

$$i = 2, 3, \cdots, 11 \tag{4-29}$$

其中

$MTBF_{m_i}$ 是状态 S_i 对应的故障模块 m_i 的平均故障间隔时间。

$MTTR_{m_i}$ 是状态 S_i 对应的故障模块 m_i 的平均故障修复时间。

把每个模块的可靠性、可维修性参数代入到式（4-27）、式（4-28）和式（4-29）中，可求得可用性矩阵为

$$\boldsymbol{A} = [0.9811\ 0.0006\ 0.0010\ 0.0041\ 0.0027\ 0.0031\ 0.0033\ 0.0018\ 0.0009\ 0.0007\ 0.0008]$$

4.4.4 侦察无人机可信性分析

可信性矩阵 $\boldsymbol{D} = [d_{ij}(t)]_{11\times 11}$，由于实际的侦察无人机系统状态转移通常只发生一次，通过构建状态转移概率矩阵，就可以直接求得可信性矩阵。现对可信

性矩阵中的每一个元素进行分析。

$d_{11}(t)$（即 $P(S_1 \to S_1)$），它是侦察无人机在运用过程中，保持 S_1 状态不变的概率，根据前述计算过程可得

$$d_{11} = \prod_{j=1}^{10} \mathrm{e}^{-(t/\mathrm{MTBF}_{m_{j+1}})} \tag{4-30}$$

$d_{12}(t)$（即 $P(S_1 \to S_2)$），它是侦察无人机在运用过程中，S_1 状态转移到 S_2 的概率，根据前述计算过程可得

$$d_{12} = (1 - \mathrm{e}^{-(t/\mathrm{MTBF}_{m_2})}) \cdot \prod_{j=1, j\neq 1}^{10} \mathrm{e}^{-(t/\mathrm{MTBF}_{m_{j+1}})} \tag{4-31}$$

$d_{1i}(t)$（即 $P(S_1 \to S_i)$），它是侦察无人机在运用过程中，S_1 状态转移到 S_i $(i=3,4,\cdots,11)$的概率，可得

$$d_{1i} = (1 - \mathrm{e}^{-(t/\mathrm{MTBF}_{m_i})}) \cdot \prod_{j=1, j\neq i-1}^{10} \mathrm{e}^{-(t/\mathrm{MTBF}_{m_{j+1}})} \tag{4-32}$$

$d_{21}(t)$（即 $P(S_2 \to S_1)$），它是侦察无人机在运用过程中，S_2 状态转移到 S_1 的概率，也即从地面站故障状态转移到各模块全部完好状态，显然不可能存在这种转移，所以有 $d_{21}(t)=0$。

$d_{22}(t)$（即 $P(S_2 \to S_2)$），它是侦察无人机在运用过程中，S_2 状态转移到 S_2 的概率，即地面站故障状态保持不变，其他各模块保持完好状态，根据前述计算过程可得

$$d_{22} = \prod_{j=1, j\neq 1}^{10} \mathrm{e}^{-(t/\mathrm{MTBF}_{m_{j+1}})} \tag{4-33}$$

$d_{2i}(t)$（即 $P(S_2 \to S_i)$），它是侦察无人机在运用过程中，S_2 状态转移到 S_i $(i=3,4,\cdots,11)$的概率，即地面站故障状态转变为一种其他故障，且地面站故障消失，显然不可能存在这种转移，所以有 $d_{2i}(t)=0$ $(i=3,4,\cdots,11)$。

同样的原理可其他转移概率

$$d_{ki}(t)=0 \quad (i=1,2,\cdots,11 \text{ 且 } i\neq k, k=3,4,\cdots,11) \tag{4-34}$$

$$d_{ii} = \prod_{j=1, j\neq i-1}^{10} \mathrm{e}^{-(t/\mathrm{MTBF}_{m_{j+1}})} \quad (i=3,4,\cdots,11) \tag{4-35}$$

4.4.5 侦察无人机固有能力分析

对图 4-9 表述的侦察无人机功能结构进行细化、转化，并利用层次分析法得到侦察无人机的能力层次结构，如图 4-11 所示。

根据侦察无人机系统能力结构，可以构建其能力的指标体系，对于目标层（用下标 1 表示），侦察无人机能力可以表述为

$$C = W_{1F}C_F + W_{1Z}C_Z + W_{1C}C_C \tag{4-36}$$

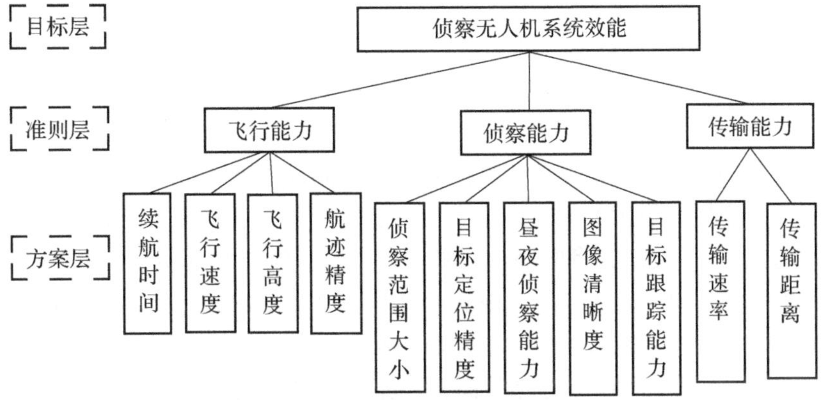

图 4－11　侦察无人机能力层次结构

式中：C_F、C_Z、C_C 分别表示侦察无人机的飞行能力、侦察能力和传输能力；W_{1F}、W_{1Z}、W_{1C}分别表示针对侦察无人机总体性能，飞行能力、侦察能力和传输能力的各自权重。根据确定能力关联要素的权重确定方法，确定目标层各要素的权重。采用 5 标度方法，构建判断矩阵，即

$$\begin{bmatrix} 1 & 1/2 & 3 \\ 2 & 1 & 4 \\ 1/3 & 1/4 & 1 \end{bmatrix}$$

进行一致性检验。最大特征向量 $\boldsymbol{\lambda}_{\max}=3.0183$，$CI=0.0176<0.1$，满足一致性要求。最大特征值对应的特征向量为 [0.4881　0.8527　0.1862]。对特征向量进行归一化，得到目标层权向量 [飞行能力 侦察能力 传输能力] 为

$$[W_{1F} \quad W_{1Z} \quad W_{1C}]=[0.3196 \quad 0.5584 \quad 0.1219] \tag{4-37}$$

用同样的方法，对于准则层（用下标 2 表示），分别得到准则层的 3 个权向量，飞行能力权向量 [续航时间权重 飞行最大速度权重 飞行最大高度权重 航迹精度权重] 为

$$[W_{2X} \quad W_{2S} \quad W_{2G} \quad W_{2H}]=[0.5081 \quad 0.0926 \quad 0.1546 \quad 0.2449] \tag{4-38}$$

侦察能力权向量 [侦察范围权重 目标定位精度权重 昼夜侦察能力权重 图像清晰度权重 目标跟踪能力权重] 为

$$[W_{2F} \quad W_{2D} \quad W_{2Z} \quad W_{2T} \quad W_{2G}]=[0.0618 \quad 0.2625 \quad 0.1600 \quad 0.4185 \quad 0.0972] \tag{4-39}$$

传输能力权向量 [传输速率 传输距离] 为

$$[W_{2S} \quad W_{2J}]=[0.3 \quad 0.7] \tag{4-40}$$

在确定各层权重的基础上，计算能力矩阵。对于小型多旋翼侦察无人机，经过专家经验统计，给出各种能力的标度方法。续航时间介于 1～120min 之间进行

线性化表征，对应1~0.1的分值；飞行速度从最大和最小飞行速度两方面进行测度，按照分档进行离散化表征，当最大飞行速度大于30m/s且最小飞行速度小于1m/s时，分值为1.0；最大飞行速度20~30m/s且最小飞行速度大于1m/s时，分值为0.8；其他飞行速度为0.6。最大飞行高度大于6000m且最小飞行高度小于0~3m时，度量分值为1.0；最大飞行高度大于5000m且最小飞行高度3~10m时，度量分值为0.8。其他飞行高度对应的分值为0.6。航迹控制精度：按照分档方法进行表征，将航迹控制精度分为好（航迹控制误差小于2m）、较好（航迹控制误差为2~5m）、中（航迹控制误差为5~10m）、较差（航迹控制误差为10~20m）、差（航迹控制误差大于20m）5档，对应性能分值分别为1、0.8、0.6、0.4、0.2。侦察能力方面，侦察图像幅面分为2048×1280、1920×1080、1280×720、640×480，测量值分别为1、0.8、0.6、0.4。目标定位精度按照分档进行表征，对于典型的车辆目标，定位精度可分为好（定位误差小于2m）、较好（定位误差范围为2~10m）、中（定位误差范围为10~20m）、较差（定位误差范围为20~30m）、差（定位误差范围大于30m），对应的分值为测量值分别为1、0.8、0.6、0.4、0.2。昼夜侦察能力：可见光红外双装载并融合、可见光红外双装载、可见光或红外单装载，测量值分别为1、0.8、0.5。图像清晰度分为5档，即好、较好、中、较差、差，对应的分值分别为1、0.8、0.6、0.4、0.2。跟踪能力用典型环境条件下跟踪快速移动目标的能力进行表征，将目标移动速度为5档，即快（200km/h以上）、较快（200~100km/h之间）、中（100~50km/h）、较慢（50~30km/h）、慢（30km/h以下）5个档次的运动目标，对应的度量分值分别为1、0.8、0.6、0.4、0.2。在传输能力表征信息传输能力方面，其中传输速率表征传输信息的快慢，对于传输速率采用分档测量表征，分为快（大于8Mb/s）、较快（8~4Mb/s）、中（4~2Mb/s）、较慢（1~0.5Mb/s）、慢（小于0.5Mb/s）。对应的分值分别为1、0.8、0.6、0.4、0.2。传输链路采用分档表征，将传输距离分为远（大于20km）、较远（10~20km）、中（10~5km）、较近（2~5km）、近（小于2km）5档，对应的分值分别为1.0、0.8、0.6、0.4、0.2。对于某小型四旋翼侦察无人机而言，当系统处于S_1状态，即所有系统、分系统、组件都是完好的状态下，各指标的具体打分值如下。

与飞行能力相关的指标统计计算分值为

$$[\text{续航时间分值}\ \ \text{飞行最大速度分值}\ \ \text{飞行最大高度分值}\ \ \text{航迹精度分值}] = [0.6\quad 0.6\quad 1.0\quad 0.6] \tag{4-41}$$

与侦察能力相关的指标统计计算分值为

$$[\text{侦察范围分值}\ \ \text{定位精度分值}\ \ \text{昼夜侦察能力分值}\ \ \text{图像清晰度分值}\ \ \text{跟踪能力分值}] = [0.8\quad 0.6\quad 0.8\quad 0.6\quad 0.6] \tag{4-42}$$

与传输链路能力相关的指标统计计算分值为

$$[传输速率分值\ 传输距离分值] = [0.6 \quad 0.8] \tag{4-43}$$

根据式（4-38）、式（4-41），可以评估飞行效能，即

$$C_F = [0.5081 \quad 0.0926 \quad 0.1546 \quad 0.2449][0.6 \quad 0.6 \quad 1.0 \quad 0.6]^T = 0.6620 \tag{4-44}$$

根据式（4-39）、式（4-42），可以评估飞行效能，即

$$C_Z = [0.0618 \quad 0.2625 \quad 0.1600 \quad 0.4185 \quad 0.0972][0.8 \quad 0.6 \quad 0.8 \quad 0.6 \quad 0.6]^T = 0.6444 \tag{4-45}$$

根据式（4-40）、式（4-43），可以评估传输链路效能，即

$$C_C = [0.3 \quad 0.7][0.6 \quad 0.8]^T = 0.74 \tag{4-46}$$

根据式（4-36）可以得到 S_1 状态下无人机固有能力评估结果，即

$$C_1 = [0.3196 \quad 0.5584 \quad 0.1219][0.6620 \quad 0.6444 \quad 0.74]^T = 0.6616 \tag{4-47}$$

对于 S_2 状态，即地面站出现故障，地面站无法对无人机进行有效的飞行过程、任务过程实施有效控制，侦察无人机将无法完成侦察任务，此时的效能表示为

$$C_2 = 0 \tag{4-48}$$

对于 S_3 状态，即传输链路出现故障，此时传输速率下降到 0.5Mb/s，作用距离达到 8km 能够勉强实施侦察任务过程，而飞行效能、侦察效能未发生改变，此时的传输指标取值为

$$[传输速率分值传输距离分值] = [0.2 \quad 0.6]$$

传输链路效能评估值 C_C 计算为：$C_C = [0.3 \quad 0.7][0.2 \quad 0.6]^T = 0.48$

根据式（4-47）计算方法，在 S_3 状态的效能为

$$C_3 = [0.3196 \quad 0.5584 \quad 0.1219][0.6620 \quad 0.6444 \quad 0.48]^T = 0.6299 \tag{4-49}$$

对于 S_4、S_5、S_6 状态，即飞机的机体、飞行控制、推进系统等分别出现故障，这些故障将导致无人机无法飞行，也就无法完成侦察任务，失去效能，此时每个状态对应的效能分别为

$$C_4 = 0, C_5 = 0, C_6 = 0 \tag{4-50}$$

对于状态 S_7，即导航故障，此时无人机利用测控链路还能够进行飞行，完成侦察任务，只是航迹定位精度大大降低，航迹控制精度只能达到 100m。与飞行能力相关的指标统计计算分值为

$$[续航时间分值\ 飞行最大速度分值\ 飞行最大高度分值\ 航迹精度分值] = [0.6 \quad 0.6 \quad 1.0 \quad 0.2] \tag{4-51}$$

飞行效能的评估值为

$$C_F = [0.5081 \quad 0.0926 \quad 0.1546 \quad 0.2449][0.6 \quad 0.6 \quad 1.0 \quad 0.2]^T = 0.5640 \tag{4-52}$$

根据式（4-47）原理，可以得到 S_7 状态下的效能为

$$C_7 = [0.3196 \quad 0.5584 \quad 0.1219][0.5640 \quad 0.6444 \quad 0.74]^T = 0.6303 \tag{4-53}$$

对于 S_8 状态，即侦察载荷中的光电转塔出现故障，导致定位精度下降两个等级、图像清晰度下降两个等级，此时侦察能力相关指标取值为

[侦察范围分值 定位精度分值 昼夜侦察能力分值 图像清晰度分值 跟踪能力分值] $= [0.8 \quad 0.2 \quad 0.8 \quad 0.2 \quad 0.6]$ （4-54）

在此条件下，侦察能力评估值为

$$C_Z = [0.0618 \quad 0.2625 \quad 0.1600 \quad 0.4185 \quad 0.0972][0.8 \quad 0.2 \quad 0.8 \quad 0.2 \quad 0.6]^T = 0.3720 \tag{4-55}$$

根据式（4-47）的计算过程，可以得到 S_8 状态下的效能为

$$C_8 = [0.3196 \quad 0.5584 \quad 0.1219][0.5640 \quad 0.3720 \quad 0.74]^T = 0.4782 \tag{4-56}$$

对于 S_9 状态，即侦察载荷中的光电成像组件出现故障，导致无法进行光电成像，影响了昼夜侦察能力，图像清晰度下降两个等级，此时侦察能力相关指标取值为

[侦察范围分值 定位精度分值 昼夜侦察能力分值 图像清晰度分值 跟踪能力分值] $= [0.8 \quad 0.4 \quad 0.5 \quad 0.4 \quad 0.6]$ （4-57）

在此条件下，侦察能力评估值为

$$C_Z = [0.0618 \quad 0.2625 \quad 0.1600 \quad 0.4185 \quad 0.0972][0.8 \quad 0.4 \quad 0.5 \quad 0.4 \quad 0.6]^T = 0.4602 \tag{4-58}$$

根据式（4-47）的计算过程，可以得到 S_9 状态下的效能为

$$C_9 = [0.3196 \quad 0.5584 \quad 0.1219][0.5640 \quad 0.4602 \quad 0.74]^T = 0.5274 \tag{4-59}$$

对于 S_{10} 状态，即侦察载荷中的红外成像组件出现故障，导致无法进行红外成像，不能进行夜间侦察，影响了昼夜侦察能力，此时侦察能力相关指标取值为

[侦察范围分值 定位精度分值 昼夜侦察能力分值 图像清晰度分值 跟踪能力分值] $= [0.8 \quad 0.6 \quad 0.5 \quad 0.6 \quad 0.6]$ （4-60）

在此条件下，侦察能力评估值为

$$C_Z = [0.0618 \quad 0.2625 \quad 0.1600 \quad 0.4185 \quad 0.0972][0.8 \quad 0.6 \quad 0.5 \quad 0.6 \quad 0.6]^T = 0.5964 \tag{4-61}$$

根据式（4-47）的计算过程，可以得到 S_{10} 状态下的效能为

$$C_{10} = [0.3196 \quad 0.5584 \quad 0.1219][0.5640 \quad 0.5964 \quad 0.74]^T = 0.6035 \tag{4-62}$$

对于 S_{11} 状态，即侦察载荷中的激光组件出现故障，导致无法进行目标斜距

测量，影响了目标定位精度，此时侦察能力相关指标取值为

$$[侦察范围分值\ 定位精度分值\ 昼夜侦察能力分值\ 图像清晰度分值\ 跟踪能力分值] = [0.8\quad 0.2\quad 0.8\quad 0.6\quad 0.6] \tag{4-63}$$

在此条件下，侦察能力评估值为

$$C_Z = [0.0618\quad 0.2625\quad 0.1600\quad 0.4185\quad 0.0972][0.8\quad 0.2\quad 0.5\quad 0.6\quad 0.6]^{\mathrm{T}} = 0.4914 \tag{4-64}$$

根据式（4－47）的计算过程，可以得到 S_{11} 状态下的效能为：

$$C_{11} = [0.3196\quad 0.5584\quad 0.1219][0.5640\quad 0.4914\quad 0.74]^{\mathrm{T}} = 0.5449 \tag{4-65}$$

由式（4－47）、式（4－48）、式（4－49）、式（4－50）、式（4－53）、式（4－56）、式（4－59）、式（4－62），可得侦察无人机能力向量 $\boldsymbol{C}$，即

$$\boldsymbol{C} = [C_1\quad C_2\quad C_3\quad C_4\quad C_5\quad C_6\quad C_7\quad C_8\quad C_9\quad C_{10}\quad C_{11}] = [0.6616\quad 0\quad 0.6299\quad 0\quad 0\quad 0\quad 0.6303\quad 0.4782\quad 0.5274\quad 0.6035\quad 0.5449] \tag{4-66}$$

4.4.6　侦察无人机综合效能评估

根据式（4－30）至式（4－36）和式（4－66），利用 ADC 评估方法，可得到效能评估值为

$$\begin{aligned}
E = \boldsymbol{ADC} = {} & [0.9811\quad 0.0006\quad 0.0010\quad 0.0041\quad 0.0027\quad 0.0031\quad 0.0033\\
& 0.0018\quad 0.0009\quad 0.0007\quad 0.0008][d_{ij}]_{11\times 11}\cdot[0.6616\quad 0\quad 0.6299\quad 0\quad 0\quad 0\\
& 0.6303\quad 0.4782\quad 0.5274\quad 0.6035\quad 0.5449]^{\mathrm{T}}\\
= {} & 0.6491d_{11} + 0.6180d_{13} + 0.0006d_{33} + 0.6184d_{17} + 0.0021d_{77} +\\
& 0.4692d_{18} + 0.0008d_{88} + 0.5174d_{19} + 0.0005d_{99} + 0.5921d_{110} +\\
& 0.0004d_{110} + 0.5346d_{111} + 0.0004d_{1111}\\
= {} & 0.6491\prod_{j=1}^{10}\mathrm{e}^{-(t/\mathrm{MTBF}_{m(j+1)})} +\\
& 0.6180\,(1-\mathrm{e}^{-(t/\mathrm{MTBF}_{m3})})\cdot\prod_{j=1,j\neq 2}^{10}\mathrm{e}^{-(t/\mathrm{MTBF}_{m(j+1)})} + 0.0006\prod_{j=1,j\neq 2}^{10}\mathrm{e}^{-(t/\mathrm{MTBF}_{m(j+1)})} +\\
& 0.6184\,(1-\mathrm{e}^{-(t/\mathrm{MTBF}_{m7})})\cdot\prod_{j=1,j\neq 6}^{10}\mathrm{e}^{-(t/\mathrm{MTBF}_{m(j+1)})} + 0.0021\prod_{j=1,j\neq 6}^{10}\mathrm{e}^{-(t/\mathrm{MTBF}_{m(j+1)})} +\\
& 0.4692\,(1-\mathrm{e}^{-(t/\mathrm{MTBF}_{m8})})\cdot\prod_{j=1,j\neq 7}^{10}\mathrm{e}^{-(t/\mathrm{MTBF}_{m(j+1)})} + 0.0008\prod_{j=1,j\neq 7}^{10}\mathrm{e}^{-(t/\mathrm{MTBF}_{m(j+1)})} +\\
& 0.5174\,(1-\mathrm{e}^{-(t/\mathrm{MTBF}_{m9})})\cdot\prod_{j=1,j\neq 8}^{10}\mathrm{e}^{-(t/\mathrm{MTBF}_{m(j+1)})} + 0.0005\prod_{j=1,j\neq 8}^{10}\mathrm{e}^{-(t/\mathrm{MTBF}_{m(j+1)})} +\\
& 0.5921\,(1-\mathrm{e}^{-(t/\mathrm{MTBF}_{m10})})\cdot\prod_{j=1,j\neq 9}^{10}\mathrm{e}^{-(t/\mathrm{MTBF}_{m(j+1)})} + 0.0004\prod_{j=1,j\neq 9}^{10}\mathrm{e}^{-(t/\mathrm{MTBF}_{m(j+1)})} +
\end{aligned}$$

$$0.5346\left(1-\mathrm{e}^{-(t/\mathrm{MTBF}_{m11})}\right)\cdot\prod_{j=1,j\neq10}^{10}\mathrm{e}^{-(t/\mathrm{MTBF}_{m(j+1)})}+0.0004\prod_{j=1,j\neq10}^{10}\mathrm{e}^{-(t/\mathrm{MTBF}_{m(j+1)})} \tag{4-67}$$

当 $t=1$ 时，$E=0.6404$；当 $t=2$ 时，$E=0.6267$。

4.5 侦察无人机侦察运用效能评估

侦察无人机在设计研制过程中，充分考虑了使用环境、作战任务等对无人机系统的要求，并将这些要求转化为无人机系统功能、性能、通用质量特性等属性，并在无人机系统研发中得到落实，基于 ADC 的效能评估更多的是考虑装备状态对装备效能的影响。所以，无人机系统的效能很大程度上决定于无人机系统本身。但是无人机系统侦察运用时，如何运用、什么环境运用不是完全由无人机系统决定，而是主要由侦察任务决定的，通常无人机系统设计研发所依据的运用环境与实际运用环境存在着不一致，造成运用环境对无人机系统效能产生较大影响。

为了表征运用环境对无人机系统效能的影响，提出了一种基于状态与环境适应能力相结合的评估方法，基本原理如图 4－12 所示。

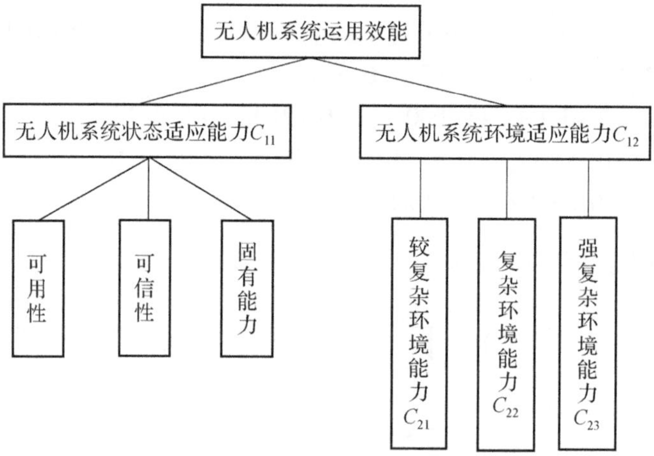

图 4－12 固有能力与环境适应能力相结合效能评估

图 4－12 将无人机运用能力分解为无人机状态适应能力和无人机环境适应能力，无人机状态适应能力表征无人机装备状态与侦察能力之间的关系，可以用 ADC 方法进行评估。无人机环境适应能力 C_{12} 反映无人机在不同环境下的能力，我们将无人机系统设计时考虑的应用环境称为基本应用环境能力，在基本应用环

境的基础上，分别考虑较复杂环境、复杂环境、强复杂环境下的侦察能力。它们都是在基本环境的基础上，逐渐使运用环境恶劣，形成较复杂环境、复杂环境和强复杂环境。在此基础上，计算评估不同复杂环境条件下的侦察能力，形成无人机系统环境适应能力 C_{12}。最后，结合无人机系统状态适应能力 C_{11}，形成无人机系统运用效能。

4.5.1　侦察无人机系统运用复杂环境定义

无人机系统复杂环境主要从影响无人机系统侦察运用过程的相关因素进行定义，主要包括地形环境和电磁环境。电磁环境主要影响传输链路和无人机导航性能，地形环境主要影响传输链路的性能。定义较复杂环境，它由较复杂电磁环境和平原地形环境构成，在这个环境中，传输链路速率降低了 1/2，传输距离没有变化，卫星导航精度降低了 1/2。定义复杂环境，它是由复杂电磁环境和山地地形环境构成，在这个环境中，传输链路速率降低了 3/4、传输距离没有变化，卫星导航精度降低了 3/4。定义高复杂环境，它由高复杂电磁环境和城市地形环境构成，在这个环境中，传输速率降低 3/4、传输距离降低 1/2，卫星导航无法工作。

4.5.2　侦察无人机系统复杂环境运用能力计算

在较复杂环境环中，无人机系统的传输能力和飞行能力受到影响，根据图 4-11可以得到有关飞行能力相关指标的取值，即

$$[\text{续航时间分值}\ \ \text{飞行最大速度分值}\ \ \text{飞行最大高度分值}\ \ \text{航迹精度分值}] = [0.6\quad 0.6\quad 1.0\quad 0.4] \tag{4-68}$$

由于无人机定位误差下降一半，导致目标定位精度也下降一半，与侦察能力相关的指标分值为

$$[\text{侦察范围分值}\ \ \text{定位精度分值}\ \ \text{昼夜侦察能力分值}\ \ \text{图像清晰度分值}\ \ \text{跟踪能力分值}] = [0.8\quad 0.4\quad 0.8\quad 0.6\quad 0.6] \tag{4-69}$$

与传输链路能力相关的指标分值为

$$[\text{传输速率分值}\ \ \text{传输距离分值}] = [0.4\quad 0.8] \tag{4-70}$$

这样，根据式（4-44），可以得到飞行器能力为

$$\begin{aligned} C_F &= [0.5081\quad 0.0926\quad 0.1546\quad 0.2449][0.6\quad 0.6\quad 1.0\quad 0.4]^{\mathrm{T}} \\ &= 0.6130 \end{aligned} \tag{4-71}$$

根据式（4-45）可以评估出侦察能力为

$$\begin{aligned} C_Z &= [0.0618\quad 0.2625\quad 0.1600\quad 0.4185\quad 0.0972][0.8\quad 0.4\quad 0.8\quad 0.6\quad 0.6]^{\mathrm{T}} \\ &= 0.5919 \end{aligned} \tag{4-72}$$

根据根据式（4－46），可以得到传输链路能力为

$$C_C=[0.3\quad 0.7][0.4\quad 0.8]^{\mathrm{T}}=0.6800 \tag{4-73}$$

根据式（4－47）可以得到较复杂环境下无人机环境适应能力评估结果，即

$$C_{21}=[0.3196\quad 0.5584\quad 0.1219][0.6130\quad 0.5919\quad 0.6800]^{\mathrm{T}}=0.6093 \tag{4-74}$$

按照以上思路可以求出复杂环境适应能力 C_{22}，具体过程如下。

飞行能力相关指标的取值，即

［续航时间分值 飞行最大速度分值 飞行最大高度分值 航迹精度分值］

$$=[0.6\quad 0.6\quad 1.0\quad 0.2] \tag{4-75}$$

由于无人机定位误差下降了 3/4，导致目标定位精度也下降 3/4，与侦察能力相关的指标分值为

［侦察范围分值 定位精度分值 昼夜侦察能力分值 图像清晰度分值 跟踪能力分值］＝$[0.8\quad 0.2\quad 0.8\quad 0.6\quad 0.6]$ (4－76)

与传输链路能力相关的指标分值为

$$[\text{传输速率分值 传输距离分值}]=[0.2\quad 0.8] \tag{4-77}$$

这样，根据式（4－71），可以得到飞行器能力为

$$C_F=[0.5081\quad 0.0926\quad 0.1546\quad 0.2449][0.6\quad 0.6\quad 1.0\quad 0.2]^{\mathrm{T}}$$
$$=0.5640 \tag{4-78}$$

根据式（4－45），可以评估出侦察能力为

$$C_Z=[0.0618\quad 0.2625\quad 0.1600\quad 0.4185\quad 0.0972][0.8\quad 0.2\quad 0.8\quad 0.6\quad 0.6]^{\mathrm{T}}$$
$$=0.5394 \tag{4-79}$$

根据根据式（4－46），可以得到传输链路能力为

$$C_C=[0.3\quad 0.7][0.2\quad 0.8]^{\mathrm{T}}=0.6200 \tag{4-80}$$

根据式（4－47）可以得到较复杂环境下无人机环境适应能力评估结果，即

$$C_{22}=[0.3196\quad 0.5584\quad 0.1219][0.5640\quad 0.5394\quad 0.6200]^{\mathrm{T}}$$
$$=0.5570 \tag{4-81}$$

同理，按照以上过程，可以求出强复杂环境适应能力 C_{23}，具体过程省略，直接给出结果为

$$C_{23}=0.5229 \tag{4-82}$$

4.5.3 侦察无人机运用效能评估

根据前面计算，可得到不同环境条件下，无人机环境适应能力的取值向量，即

$$\boldsymbol{C}_{20}=[C_{21}\quad C_{22}\quad C_{23}]=[0.6093\quad 0.5570\quad 0.5229]^{\mathrm{T}} \tag{4-83}$$

按照层次分析法原理，根据专家经验，进行两两比较，构建判断矩阵，即

$$\begin{bmatrix} 1 & 1/4 & 1/2 \\ 4 & 1 & 2 \\ 2 & 1/2 & 1 \end{bmatrix}$$

对其进行一致性检验，并对特征向量进行归一化，确定较复杂环境适应能力 C_{21}、复杂环境适应能力 C_{22}、强复杂环境适应能力 C_{23} 相对于无人机系统环境适应能力 C_{12} 的权重，具体计算过程见式（4-33）、式（4-34），给出的权向量表示为 $\boldsymbol{W}_{20}$，其结果为

$$\boldsymbol{W}_{20} = [0.1428 \quad 0.5715 \quad 0.2857] \tag{4-84}$$

由式（4-83）和式（4-84）可以得到无人机系统环境适应能力 C_{12}，为

$$\begin{aligned} C_{12} = \boldsymbol{W}_{20}\boldsymbol{C}_{20} &= [0.1428 \quad 0.5715 \quad 0.2857][0.6093 \quad 0.5570 \quad 0.5229]^{\mathrm{T}} \\ &= 0.5547 \end{aligned} \tag{4-85}$$

无人机系统运用总的效能是无人机系统状态适应能力 C_{11} 与无人机系统环境适应能力 C_{12} 的加权，根据专家经验，确定其权重分别为 0.6、0.4，可从式（4-67）中 $t=1$ 时的效能，即 $C_{11}=0.6404$，这样可得到侦察无人机效能为

$$E = 0.6C_{11} + 0.4C_{12} = 0.6 \times 0.6404 + 0.4 \times 0.5547 = 0.6061 \tag{4-86}$$

可以看出，改型侦察无人机系统在同类无人机系统中性能较好，侦察运用效能较高。实际运用中也收到比较满意的效果。

4.6　本章小结

本章深入探讨了侦察无人机系统效能评估的 ADC（可用性、可信性、固有能力）模型应用。首先，详细描绘了侦察无人机的系统架构及其典型作业流程，涵盖了从起飞、巡航至侦察作业，再到安全降落的每一个关键环节，并深入剖析了无人机执行侦察任务时的完整运作链条，突显了任务规划、飞行控制、侦察作业与情报处理的核心价值。

随后，系统性地解析了 ADC 效能评估模型的核心原理，明确界定了可用性、可信性与固有能力在评估体系中的具体角色与计算方法。通过精细分析侦察无人机各关键组件（地面控制站、传输链路、无人机本体及侦察载荷）的可靠性与可维修性指标，科学量化了无人机的可用性与可信性水平。同时，借助层次分析法（AHP），构建了侦察能力的多层次结构模型，并科学分配了各层级指标的权重，从而精准评估了无人机的固有能力。

为了进一步提升评估的精确性，对侦察载荷系统进行了细致划分，深入探讨了光电转塔、可见光成像、红外成像及激光测距等关键组件对侦察效能的具体贡献。评估结果显示，侦察无人机的整体效能随时间推移呈下降趋势，这一趋势主

要归因于系统可靠性的动态变化。

在此基础上，本书提出了一种融合无人机状态适应能力与环境适应能力的综合效能评估框架。通过精准定义较复杂、复杂及强复杂环境场景，并分别计算这些环境下无人机的侦察效能，全面揭示了环境因素对无人机侦察效能的深远影响。最终，通过科学整合无人机状态适应能力与环境适应能力评估结果，得出了侦察无人机的整体运用效能，充分验证了该型无人机在同类系统中的卓越性能与高效侦察能力。

参考文献

[1]尹津丽. 基于 ADC 方法的预警机系统效能评估及软件平台开发[D]. 哈尔滨:哈尔滨工业大学,2019.

[2]初欣阳,廖学军. 改进 ADC 法在无人侦察机作战试验阶段作战效能评估应用[J]. 兵器装备工程学报,2020,8(8):20

[3]孟雅蕾. 基于 AHP 方法的综合航电系统效能评估应用研究[D]. 西安:西安石油大学 2015.

第5章　基于云模型的无人机作战效能评估

目前，评估无人机作战效能有多种方法，如指数分析法、ADC法、概率法等。这些方法在作战效能评估的过程中忽略了可能出现的不确定性和随机性，局限性较大。因此，建立定性与定量相结合的转换关系，确立定性意见的定量化，是处理作战效能评估不确定性的有效途径。笔者应用作战运用效能分析方法，动态地研究无人机对海突击作战过程，获取具体的效能指标；运用层次分析法，构建了无人机作战效能评估指标体系；采用云模型理论处理其模糊性和随机性，进而对无人机的作战效能进行有效的综合评估。

5.1　云模型相关理论

5.1.1　云的概念及数字特征

设 $\boldsymbol{U}$ 是一个用精确数值表示的定量论域，C 是 $\boldsymbol{U}$ 上的定性概念，对于论域中的任意一个元素 x，且 x 是定性概念 C 的一次随机实现，x 对 C 的确定度 $\mu(x)$ 是有稳定倾向的随机数，则 x 在论域 $\boldsymbol{U}$ 上的分布成为云模型，每一个 x 称为一个云滴。考虑到正态云的广泛性和普适性，笔者主要以正态云模型开展研究。正态云的数字特征为 $C(E_x, E_n, H_e)$，其中：E_x 为云的期望值，是最能代表定性概念的点，是概念量化最典型的样本；E_n 为云的带宽，又称熵，是定性概念不确定性的度量，衡量定性概念的模糊性；H_e 为云的方差，又称超熵，是对熵不确定性的度量，反映了云滴的离散程度。

5.1.2　综合云模型

假设 $\boldsymbol{R}$ 是论域 $\boldsymbol{U}$ 上的一个定性概念，对于 $\boldsymbol{U}$ 中任一元素 x，存在一个具有稳定倾向的随机数 $\mu_{R(x)} \in [0,1]$，称为 x 对 $\boldsymbol{R}$ 的隶属度，$(x, \mu_{R_{(x)}})$ 为一个云滴，是构成云的基本单元。一维正态云模型如图5-1所示。

在云模型中，若云滴满足，$x \sim N(E_x, E'_{n2})$，$E'_n \sim (E_n, H_{e2})$，隶属度 $\mu_{R_{(x)}} = \mathrm{e}^{\frac{(x-E_x)2}{2} * E'_n 2}$，则称 $\mu_{R_{(x)}}$ 在论域的分布为正态云。在此基础上，采用更符合人们描述问题方式的区间数来表示指标值，设 $\sigma \in (x_{\mathrm{d}}, x_{\mathrm{u}})$ 为指标值，x_{d}、x_{u} 分别为其下

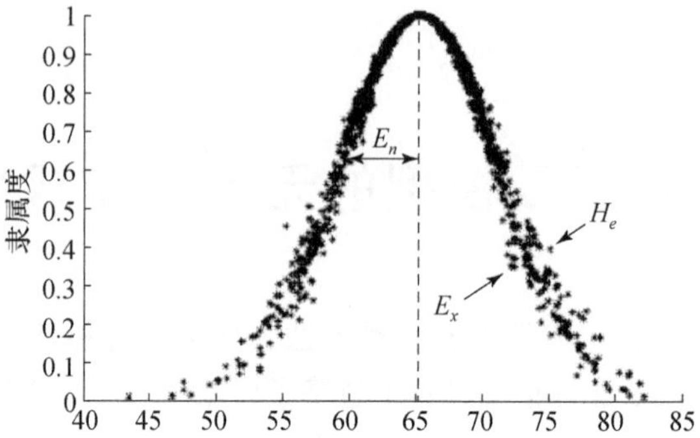

图 5-1 一维正态云

界和上界，并生成为两朵云，即左云 $y_d(E_{x_d}, E_{n_d}, H_{e_d})$ 和右云 $y_u(E_{x_u}, E_{n_u}, H_{e_u})$。根据云的 $3E_n$ 规则，结合两云可得综合云 $Y(E_x, E_n, H_e)$，计算规则如下。

（1）若 $|E_{x_u} - E_{x_d}| > 3|E_{n_u} - E_{n_d}|$，则有

$$\begin{cases} E_x = \dfrac{[(E_{x_d} + 3E_{n_d}) + (E_{x_u} + 3E_{n_u})]}{2} \\ E_n = \max\left\{\dfrac{(E_x - E_{x_d})}{3}, \dfrac{(E_{x_u} + E_x)}{3}\right\} \\ H_e = \sqrt{H_{e_d}^2 + H_{e_u}^2} \end{cases} \tag{5-1}$$

（2）若 $|E_{x_u} - E_{x_d}| > 3|E_{n_u} - E_{n_d}|$，则有

$$\begin{cases} E_x = \dfrac{E_{x_d}E_{n_u} + E_{x_u}E_{n_d}}{E_{n_d} + E_{n_u}} \\ E_n = \max\left\{E_{n_d} + \dfrac{(E_x - E_{x_d})}{3}, E_{n_u} + \dfrac{(E_{x_u} + E_x)}{3}\right\} \\ H_e = \sqrt{H_{e_d}^2 + H_{e_u}^2} \end{cases} \tag{5-2}$$

5.1.3 云模型的算法

云模型的算法称为云发生器，建立起了定性与定量之间的相互联系，包括正向发生器、逆向发生器、指标近似法等。给定云的 3 个数字特征，产生正态云模型的若干二维点——云滴 drop(x_i, μ_i)，称为正向发生器。具体算法如下。

（1）生成以 E_n 为期望、H_e 为方差的一个正态随机数，即

$$E_{n_1} = \mathrm{normrnd}(E_n, H_e) \tag{5-3}$$

（2）生成以 E_x 为期望，E_{n_1} 为方差的一个正态随机数，有

$$x_i = \mathrm{normrnd}(E_x, E_{n1}) \tag{5-4}$$

（3）计算隶属度，即

$$\mu_i = \exp\left[-\frac{(x_i - E_x)^2}{2E_{n_1}^2} \right] \tag{5-5}$$

获得一个隶属度为 μ_i 的云滴 $\text{drop}(x_i, \mu_i)$。重复（1）～（3）过程，直到产生 n 个云滴为止。逆向发生器是以统计理论为基础的，作用是从一些给定的云滴中求出云的数字特征。指标近似法适合边界已知的情况，对存在双边约束 $[C_{\max}, C_{\min}]$ 的指标，其计算步骤为

$$\begin{cases} E_x = \dfrac{(C_{\max} + C_{\min})}{2} \\ E_n = \dfrac{(C_{\max} + C_{\min})}{6} \\ H_e = k \end{cases} \tag{5-6}$$

式中：k 为常数，可依据评估的随机性调整。

5.1.4　云模型的运算规则

利用正态云拟合运算规则可以将给定云的数字特征进行规则运算，得到新的数字特征所构造的云。两个正态云模型的拟合运算规则如表 5－1 所列。

表 5－1　正态云模型的拟合运算规则

E_x	E_n	H_e
$E_{x_1} + E_{x_2}$	$\sqrt{E_{n_1}^2 + E_{n_1}^2}$	$\sqrt{H_{e_1}^2 + H_{e_2}^2}$
$E_{x_1} - E_{x_2}$	$\sqrt{E_{n_1}^2 + E_{n_1}^2}$	$\sqrt{H_{e_1}^2 + H_{e_2}^2}$
$E_{x_1} \cdot E_{x_2}$	$\lvert E_{x_1} E_{x_2} \rvert \cdot \sqrt{(E_{n_1}/E_{x_1})^2 + (E_{n_2}/E_{x_2})^2}$	$\lvert E_{x_1} E_{x_2} \rvert \cdot \sqrt{(H_{e_1}/E_{x_1})^2 + (H_{e_2}/E_{x_2})^2}$
$E_{x_1} \div E_{x_2}$	$\lvert E_{x_1} E_{x_2} \rvert \cdot \sqrt{(E_{n_1}/E_{x_1})^2 + (E_{n_2}/E_{x_2})^2}$	$\lvert E_{x_1} E_{x_2} \rvert \cdot \sqrt{(H_{e_1}/E_{x_1})^2 + (H_{e_2}/E_{x_2})^2}$

5.2　基于云的无人机运用效能评估模型

通过动态地研究无人机对海突击作战过程，分析得出影响作战效能的主要因素；结合层次分析法，构建无人机作战效能评估指标体系；引进云模型对模糊性和随机性进行处理，将权重和评价转化为权重云和评价云，进行云拟合运算后，得出无人机综合作战效能云模型。

5.2.1 指标体系分析与构建

1. 作战效能影响因素分析

笔者分析无人机在获取目标信息后，以规划好的作战任务对海上目标进行攻击的情况。假定海上目标自身防卫能力较弱，海上目标与其防卫火力之间相互独立，无人机起飞后经过突防进入作战海区，然后识别、定位目标，完成攻击后返航。由此，无人机对海突击作战过程可分为战前准备、飞行、突防、攻击4个阶段，战前准备阶段又可分为战前获知信息和发射飞行两部分，如图5-2所示。无人机对海突击作战过程是一个动态的演变过程，影响其作战效能的主要因素包括以下几个。

(1) 基本性能。无人机的作战效能与其基本性能密不可分，无人机的基本性能是作战效能评估的基础和重要组成部分，一般是指无人机的最大飞行速度、升限、航程和起降性能等。

(2) 生存能力。无人机的作战生存力可定义为“无人机躲避或承受人为敌对环境的能力”，主要取决于无人机的易感性、易损性和可靠度。

(3) 环境适应能力。无人机在作战过程中不仅要克服自然环境的影响，还要克服复杂的战场电磁环境影响，以确保飞行的可靠性和数据通信的稳定性。

(4) 作战能力。无人机系统的作战能力反映设计者赋予武器系统的“本领”，是系统在设计要求范围内工作时，成功完成其任务的概率。依据作战过程分析，其作战任务主要包括搜索识别目标、对海攻击。

(5) 操作人为因素。数据表明，目前超过40%的无人机事故是因操作员的操作不当和失误造成的，人为因素对于提高无人机系统的安全水平和任务操作效率至关重要。人机功能、情景感知、团队协作和操作水平等都会影响无人机的作战效能。

2. 指标体系构建

结合无人机对海突击作战过程，基于上述无人机作战效能影响因素分析，依据层次分析法（AHP）的梯阶层次思想，将无人机的作战效能指标自上而下分为目标层、准则层、指标层3个种类层，如图5-3所示。图中：E是无人机作战效能的目标层总体指标；准则层指标集合为$\{E_1, E_2, E_3, E_4, E_5, E_6\}$，其中$E_i(i=1, 2, 3, 4, 5, 6)$为$E$中的一个指标；指标层指标集合为$\{E_{i1}, E_{i2}, E_{i3}, E_{i4}\}$，$E_{ij}(j=1, 2, 3, 4)$为$E_i$中的一个指标。

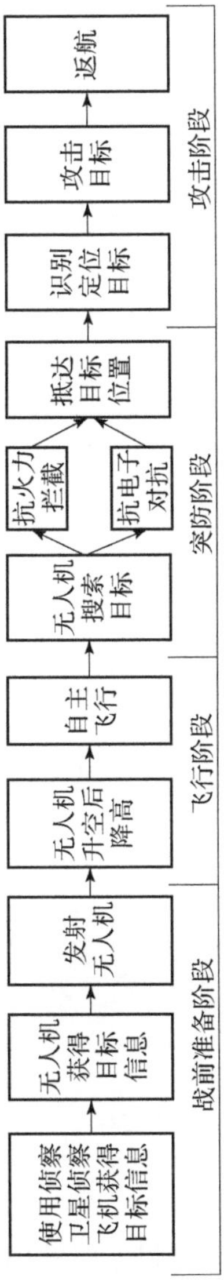

图 5－2　无人机对海突击作战过程

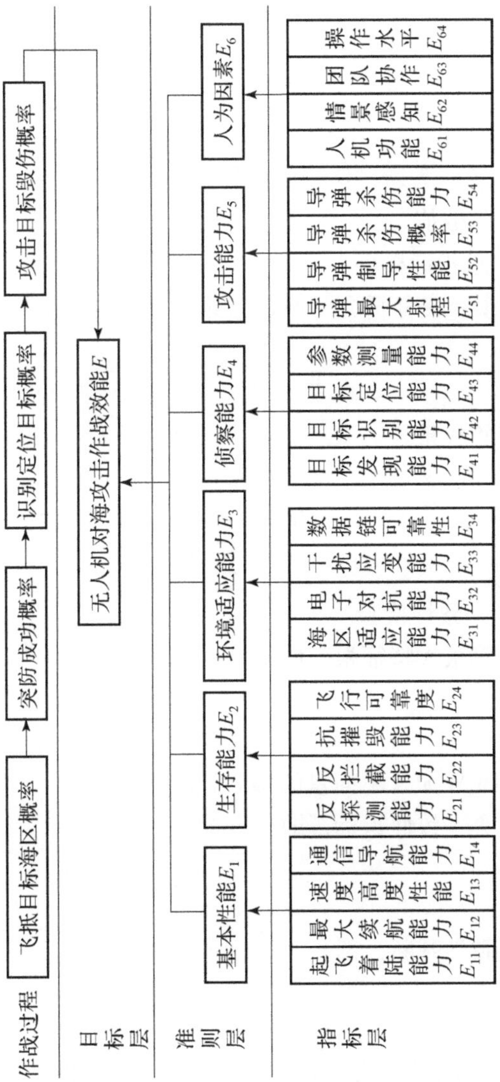

图 5－3　无人机作战效能评估指标体系

5.2.2 确定指标的权重云

依据建立的无人机作战效能评估指标体系，构造各指标集的判断矩阵，求解各指标在其所在指标集的权重，并转换为权重云。

（1）构造指标判断矩阵，即

$$\boldsymbol{A}=\begin{pmatrix} a_{11} & \cdots & a_{1n} \\ \vdots & & \vdots \\ a_{n1} & \cdots & a_{nn} \end{pmatrix} \tag{5-7}$$

式中：元素 a_{ij}为通过比较得出的重要程度。笔者使用 1 ~7 的比例标度作为赋予重要程度的数值。

（2）求指标权重。

①计算判断矩阵每一行元素乘积的方根。

$$\bar{W}_i = n\sqrt{\prod_{j=1}^{n} a_{ij}} \quad (j=1,2,\cdots,n) \tag{5-8}$$

②计算权重。

$$W_i = \frac{\bar{W}_i}{\sum_{i=1}^{n}\bar{W}_i} \quad (i=1,2,\cdots,n) \tag{5-9}$$

（3）一致性检验。

①计算最大特征根，即

$$\lambda_{\max} = \sum_{i=1}^{n}\frac{(\boldsymbol{AW})_i}{(nW_i)} \tag{5-10}$$

式中：$(AW)_i$ 为 $\boldsymbol{AW}$ 向量的第 i 个分量。

②计算一致性指标，即

$$\mathrm{CI} = \frac{\lambda_{\max}-n}{n-1} \tag{5-11}$$

③一致性判断，即

$$\mathrm{CR} = \frac{\mathrm{CI}}{\mathrm{RI}} \tag{5-12}$$

式中：RI 为随机一致性指标，可根据矩阵阶数 n 按表 5 -2 查得。如果 $\mathrm{CR}<0.1$，则判断矩阵满足一致性要求；否则需要检查调整判断矩阵。

表 5 -2　平均随机一致性指标

阶数 n	3	4	5	6	7	8	9
RI	0.58	0.96	1.12	1.24	1.32	1.41	1.45

(4) 根据专家打分法，获得各指标的权重 $\boldsymbol{W}$，将其转化为权重云，表示为 $\boldsymbol{C}_w(E_{x_w}, E_{n_w}, H_{e_w})$。

$$\boldsymbol{W}=[W_1,W_2,\cdots,W_i]=\begin{bmatrix} E_{x_{w1}} & E_{n_{w1}} & H_{e_{w1}} \\ E_{x_{w2}} & E_{n_{w2}} & H_{e_{w2}} \\ \vdots & \vdots & \vdots \\ E_{x_{wi}} & E_{n_{wi}} & H_{e_{wi}} \end{bmatrix}^{\mathrm{T}}=\boldsymbol{C}_w\ (E_{x_w},E_{n_w},H_{e_w})^{\mathrm{T}} \qquad (5-13)$$

式中：E_{x_w}为权重；$E_{n_w}=1/3E_w$，E_w 为专家打分中对于期望的最大偏差；H_{e_w}为专家打分的随机性。

5.2.3 确定指标的评价云

可将指标评价分为 9 个等级，如表 5-3 所列。依据专家打分法，获得各指标的评价集 R。

表 5-3　评语等级

评语	极好	很好	好	较好	一般	较差	差	很差	极差
期望	0.9	0.8	0.7	0.6	0.5	0.4	0.3	0.2	0.1

将专家给出的定性评价转化为正态评价云的数字特征，表示为 $\boldsymbol{C}_e(E_{x_e},E_{n_e},H_{e_e})$。

$$\boldsymbol{R}=[R_1,R_2,\cdots,R_i]^{\mathrm{T}}=\begin{bmatrix} E_{x_{e1}} & E_{n_{e1}} & H_{e_{e1}} \\ E_{x_{e2}} & E_{n_{e2}} & H_{e_{e2}} \\ \vdots & \vdots & \vdots \\ E_{x_{ei}} & E_{n_{ei}} & H_{e_{ei}} \end{bmatrix}=\boldsymbol{C}_e(E_{x_e},E_{n_e},H_{e_e}) \qquad (5-14)$$

式中：E_{x_e}为各专家评价的平均值；$E_{n_e}=1/3E_e$，E_e 为专家评价中对于期望的最大偏差；H_{e_e}为专家评价的随机性。

5.2.4 确定综合作战效能云

利用得到的指标权重云与评价云，根据表 5-1 中的正态云运算规则，得到准则层的评价云。同理，可求得目标层的综合评价云，进而评估无人机的作战效能。

$$C(E_x,E_n,H_e)=C_w^{\mathrm{T}}C_e=\begin{bmatrix}E_{x_{w1}} & E_{n_{w1}} & H_{e_{w1}}\\E_{x_{w2}} & E_{n_{w2}} & H_{e_{w2}}\\\vdots & \vdots & \vdots\\E_{x_{wi}} & E_{n_{wi}} & H_{e_{wi}}\end{bmatrix}^{\mathrm{T}}\begin{bmatrix}E_{x_{e1}} & E_{n_{e1}} & H_{e_{e1}}\\E_{x_{e2}} & E_{n_{e2}} & H_{e_{e2}}\\\vdots & \vdots & \vdots\\E_{x_{ei}} & E_{n_{ei}} & H_{e_{ei}}\end{bmatrix}$$

$$=\begin{bmatrix}E_{x_{w1}}\cdot E_{x_{e1}}+E_{x_{w2}}\cdot E_{x_{e2}}+\cdots+E_{x_{wi}}\cdot E_{x_{ei}}\\\sqrt{(E_{n_{w1}}E_{n_{e1}})^2+(E_{n_{w2}}E_{n_{e2}})^2+\cdots+(E_{n_{wi}}E_{n_{ei}})^2}\\\sqrt{(H_{e_{w1}}H_{e_{e1}})^2+(H_{e_{w2}}H_{e_{e2}})^2+\cdots+(H_{e_{wi}}H_{e_{ei}})^2}\end{bmatrix}^{\mathrm{T}} \tag{5-15}$$

5.3 无人机海上目标打击作战效能评估

假定我方现已通过侦察卫星获得敌方海上目标的相关信息，A、B、C 这 3 型无人机处于可用状态，现依据云评估模型对 3 型无人机对海突击作战效能进行仿真分析。

以无人机的“环境适应能力”为例，专家对其下层 4 项指标打分，得到其指标判断矩阵。利用式（5-8）至式（5-12），并经过一致性检验得到该指标的权重，即

$$[\omega_{31},\omega_{32},\omega_{33},\omega_{34}]^{\mathrm{T}}=[0.44,0.32,0.11,0.13]^{\mathrm{T}} \tag{5-16}$$

同理，可得到所有指标层及准则层的权重为

$$\begin{aligned}\boldsymbol{W}_{指}&=[W_1,W_2,W_3,W_4,W_5,W_6]^{\mathrm{T}}\\&=\begin{bmatrix}0.23 & 0.28 & 0.44 & 0.31 & 0.19 & 0.2\\0.44 & 0.16 & 0.32 & 0.23 & 0.11 & 0.21\\0.21 & 0.38 & 0.11 & 0.34 & 0.35 & 0.26\\0.12 & 0.18 & 0.13 & 0.12 & 0.35 & 0.32\end{bmatrix}\end{aligned} \tag{5-17}$$

$$\begin{aligned}\boldsymbol{W}_{指}&=[\omega_1,\omega_2,\omega_3,\omega_4,\omega_5,\omega_6]^{\mathrm{T}}\\&=[0.09,0.09,0.13,0.22,0.34,0.13]^{\mathrm{T}}\end{aligned} \tag{5-18}$$

针对“环境适应能力”专家给出 A 型无人机的评价，利用式（5-13）、式（5-14）将权重和评价转换为权重云和评价云的数字特征，即

$$C_{3w}(E_{x_{3w}},E_{n_{3w}},H_{e_{3w}})=\begin{bmatrix}0.44 & 0.04 & 0.005\\0.32 & 0.04 & 0.005\\0.11 & 0.04 & 0.005\\0.13 & 0.04 & 0.005\end{bmatrix} \tag{5-19}$$

$$C_{a3e}(E_{x_{a3e}},E_{n_{x_{a3e}}},H_{e_{x_{a3e}}})=\begin{bmatrix}0.6 & 0.06 & 0.008\\ 0.5 & 0.06 & 0.008\\ 0.3 & 0.06 & 0.008\\ 0.4 & 0.06 & 0.008\end{bmatrix} \tag{5-20}$$

利用式（5-15），可求得A型无人机“环境适应能力”指标的综合评价云$C_{a3}(0.509, 0.0505, 0.0065)$：

$$C_{a3}(E_{x_{a3}},E_{n_{x_{a3}}},H_{e_{x_{a3}}})=C_{3w}{}^{T}\cdot C_{a3e} \tag{5-21}$$

同理可得，A、B、C这3型无人机其余指标的评价云如表5-4所列。

表5-4 准则层权重云与评价云

指标	权重云	评价云 A	评价云 B	评价云 C
基本性能	(0.09, 0.04, 0.005)	(0.582, 0.0526, 0.0065)	(0.512, 0.0632, 0.0072)	(0.435, 0.0835, 0.0166)
生存能力	(0.09, 0.04, 0.005)	(0.565, 0.0575, 0.0076)	(0.431, 0.0767, 0.0078)	(0.356, 0.0963, 0.0267)
环境适应能力	(0.13, 0.04, 0.005)	(0.509, 0.0505, 0.0065)	(0.367, 0.0683, 0.0087)	(0.213, 0.0886, 0.0183)
侦察能力	(0.22, 0.04, 0.005)	(0.687, 0.0521, 0.0074)	(0.552, 0.0796, 0.0092)	(0.479, 0.1328, 0.0252)
攻击能力	(0.34, 0.04, 0.005)	(0.662, 0.0568, 0.0075)	(0.571, 0.0825, 0.0097)	(0.625, 0.0979, 0.0238)
人为因素	(0.13, 0.04, 0.005)	(0.786, 0.0683, 0.0088)	(0.721, 0.0987, 0.0121)	(0.582, 0.0526, 0.0823)

利用式（5-15），将准则层各指标的权重云与评价云进行加权拟合运算后，得到A、B、C这3型无人机综合作战效能$C_a(0.6478, 0.0590, 0.0075)$、$C_b(0.5419, 0.0583, 0.0071)$、$C_c(0.4321, 0.0581, 0.0154)$。根据式（5-3）至式（5-5），仿真得到其作战效能云图如图5-4和图5-5所示。

从图5-4中可以看出，A型无人机的E_x较大，作战效能总体较好，E_n和H_e较小，作战效能波动较小。由表5-4可知，该无人机作战系统的“生存能力”和“环境适应能力”评价“较差”，是降低其作战效能的主要原因，说明该型无人机在对海突击作战过程中对海战场的适应性较差；而“操作人为因素”评价虽然“很好”，但是其模糊性与随机性较大，降低了其作战效能的稳定性。

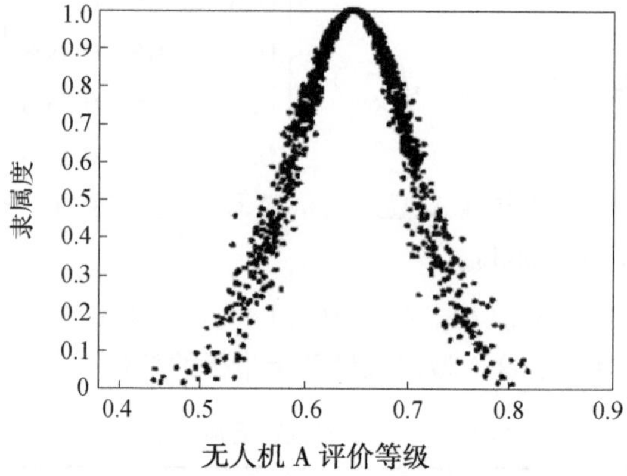

图 5-4 无人机 A 作战效能云图

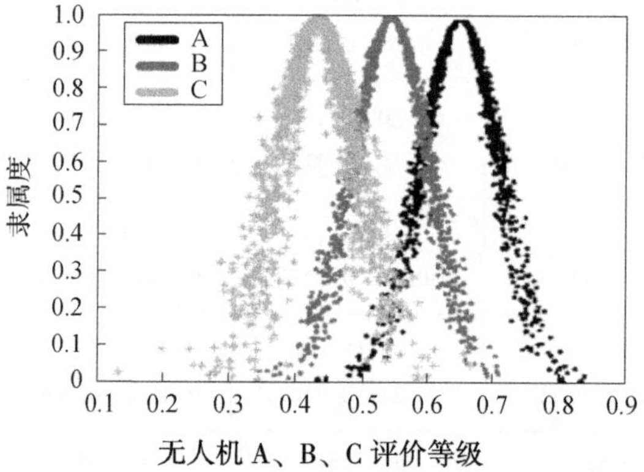

图 5-5 无人机 A、B、C 作战效能云图

同理，由图 5-5 可分析得出，B 型无人机相比 A 型无人机的作战效能较差，主要是其各项指标的评价低于 A 型无人机；C 型无人机 E_x 较小，总体效能较差，H_e 较大，模糊性与随机性较大。可见，E_x 的大小对最终的作战效能评估起到了主导作用，但 E_n 和 H_e 也会对其产生重要影响。说明由期望得到的效能评估具有可信度，但这种可信度建立在较小的原始分模糊程度的基础上；波动性越小说明越稳定，反之则评估相对模糊，模型有待考证。

5.4 本章小结

本章深入探讨了利用云模型进行无人机作战效能评估的方法，旨在解决传统评估手段在处理复杂作战场景中的不确定性和随机性方面的局限性。首先，系统阐述了云模型的核心概念与理论框架，特别是云模型的三大数字特征（期望值

E_x、熵 E_n、超熵 H_e)，如何共同定义定性概念的量化表达，并通过正态云发生器这一核心算法，实现定性描述与定量数据之间的无缝衔接，有效捕捉并处理评估过程中的模糊性和随机波动。

随后，本章通过细致分析无人机对海突击作战的全过程，精准识别了影响作战效能的关键因素，涵盖无人机的基本性能、生存能力、环境适应性、作战实力以及人为操作等多个维度。在此基础上，依托层次分析法的系统性和逻辑性，精心构建了无人机作战效能评估的全方位指标体系，该体系层次分明、条理清晰，确保了评估工作的全面覆盖与深入洞察。

在评估实践环节，本章引入了云模型作为核心工具，将原本抽象、模糊的专家意见转化为具体的权重云和评价云，实现了定性评估的量化表达。通过云模型的正态运算规则，对各项指标进行了科学、系统的加权拟合，最终生成了无人机的综合作战效能云模型。这一模型不仅直观展示了效能的期望值，还深刻揭示了效能评估的内在不确定性和动态变化特性。

为了验证这一评估模型的有效性与实用性，本章选取了 A、B、C 这 3 种型号无人机进行了详尽的仿真分析。通过对各型无人机作战效能云图的细致比对与深度剖析，发现 A 型无人机虽整体效能优异，但在生存能力与环境适应性方面仍有提升空间；B 型无人机效能相对稳健，但略逊于 A 型；而 C 型无人机则面临显著的效能挑战，其评估结果的模糊性与随机性尤为突出。这一系列发现不仅验证了云模型在效能评估中的独特价值，也为无人机的后续研发、优化及实战应用提供了宝贵的参考依据。

参考文献

[1]张海峰,韩芳林. 基于云模型的无人机对海突击作战效能评估[J]. 兵工自动化,2019,38(04):57－61.
[2]董鹏,张其霄. 基于云模型的战时海上运输风险评估研究[J]. 火力与指挥控制,2022,7(47):157－162.

第 6 章　基于 G1 法与熵值法组合赋权的无人机运用效能评估

为了实现对无关环境要素的筛选和确定各个环境要素的权重，本章着重研究无人机运用环境要素权重的计算方法，关联性弱的要素在筛选时可通过前期的主观判断或者根据要素权重大小排序，剔除权值较小的若干环境要素。采用的是基于主观的 Gl 法和基于信息熵确定权重方法的组合法来求取无人机侦察运用的最终指标权重。

6.1　基于 G1 法的主观权重确定方法

无人机运用效能评估结果的优劣受环境要素影响显著，不同的环境要素对效能评估影响程度不一样，因此确定各个不同环境要素的权重显得极为重要，权重的客观与否对模型的评估精度和准确性具有直接影响。特征权重的求取策略一般可分为主观法和客观法，这两种方法分别侧重于不同的方面。主观法如层次分析法、专家系统法、二项系数法等是依据专家积累的经验来进行权重的获取；客观法如熵权法、主成分分析法等是在客观监测信息的基础上进行的权重计算，受人为因素作用小，比较客观地反映了无人机运用的气象地形环境要素的客观信息。如果单一使用主客观方法中的一种，则评估结果将不是太主观就是太客观，将偏离实际，为使评估结果趋于主观和客观的统一，寻找综合的权重求取方法显得很有必要。这样的组合主客观的权重求取方法，将综合主观法的反映专家主观经验和客观法的反映客观环境变化的双重优势。

层次分析法在计算指标权重时需要建立判别矩阵，并且要用一致性检测标准对其进行检测修正，并且在实际应用中，判别矩阵的一致性难以满足要求，即使满足了，符合该检测标准的判别矩阵也不唯一，从而容易造成计算出的权重随意性太强。

G1 法是一种基于专家经验的指标赋权，首先是借助专家的经验与专业知识将评价指标按照重要性进行排序，得到关于评价指标的一个基于重要性的序列关系，接着按照此序列关系将相邻指标进行比较，对所有比较值通过数学关系计算确定各评价指标的权重。由于 G1 法在指标间建立了序列关系，并在序列关系基础上找出了指标间的重要性大小关系的内在联系，得到的判断矩阵一定是完全一致的。与层次分析法相比，G1 法的优势在于无需构建判断，也就无需进行一致性检验，相应地计算量成倍减少，通过层次分析和必要的计算，便可确定各评价指标的权重，简单方便。G1 法的具体步骤如下。

第一步：建立层次结构

与层次分析法的第一步相同，对决策的问题或目标进行分析，建立层次结构，确定目标层、准则层和方案层。

第二步：确定同一层次指标的序列关系

（1）给出各评价指标的相对重要程度并确定序列关系。

定义 6－1　若评价指标 x_i 在一定的评价准则下，其重要度不小于 x_j 时，则记为 $x_i > x_j (i=1,2,\cdots,n; j=1,2,\cdots,n)$。

定义 6－2　若评价指标 x_1，x_2，…，x_n 在一定的评价准则下满足关系式 $x_1^* > x_2^* > \cdots > x_n^*$ 时，则表明评价指标 x_1，x_2，…，x_n 之间按照“>”规则确立了序列关系。

（2）对评价指标集 $\{x_1, x_2, \cdots, x_n\}$ 建立序列关系的方法是，首先由专家将其中最重要的评价指标选出记为 $x_1{}^*$，然后在剩余的 $n-1$ 个评价指标中，依据专家经验，挑选出权重最大的指标并记为 $x_2{}^*$，以此类推，即完成了指标的重要程度排序，从而确立了一个唯一的序列关系。这里 $x_i{}^* (i=1,2,\cdots,n)$ 代表指标集 $\{x_1, x_2, \cdots, x_n\}$ 按序列关系“>”排列之后的第 i 个指标，序列关系可记为 $x_1^* > x_2^* > \cdots > x_n^*$。

第三步：给出评价指标 x_{j-1} 与 x_j 相对重要程度之比

由专家根据历史经验知识对评价指标 x_{j-1} 和 x_j 重要性程度之比判定 r_j，其中 $r_j > w_{j-1}/w_j$，w_j 为第 j 个评价指标的权重，$j=n,n-1,\cdots,3,2$。如果指标集 $\{x_1, x_2, \cdots, x_n\}$ 满足序列关系式，则 r_{j-1} 与 r_j 必须满足关系表达式 $r_{j-1} > 1/r_j$。r_j 的不同取值表征的含义如表 6－1 所列。

表 6－1　指标间相对重要性程度比

r_j	赋值说明
1.0	要素指标 x_{j-1} 与 x_j 同等重要
1.1	要素指标 x_{j-1} 与 x_j 的重要程度位于同等重要和稍微重要之间
1.2	要素指标 x_{j-1} 比 x_j 稍微重要
1.3	要素指标 x_{j-1} 与 x_j 的重要程度位于稍微重要和明显重要之间

续表

r_j	赋值说明
1.4	要素指标 x_{j-1} 比 x_j 明显重要
1.5	要素指标 x_{j-1} 与 x_j 的重要程度位于明显重要和强烈重要之间
1.6	要素指标 x_{j-1} 比 x_j 强烈重要
1.7	要素指标 x_{j-1} 与 x_j 的重要程度位于强烈重要和极端重要之间
1.8	要素指标 x_{j-1} 比 x_j 极端重要

第四步：计算各评价指标的权重值

若 r_j 的赋值已经根据表6－1得出，假设共有 m 个评价指标，则第 m 个评价指标权重 w_m 为

$$w_m = \left(1 + \sum_{k=2}^{m} \prod_{i=k}^{m} r_i\right)^{-1} \tag{6-1}$$

再由 w_m 计算出其他评价指标的权重，其方法为

$$w_{k-1} = r_k w_k \quad (k = m, m-1, \cdots, 3, 2) \tag{6-2}$$

第五步：计算各指标综合权重

重复以上步骤，分别计算出不同准则层下各指标的权重，最后采用加权的方法求出各指标的综合权重。

6.2 客观赋权法——熵值法的基本理论

熵值法（entropy method）是一种根据各项指标观测值所提供的信息量大小来确定指标权数的方法。熵在信息论中是对系统有序程度的一种度量，熵越大，表示信息量越大，无序程度越高；反之，熵越小，表示信息量越小，有序程度越高。根据上述特征，可以通过计算熵的值来计算各指标的权重，为多指标综合评价提供依据。熵值法的计算步骤按郭显光在其著作中的方法。

设有 m 个待评方案、n 项评价指标，形成的数据矩阵 $\boldsymbol{X} = (x_{ij})_{m \times n}$，则用熵值法确定指标权重的步骤如下。

（1）将各指标同度量化，计算第 j 项指标下第 i 个方案指标值的比重 ρ_{ij}，即

$$\rho_{ij} = \frac{x_{ij}}{\sum_{i=1}^{m} x_{ij}} \tag{6-3}$$

（2）计算第 j 项指标的熵值 e_j，即

$$e_j = -k\sum_{i=1}^{m}\rho_{ij}\ln\rho_{ij} \tag{6-4}$$

其中，$k>0$，ln 为自然对数，$e_j \geqslant 0$。若 X_{ij} 对于给定的 j 全部相等，则有

$$\rho_{ij} = \frac{x_{ij}}{\sum_{i=1}^{m} x_{ij}} = \frac{1}{m} \tag{6-5}$$

e_j 取最大值，为

$$e_j = -k\sum_{i=1}^{m}\frac{1}{m}\ln\frac{1}{m} = k\ln m \tag{6-6}$$

若设 $k=\frac{1}{\ln m}$，则 e_j 取最大值为 1。所以，能够保证 $0 \leqslant e_j \leqslant 1$。

（3）计算第 j 项指标 x_j 的差异性系数 a_j。

对于给定的 j，x_{ij} 的差异性越小，则 e_j 越大。当 x_{ij} 全部相等时，$e_j = e_{\max} = 1$，此时对于方案的比较，指标 x_j 没什么意义；当 x_{ij} 差异越大，e_j 越小，对于方案的比较，指标作用也就越大。则指标的差异性系数 a_j 与 e_j 间有以下关系，即

$$a_j = 1 - e_j \tag{6-7}$$

（4）确定权重 w_j，即

$$w_j = \frac{a_j}{\sum_{i=1}^{n} a_j} \quad (i = 1,2,\cdots,n) \tag{6-8}$$

6.3　主客观赋权法

为了能客观、公正地评价被评价对象，避免单一方法的局限性，将主客观赋权法相结合，实现两者的优势互补。本节采用线性加权的方法确定综合权重，基本方法如下。

设主观赋权法得出的 j 指标属性权重向量为 $\boldsymbol{w}_j^Z(w_{j1},w_{j2},\cdots,w_{jn})$，且有 $0 \leqslant w_j \leqslant 1, \sum_{i=1}^{n} w_{ij} = 1 \quad 0 \leqslant w_{ij}^s \leqslant 1$。由客观赋权法得到的 j 指标属性权重向量为 $\boldsymbol{w}_j^K(w_{j1},w_{j2},\cdots,w_{jn})$，且有 $0 \leqslant w_j \leqslant 1, \sum_{i=1}^{n} w_{ij} = 1$，采用线性加权，最终权重向量为

$$\boldsymbol{w}_j = \alpha\boldsymbol{w}_j^Z + \beta\boldsymbol{w}_j^K \tag{6-9}$$

式中：α 为主观偏好系数；β 为客观偏好系数。α、$\beta \in [0,1]$ 且有 $\alpha+\beta=1$。两者的具体取值由决策者根据实际情况给出，通常取值 $\alpha=\beta=0.5$。

6.4 无人机侦察效能评估实例

6.4.1 应用背景

利用无人机完成城市侦察，对关注地域实施侦察，为相关作战行动提供支持。现在有两种无人机，分别是无人机 1 和无人机 2。无人机 1 是一种小型多旋翼电动无人机，搭载光电侦察吊舱。无人机 2 是一种小型电动固定翼无人机，搭载同样的光电侦察吊舱，采用投掷起飞、滑降回收的起降方式。两种无人机都是由单兵操作，具有很强的机动性。

6.4.2 指标体系构建

根据城市侦察需要，构建无人机效能评价的指标体系，如图 6－1 所示。

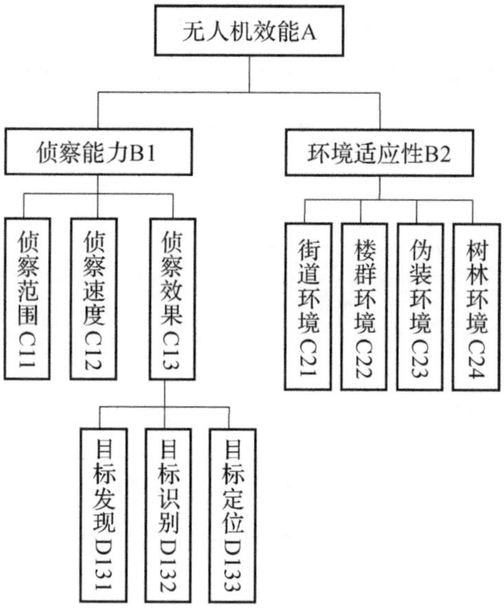

图 6－1 无人机城市侦察效能指标体系

图中，按照层次分析法将无人机效能评价指标分解为三层，第一层是目标层，第二层为准则层，将无人机效能分解侦察能力 B1 和环境适应性 B2 两个指标来衡量。侦察能力反映无人机本身具有侦察能力，环境适应性反映无人机侦察适应城市环境的能力。第三层为方案层。侦察能力又分解为侦察范围 C11、侦察速度 C12、侦察效果 C13 3 个子指标。根据城市进攻作战的需要，要求了解作战前 2h 城市内的态势，侦察范围表征无人机获得态势的范围，定义为在 2h 时间，无人机获得态势的范围大小，我们希望获得态势的范围越大越好。侦察速度表征单位时间内，无人机在城市环境完成侦察的区域大小，表征无人机获得战场态势的快速性，我们用 1h 无人机完成扫描式侦察区域大小来表征，单位时间侦察区域越大，说明侦察速度就越高，城市侦察希望侦察速度越快越好。侦察效果反映战场态势获取的质量，侦察效果又分解为 3 个子指标，分别是目标发现 D131、目标识别 D132、目标定位 D133。目标发现表征无人机在城市环境中发现目标（含隐蔽目标）的能力，其数值变化范围为 0.0 ~ 1.0。其中 0.0 表示无法发现目标，1.0 表示能够发现所有目标。目标识别是指对发现的目标能够识别其属性、状态、类型等。目标识别是在发现目标的基础上进行的，目标识别概率是指能够正确识别目标的概率，其数值范围为 0.0 ~ 1.0。0.0 表示一个目标都不能正确识别，1.0 表示对所有发现的目标都能够正确识别。目标定位主要表征目标定位精度，定位误差越小，目标定位效果就越好，该指标是一个成本型指标。

环境适应性指标 B2 分解成 3 个子指标，分别是街道环境适应性 C21、楼群环境适应性 C22、伪装环境适应性 C23、树林环境适应性 C24。街道环境适应性表征无人机侦察在街道环境下，发现、识别目标的能力，用发现概率表征，其值为发现目标数比目标总数，数值范围为 0.0 ~ 1.0。其中 0.0 表示不能发现街道中的目标，1.0 表示能够发现街道中的所有目标。同样，楼群环境适应性、伪装环境适应性、树林环境适应性等表征无人机发现位于这些环境中目标的能力。属性值的变化范围同样是 0.0 ~ 1.0。伪装环境通常是指在坦克、火炮上覆盖伪装网、加盖棚子等，这些重武器对城市攻击作战威胁较大，及时发现这些目标非常重要。

6.4.3　指标权重确定

1. G1 法确定指标权重

（1）确定准则层 B1、B2 的权重。

由 5 位专家对侦察能力 B1 和环境适应性 B2 的重要度进行排序，一致的结论是 B1 > B2。

5 个专家给出的重要度之比 r_2 分别为 1.4、1.3、1.2、1.5、1.3。平均的 r_2 为 1.34。由式（6 - 1），可得 $w_2 = 1/(1 + r_2) = 0.427$，$w_1 = r_2 w_2 = 0.573$。侦察能力 B1 的权重 $w_{B1} = 0.573$，环境适应性 B2 权重 $w_{B2} = 0.427$。

（2）确定一级方案层权重，包括侦察范围 C11、侦察速度 C12、侦察效果 C13。

同样，由 5 位专家对侦察范围 C11、侦察速度 C12、侦察效果 C13 这 3 个指标的重要度进行排序，给出序关系为 C13 > C12 > C11。5 个专家给出的重要度比值见表 6 - 2。

表 6-2 重要度比值表 A

	专家 1	专家 2	专家 3	专家 4	专家 5	平均
C13	—	—	—	—	—	—
C12	$r_2=1.6$	$r_2=1.5$	$r_2=1.4$	$r_2=1.7$	$r_2=1.6$	$r_2=1.56$
C11	$r_3=1.4$	$r_3=1.3$	$r_3=1.2$	$r_3=1.5$	$r_3=1.4$	$r_3=1.36$

由式（6-1），可得

$$w_3=1/(1+r_2r_3+r_3)=1/(1+1.56\times1.35+1.36)=0.223$$

由式（6-2），可得

$$w_2=r_3w_3=1.36\times0.223=0.30$$

$$w_1=r_2w_2=1.56\times0.30=0.468$$

这样可得部分一级方案层指标相对于准则层的权重，分别为 $w_{C11}=w_3=0.223$、$w_{C12}=w_2=0.3$、$w_{C13}=w_1=0.468$。

（3）确定部分一级方案层指标权重 C21、C22、C23、C24。

该指标的自然顺序为街道环境 C21、楼群环境 C22、伪装环境 C23、树林环境 C24。其中狙击手、便携式反坦克导弹等通常隐藏在街道、沿街建筑中。坦克、步战车、火炮等通常隐藏在伪装环境中，部分也隐藏在树林中。楼群中有时也隐藏着狙击手等。根据战场目标威胁及通常所处的环境，由 5 名专家协商，对各种环境适应性，按照重要度排序为：街道环境 C21、伪装环境 C23、树林环境 C24、楼群环境 C22，也即 C21 > C23 > C24 > C22。5 名专家给出的重要度比值如表 6-3 所列。

表 6-3 重要度比值表 B

	专家 1	专家 2	专家 3	专家 4	专家 5	平均
C21	—	—	—	—	—	—
C23	$r_2=1.1$	$r_2=1.2$	$r_2=1.2$	$r_2=1.0$	$r_2=1.3$	$r_2=1.16$
C24	$r_3=1.4$	$r_3=1.3$	$r_3=1.2$	$r_3=1.4$	$r_3=1.3$	$r_3=1.32$
C22	$r_4=1.3$	$r_4=1.3$	$r_4=1.2$	$r_4=1.3$	$r_4=1.3$	$r_4=1.28$

由式（6-1），可得

$$\begin{aligned}w_4&=1/(1+r_2r_3r_4+r_3r_4+r_4)\\&=1/(1+1.16\times1.32\times1.28+1.32\times1.28+1.28)=0.169\end{aligned}$$

由式（6-2），可得

$$w_3=r_4w_4=1.28\times0.169=0.216$$

$$w_2 = r_3 w_3 = 1.32 \times 0.216 = 0.285$$
$$w_1 = r_2 w_2 = 1.16 \times 0.285 = 0.331$$

这样可得到部分一级方案层指标相对于准则层的权重，分别为 $w_{C21} = w_1 = 0.331$、$w_{C22} = w_4 = 0.169$、$w_{C23} = w_2 = 0.285$、$w_{C24} = w_3 = 0.216$。

（4）确定二级方案层指标权重，包括目标发现 D131、目标识别 C132、目标定位 C133。

同样，由 5 位专家对目标发现 D131、目标识别 D132、目标定位 D133 这 3 个指标的重要度进行排序，给出序关系为 D131 > D132 > D133。5 个专家给出的重要度比值见表 6 – 4。

表 6 – 4　重要度比值表 C

	专家 1	专家 2	专家 3	专家 4	专家 5	平均
D131	—	—	—	—	—	—
D132	$r_2 = 1.5$	$r_2 = 1.5$	$r_2 = 1.4$	$r_2 = 1.4$	$r_2 = 1.6$	$r_2 = 1.48$
D133	$r_3 = 1.4$	$r_3 = 1.5$	$r_3 = 1.3$	$r_3 = 1.5$	$r_3 = 1.4$	$r_3 = 1.42$

由式（6 – 1），可得

$$w_3 = 1/(1 + r_2 r_3 + r_3) = 1/(1 + 1.48 \times 1.42 + 1.42) = 0.223$$

由式（6 – 2），可得

$$w_2 = r_3 w_3 = 1.36 \times 0.223 = 0.30$$
$$w_1 = r_2 w_2 = 1.56 \times 0.30 = 0.468$$

这样可得二级方案层指标相对于一级方案层指标的权重，分别为 $w_{D131} = w_1 = 0.468$、$w_{D132} = w_2 = 0.3$、$w_{D133} = w_1 = 0.223$。

利用 G1 主观方法确定的权重向量为

$$\boldsymbol{wZ} = [w_{B1} \cdot w_{C11}, w_{B1} \cdot w_{C12}, w_{B1} \cdot w_{C13} \cdot w_{D131}, w_{B1} \cdot w_{C13} \cdot w_{D132}, w_{B1} \cdot w_{C13} \cdot w_{D133}, w_{B2} \cdot w_{C21}, w_{B2} \cdot w_{C22}, w_{B2} \cdot w_{C23}, w_{B2} \cdot w_{C24}] \quad (6-10)$$

将以上计算的数值代入式（6 – 10），可得

$$\boldsymbol{wZ} = [0.128, 0.172, 0.126, 0.08, 0.06, 0.095, 0.072, 0.122, 0.092] \quad (6-11)$$

2. 熵值法确定指标权重

现有 4 种无人机，分别是无人机 1、无人机 2、无人机 3、无人机 4。其中，无人机 1 是小型电动四旋翼无人机，续航时间 1h，巡航速度 10m/s，侦察作业飞行高度 3 ~ 500m。搭载定焦光电（红外、可见光）侦察吊舱，光电吊舱视场角 30° × 30°，像素为 1080 × 1080。目标发现距离不小于 1km，目标识别距离不小于

0.5km，目标定位误差不大于10m。

多旋翼无人机飞行高度、飞行模式灵活，能够适应街道环境、楼群环境、树林等的侦察，借助红外、可见光融合，结合灵活的飞行模式，具备一定的伪装环境侦察能力。

假设无人机1以飞行500m高度，飞行速度为10m/s，那么1s侦察的区域大小计算为0.0027km^2，1h无人机侦察的区域大小为9.72km^2。飞机续航时间1h，飞行1h就需要更换电池，更换电池需要消耗时间，再加上回程、起飞、降落等，要损失约10min，这样2h飞行实际有效飞行时间约1h50min，所以2h的侦察范围17.79km^2。由于旋翼无人机飞行模式多样，对于关注目标可以实施悬停侦察，还可以深入复杂区域进行侦察，目标发现和目标识别的概率都比较高。其中目标发现概率不小于90%，目标识别率不小于95%。

在环境适应性方面，根据无人机1实际作业情况统计，街道环境条件下，无人机目标发现概率为95%，楼宇环境条件下，无人机目标发现概率为90%，目标隐蔽环境条件下，无人机目标发现概率为80%，树林环境条件下，无人机侦察发现目标概率为85%。

无人机2是小型电动固定翼无人机，投掷起飞、飘落触地回收，续航时间1.5h，巡航速度20m/s，侦察作业飞行高度100～500m。搭载定焦光电（红外、可见光）侦察吊舱，光电吊舱视场角为30°×30°，像素为1080×1080。目标发现距离不小于1km，目标识别距离不小于0.5km，目标定位误差不大于50m。

假设无人机2以500m高度，飞行速度为20m/s，那么1s侦察的区域大小计算为0.0054km^2，1h无人机侦察的区域大小为19.44km^2。无人机2续航时间1.5h，开机更换电池所需时间为10min，所以，2h时间中有效侦察飞行时间也是1h50min，2h侦察的范围为35.58km^2。

由于固定翼无人机飞行模式单一，对于关注目标可以实施悬停侦察，难以深入复杂区域进行侦察，目标发现和目标识别的概率都有所降低。其中目标发现概率不小于80%，目标识别率不小于90%。

在环境适应性方面，根据无人机2实际作业情况统计，街道环境条件下，无人机目标发现概率为90%，楼宇环境条件下，无人机目标发现概率为80%，目标隐蔽环境条件下，无人机目标发现概率为60%，树林环境条件下，无人机侦察发现目标概率为80%。

无人机3是小型油动固定翼无人机，弹射（或滑跑）起飞、伞降回收，最大起飞重量60kg，续航时间6h，巡航速度30m/s，侦察作业飞行高度300～1000m。搭载变焦光电（红外、可见光）侦察吊舱，光电吊舱视场角为5°×5°～30°×

30°，像素为 1920 ×1080。目标发现距离不小于 6km，目标识别距离不小于 5km，目标定位误差不大于 50m。

假设无人机 3 以 1000m 高度，速度为 30m/s 飞行，那么 1s 侦察的区域大小计算为 0.016km^2，1h 无人机侦察的区域大小为 58.32km^2。飞机续航时间 6h，所以 2h 的侦察范围为 116.64km^2。

由于固定翼飞行高度高、飞行速度快，难以在复杂环境条件下飞行，目标发现和目标识别的概率都受到影响。其中目标发现概率不小于 90%，目标识别率不小于 90%。

在环境适应性方面，根据无人机 3 实际作业情况统计，街道环境条件下，无人机目标发现概率为 90%，楼宇环境条件下，无人机目标发现概率为 80%，目标隐蔽环境条件下，无人机目标发现概率为 70%，树林环境条件下，无人机侦察发现目标概率为 80%。

无人机 4 是小型油动固定翼无人机，火箭助推起飞、伞降回收，最大起飞重量 200kg，续航时间 8h，巡航速度 40m/s，侦察作业飞行高度 500 ~3000m。搭载变焦光电（红外、可见光）侦察吊舱，光电吊舱视场角为 3° ×3° ~30° ×30°，像素为 3840 ×2160，目标发现距离不小于 10km，目标识别距离不小于 8km，目标定位误差不大于 30m。激光测距，作用距离不小于 10km。搭载 SAR 雷达侦察设备，主要性能包括：目标发现距离不小于 30km，聚焦模式目标分辨率可达 0.3m ×0.3m，条带模式目标分辨率为 1.0m ×1.0m，目标定位误差不大于 30m。

假设无人机 4 以 2000m 高度，速度为 40m/s 飞行，那么 1s 侦察的区域大小计算为 0.043km^2，1h 无人机侦察的区域大小为 155.52km^2。飞机续航时间 8h，所以 2h 的侦察范围为 311.04km^2。

由于固定翼飞行高度高、飞行速度快，难以在复杂环境条件下飞行，但搭载了性能较高的光电侦察吊舱，并具有调焦功能，所以目标发现和目标识别概率都有所提高。其中目标发现概率不小于 90%，目标识别率不小于 90%。

在环境适应性方面，根据无人机 4 实际作业情况统计，街道环境条件下，无人机目标发现概率为 90%，楼宇环境条件下，无人机目标发现概率为 90%，目标隐蔽环境条件下，无人机目标发现概率为 85%，树林环境条件下，无人机侦察发现目标概率为 85%。

1）确定三级指标的权重

根据图 6 – 1 所示的无人机侦察指标体系，不同无人机实施城市侦察，与侦察效果相关的指标取值也是不同的，具体数值及其归一化处理结果如表 6 – 5 所列。

表 6-5 归一化处理结果

二级指标	三级指标	原始数据				规范化处理数据			
		无人机1	无人机2	无人机3	无人机4	无人机1	无人机2	无人机3	无人机4
侦察效果	目标发现	0.95	0.8	0.85	0.9	0.95	0.8	0.85	0.9
	目标识别	0.90	0.9	0.9	0.95	0.90	0.9	0.9	0.95
	目标定位	10m	50m	35m	30m	1.0	0.001	0.375	0.5

基于归一化数据，按照式（6-3）确定三级指标中各指标的比重 ρ_{ij}，具体数值如表 6-6 所列。

表 6-6 三级指标中各指标

二级指标	三级指标	规范化处理数据				$\rho_{ij}=\dfrac{x_{ij}}{\sum_{i=1}^{m}x_{ij}}$			
		无人机1	无人机2	无人机3	无人机4	无人机1	无人机2	无人机3	无人机4
侦察效果	目标发现	0.95	0.8	0.85	0.9	0.271	0.229	0.243	0.257
	目标识别	0.90	0.9	0.9	0.95	0.248	0.248	0.248	0.262
	目标定位	1.0	0.001	0.375	0.5	0.533	0.001	0.200	0.267

根据指标比重 ρ_{ij}，由式（6-6）、式（6-7）、式（6-8）分别求出各指标熵值 e_j、偏差值 a_j 和权重 w_j，如表 6-7 所列。

表 6-7 标熵值 e_j、偏差值 a_j 和权重 w_j

二级指标	三级指标	ρ_{ij}				指标		
		无人机1	无人机2	无人机3	无人机4	e_j	a_j	w_j
侦察效果	目标发现	0.271	0.229	0.243	0.257	0.999	0.001	0.004
	目标识别	0.248	0.248	0.248	0.262	1.0	0	0
	目标定位	0.533	0.001	0.200	0.267	0.733	0.267	0.996

由此可得，三级指标权重分别为 $w_{D131}=0.004$、$w_{D132}=0.0$、$w_{D133}=0.996$。

2）确定二级指标权重

对原始数据进行规范化处理，得到表6－8。

表6－8　原始数据进行规范化

一级指标	二级指标	原始数据				规范化处理数据			
		无人机1	无人机2	无人机3	无人机4	无人机1	无人机2	无人机3	无人机4
侦察能力	侦察范围	17.79	35.58	116.64	311.04	0.001	0.12	0.40	1.0
	侦察速度	9.72	19.44	58.32	155.52	0.001	0.133	0.4	1.0
	侦察效果	0.85	0.60	0.80	0.95	0.85	0.60	0.80	0.95
环境适应能力	街道环境	0.95	0.8	0.9	0.9	0.95	0.8	0.9	0.9
	楼群环境	0.90	0.7	0.8	0.9	0.90	0.7	0.8	0.9
	伪装环境	0.8	0.6	0.7	0.85	0.8	0.6	0.7	0.85
	树林环境	0.85	0.8	0.8	0.85	0.85	0.8	0.8	0.85

由规范化数据，利用式（6－2），得到每个二级指标的权重，如表6－9和表6－10所列。

表6－9　二级指标的权重A

一级指标	二级指标	规范化处理数据				ρ_{ij}			
		无人机1	无人机2	无人机3	无人机4	无人机1	无人机2	无人机3	无人机4
侦察能力	侦察范围	0.001	0.12	0.40	1.0	0.001	0.079	0.263	0.658
	侦察速度	0.001	0.133	0.4	1.0	0.001	0.087	0.26	0.652
	侦察效果	0.85	0.60	0.80	0.95	0.266	0.188	0.25	0.297
环境适应能力	街道环境	0.95	0.7	0.85	0.9	0.279	0.206	0.25	0.265
	楼群环境	0.90	0.7	0.8	0.95	0.269	0.209	0.239	0.284
	伪装环境	0.8	0.6	0.7	0.85	0.271	0.203	0.237	0.288
	树林环境	0.85	0.6	0.7	0.9	0.279	0.197	0.230	0.295

表 6-10　二级指标的权重 B

一级指标	二级指标	ρ_{ij}				指标		
		无人机 1	无人机 2	无人机 3	无人机 4	e_j	a_j	w_j
侦察能力	侦察范围	0.001	0.079	0.263	0.658	0.6017	0.3983	0.486
	侦察速度	0.001	0.087	0.26	0.652	0.6120	0.388	0.474
	侦察效果	0.266	0.188	0.25	0.297	0.9908	0.0092	0.011
环境适应能力	街道环境	0.279	0.206	0.25	0.265	0.9955	0.0045	0.0055
	楼群环境	0.269	0.209	0.239	0.284	0.9954	0.0046	0.0056
	伪装环境	0.271	0.203	0.237	0.288	0.9935	0.0065	0.0079
	树林环境	0.279	0.197	0.230	0.295	0.9914	0.0086	0.0105

这样得到二级指标权重，分别为 $w_{C11}=0.486$、$w_{C12}=0.474$、$w_{C13}=0.011$、$w_{C21}=0.006$、$w_{C22}=0.006$、$w_{C23}=0.008$、$w_{C24}=0.011$。

3）一级指标权重确定

通过对不同无人机侦察参数的计算，结合无人机使用过程的数据，得到不同无人机侦察能力、环境适应能力两个指标的数值，它们本身是归一化数据，不需进行规范化处理。由原始数据，根据式（6-3），求出各指标权重的比重，具体数据如表 6-11 所列。

表 6-11　一级指标的权重 A

一级指标	原始数据				ρ_{ij}			
	无人机 1	无人机 2	无人机 3	无人机 4	无人机 1	无人机 2	无人机 3	无人机 4
侦察能力	0.85	0.6	0.8	0.9	0.236	0.167	0.222	0.25
适应能力	0.95	0.6	0.7	0.85	0.306	0.194	0.226	0.274

由各权值的比重 ρ_{ij}，利用式（6-6）、式（6-7）、式（6-8），可计算得到每个一级指标的权重，如表 6-12 所列。

表 6-12　一级指标的权重 B

一级指标	ρ_{ij}				指标		
	无人机 1	无人机 2	无人机 3	无人机 4	e_j	a_j	w_j
侦察能力	0.236	0.167	0.222	0.25	0.9524	0.048	0.814
环境适应能力	0.306	0.194	0.226	0.274	0.9892	0.011	0.186

这样得到一级指标权重为 $w_{B1}=0.814$、$w_{B2}=0.186$。

同样，利用式（6－10），可得由熵信息确定的权重向量为

$$\boldsymbol{w}_K=[0.396, 0.386, 0, 0, 0.009, 0.001, 0.001, 0.001, 0.002] \quad (6-12)$$

3. 主客观加权确定指标权重

利用式（6－9），可以得到主客观加权确定最后的权值。如何确定主、客观之间的权重，目前还没有统一方法，这里采取不同权重进行组合，研究不同组合下的评估结果。分别将反映主观权重 w_Z 的权值 α 取得大些，将客观权重 w_K 的权重 β 取得小些，设 $\alpha=0.7$、$\beta=0.3$。这样就可以得到主客观综合赋权的表达式为

$$w=\alpha w_Z+\beta w_K \quad (6-13)$$

将式（6－11）、式（6－12）和相关数据代入式（6－13），可得到主客观加权确定各指标权重向量为

$$\boldsymbol{w}=[0.2084, 0.2362, 0.0882, 0.0560, 0.0447, 0.0668, 0.0507, 0.0857, 0.0650]$$
$$(\alpha=0.7、\beta=0.3)$$

$$\boldsymbol{w}=[0.2352, 0.2576, 0.0756, 0.0480, 0.0396, 0.0574, 0.0436, 0.0736, 0.0560]$$
$$(\alpha=0.6、\beta=0.4)$$

$$\boldsymbol{w}=[0.2620, 0.2790, 0.0630, 0.0400, 0.0345, 0.0480, 0.0365, 0.0615, 0.0470]$$
$$(\alpha=0.5、\beta=0.5)$$

$$\boldsymbol{w}=[0.2888, 0.3004, 0.0504, 0.0320, 0.0294, 0.0386, 0.0294, 0.0494, 0.0380]$$
$$(\alpha=0.4、\beta=0.6)$$

$$\boldsymbol{w}=[0.3156, 0.3218, 0.0378, 0.0240, 0.0243, 0.0292, 0.0223, 0.0373, 0.0290]$$
$$(\alpha=0.3、\beta=0.7)$$

6.4.4　无人机运用效能评估

利用主客观综合方法已经确定的权重，对 4 类无人机进行城市侦察的效能进行评估，4 类无人机针对各种评估指标的数值向量分别为

$$\boldsymbol{x}_1=[0.0010, 0.0010, 0.9500, 0.9000, 1.0000, 0.9500, 0.9000, 0.8000, 0.8500]$$
$$\boldsymbol{x}_2=[0.0120, 0.1330, 0.8000, 0.9000, 0.0010, 0.8000, 0.7000, 0.6000, 0.8000]$$
$$\boldsymbol{x}_3=[0.4000, 0.4000, 0.8500, 0.9000, 0.3750, 0.8000, 0.8000, 0.7000, 0.7000]$$
$$\boldsymbol{x}_4=[1.0000, 1.0000, 0.9000, 0.9500, 0.5000, 0.9000, 0.9000, 0.8500, 0.8500]$$

组合权重：$\alpha=0.7$、$\beta=0.3$ 条件下，各无人机侦察效能为

$$P_1=\boldsymbol{w}\cdot(\boldsymbol{x}_1)^{\mathrm{T}}=0.4122$$
$$P_2=\boldsymbol{w}\cdot(\boldsymbol{x}_2)^{\mathrm{T}}=0.3698$$
$$P_3=\boldsymbol{w}\cdot(\boldsymbol{x}_3)^{\mathrm{T}}=0.5228$$

$$P_4 = \boldsymbol{w} \cdot (\boldsymbol{x}_4)^{\mathrm{T}} = 0.8334$$

组合权重：$\alpha = 0.6$、$\beta = 0.4$ 条件下，各无人机侦察效能为

$$P_1 = \boldsymbol{w} \cdot (\boldsymbol{x}_1)^{\mathrm{T}} = 0.3554$$

$$P_2 = \boldsymbol{w} \cdot (\boldsymbol{x}_2)^{\mathrm{T}} = 0.3316$$

$$P_3 = \boldsymbol{w} \cdot (\boldsymbol{x}_3)^{\mathrm{T}} = 0.4938$$

$$P_4 = \boldsymbol{w} \cdot (\boldsymbol{x}_4)^{\mathrm{T}} = 0.8273$$

组合权重：$\alpha = 0.5$、$\beta = 0.5$ 条件下，各无人机侦察效能为

$$P_1 = \boldsymbol{w} \cdot (\boldsymbol{x}_1)^{\mathrm{T}} = 0.2985$$

$$P_2 = \boldsymbol{w} \cdot (\boldsymbol{x}_2)^{\mathrm{T}} = 0.2934$$

$$P_3 = \boldsymbol{w} \cdot (\boldsymbol{x}_3)^{\mathrm{T}} = 0.4648$$

$$P_4 = \boldsymbol{w} \cdot (\boldsymbol{x}_4)^{\mathrm{T}} = 0.8212$$

组合权重：$\alpha = 0.4$、$\beta = 0.6$ 条件下，各无人机侦察效能为

$$P_1 = \boldsymbol{w} \cdot (\boldsymbol{x}_1)^{\mathrm{T}} = 0.2416$$

$$P_2 = \boldsymbol{w} \cdot (\boldsymbol{x}_2)^{\mathrm{T}} = 0.2553$$

$$P_3 = \boldsymbol{w} \cdot (\boldsymbol{x}_3)^{\mathrm{T}} = 0.4359$$

$$P_4 = \boldsymbol{w} \cdot (\boldsymbol{x}_4)^{\mathrm{T}} = 0.8152$$

组合权重：$\alpha = 0.3$、$\beta = 0.7$ 条件下，各无人机侦察效能为

$$P_1 = \boldsymbol{w} \cdot (\boldsymbol{x}_1)^{\mathrm{T}} = 0.1847$$

$$P_2 = \boldsymbol{w} \cdot (\boldsymbol{x}_2)^{\mathrm{T}} = 0.2171$$

$$P_3 = \boldsymbol{w} \cdot (\boldsymbol{x}_3)^{\mathrm{T}} = 0.4069$$

$$P_4 = \boldsymbol{w} \cdot (\boldsymbol{x}_4)^{\mathrm{T}} = 0.8091$$

只利用主观权重进行无人机侦察效能评估，各无人机侦察效能为

$$P_1 = \boldsymbol{w} \cdot (\boldsymbol{x}_1)^{\mathrm{T}} = 0.5829$$

$$P_2 = \boldsymbol{w} \cdot (\boldsymbol{x}_2)^{\mathrm{T}} = 0.4843$$

$$P_3 = \boldsymbol{w} \cdot (\boldsymbol{x}_3)^{\mathrm{T}} = 0.6098$$

$$P_4 = \boldsymbol{w} \cdot (\boldsymbol{x}_4)^{\mathrm{T}} = 0.8516$$

只利用客观观权重进行无人机侦察效能评估，各无人机侦察效能为

$$P_1 = \boldsymbol{w} \cdot (\boldsymbol{x}_1)^{\mathrm{T}} = 0.0141$$

$$P_2 = \boldsymbol{w} \cdot (\boldsymbol{x}_2)^{\mathrm{T}} = 0.1026$$

$$P_3 = \boldsymbol{w} \cdot (\boldsymbol{x}_3)^{\mathrm{T}} = 0.3199$$

$$P_4 = \boldsymbol{w} \cdot (\boldsymbol{x}_4)^{\mathrm{T}} = 0.7909$$

从表 6 – 13 可以看出，不同的主客观组合权重，会得到不同的结果。当以主观权重为主时，4 类无人机运用效能评估排序为 $P_4 > P_3 > P_1 > P_2$，当以熵信息客

观权重为主时，评估的 4 类无人机运用效能评估排序为 $P_4>P_3>P_1>P_2$。一方面，无人机 4、无人机 3 的性能明显高于无人机 1、无人机 2，不管主观、客观组合权重如何变化，其排序总是处于第一、第二的位置；另一方面，无人机 1、2 性能差距不大，各有优劣，无人机 1 在侦察效果方面要好于无人机 2，但飞行速度慢、侦察范围小等方面不及无人机 2。此外，有关无人机 1、2 的反映性能的客观数据也比较少，难以对其进行准确的定量描述，所以效能评估结果出现偏差。

表 6－13　评估结果汇总表

条件	无人机评估效能				无人机运用效能评估排序
	无人机 1	无人机 2	无人机 3	无人机 4	
$\alpha=1.0$，$\beta=0.0$	0.5829	0.4843	0.6098	0.8516	$P_4>P_3>P_1>P_2$
$\alpha=0.7$，$\beta=0.3$	0.4122	0.3698	0.5228	0.8334	$P_4>P_3>P_1>P_2$
$\alpha=0.6$，$\beta=0.4$	0.3554	0.3316	0.4938	0.8273	$P_4>P_3>P_1>P_2$
$\alpha=0.5$，$\beta=0.5$	0.2985	0.2934	0.4648	0.8212	$P_4>P_3>P_1>P_2$
$\alpha=0.4$，$\beta=0.6$	0.2416	0.2553	0.4359	0.8152	$P_4>P_3>P_2>P_1$
$\alpha=0.3$，$\beta=0.7$	0.1847	0.2171	0.4069	0.8091	$P_4>P_3>P_2>P_1$
$\alpha=0.0$，$\beta=1.0$	0.0141	0.1026	0.3199	0.7909	$P_4>P_3>P_2>P_1$

从效能的具体值可看出，利用主客观组合赋权，无人机效能更能反映真实情况，当（$\alpha=0.6$，$\beta=0.4$）和（$\alpha=0.5$，$\beta=0.5$）及（$\alpha=0.4$，$\beta=0.6$）时，效能评估值基本正确，能够反映它们之间的效能关系。单纯利用主观赋权或客观赋权都有一些误差，特别是实验数据不充分的时候，客观赋权会带来偏差。具体如何组合还要根据具体情况进行具体确定。

6.5　本章小结

本章深入探讨了结合 G1 法与熵值法进行无人机运用效能评估的综合赋权策略。首先，G1 法作为主观赋权法的代表，充分利用专家的深厚经验与专业知识，通过构建评价指标的重要性排序，直接计算出各指标的权重，有效避免了构建复杂判断矩阵及一致性检验的繁琐步骤，使评估过程更加简洁、高效。

随后，熵值法作为客观赋权法的典范，引入信息论中的熵概念，精准量化各指标所提供的信息量，通过计算熵值、差异性系数及权重，客观反映了数据本身的动态变化特性，为评估结果增添了科学性与客观性。

为克服单一赋权方法的局限性，本章创新性地提出了将 G1 法与熵值法相结合的综合赋权思路。该方法通过线性加权机制，巧妙融合了专家的主观判断与数据的客观信息，既保留了专家经验的宝贵价值，又确保了评估结果的公正性与准确性，为无人机效能评估领域带来了新的视角与解决方案。

在具体应用案例中，以无人机城市侦察任务为背景，构建了全面、系统的评估指标体系，并分别运用 G1 法与熵值法确定了主观与客观权重。通过调整主客观权重的不同组合比例，进行了多轮效能评估，结果展示了不同权重配置对评估排序的影响。分析表明，尽管权重组合变化会导致具体评估数值的差异，但总体上能够准确反映各无人机之间的性能优劣。同时，也指出了在数据不充分的情况下，单纯依赖客观赋权可能引入的偏差，强调了综合赋权法的必要性与优势。

参考文献

[1]黄镇繁. 基于 G1 法的建设工程评定分离招投标改进研究[D]. 广州:暨南大学,2019.

第 7 章　模糊层次分析法无人机运用效能评估

层次分析法（analytic hierarchy process，AHP）是运筹学中用于决策性分析的一种量化因素权重的方法，它能够以定性与定量相结合的方法考虑各个目标影响因子的权值，从而以数值计算的方式确定决策分析类问题的数学模型。早在20 世纪 70 年代末，为了解决复杂的决策性问题，美国教授 T. L. Saaty 提出了层次分析法，旨在将人主观性的决策以数值化、书面化的方式表达，从而以数学公式的形式加强了决策问题中的理论说服性，其主要基于需要决策的社会性问题，通过分析对其结果有影响的因素，以系统的、简便的分析步骤，相互比较该决策问题的影响因子，进而获得其影响程度的大小排序，再结合专家等权威人士的感知标准，最终得到各影响因素的权重。

由于人类感知具有不确定性，人类的判断和偏好无法用数据化的方式进行准确表示。而在决策性问题的求解中忽视人类的这种模糊性判断模式就有可能会导致决策出现错误。因此，为了解决这种模糊性和不确定性的问题，并将人的判断准确地转化为比例尺度，模糊层次分析法有效地结合了层次分析法和模糊评价法，其利用模糊评价法的模糊性问题思维性量化的特点，能够使用数值化的评估方式帮助人们评估主观性强的决策性问题。模糊层次分析法对比于层次分析法，其判别矩阵具有模糊性，通过模糊比较矩阵计算权重，然后利用模糊比较矩阵对各影响因素进行排序，并按各影响因素对各指标的权重进行排序。

层次分析法擅长处理评价指标相互存在关系的复杂情况。模糊综合评价法可有效地将模糊指标进行量化，对研究对象进行具体评分，形成总体评价结论。此外，在很多工程实际效能评价、决策中，很多都涉及环境、人员、工作模式等因素，它们都有模糊现象、模糊逻辑与模糊概念的问题。所以，基于两个方法综合应用的模糊层次分析法可以较好地作为研究对象评价的综合评价方法。本章重点采用模糊层次分析法（F – AHP 法）对无人机运用方案进行综合评价，为提高无人机运用效能提供支撑。

7.1　模糊集理论

1965 年美国加州大学伯克利分校电气工程系的 L. A. Zadeh（扎德）教授提

出并发表了模糊集合理论，率先写出了含糊性的问题。在他的论证分析过程中，首次定义了模糊概念中的定量分析方法。随后别尔曼（Beulnan）提出了模糊集理论优化的概念。这套数学理论包含模糊集合的基本概念和连续隶属度函数的理论。它可分类为模糊数学、模糊系统、不确定性和信息、模糊决策、模糊逻辑与人工智能这5个分支，这五大分支之间有着相互交叉和紧密的联系。随着科技的发展及该理论的广泛应用，不断显示出了其勃勃的生命力。

7.1.1 模糊集的概念

模糊集合是指一个集合，在这个集合中的所有个体都具有某种特定属性。当这个集合中的元素所表达描述的事物具有某种相同的模糊性时，称这个模糊性就是该集合的一种特定属性。我们对这个模糊集合中的元素进行一一赋值，将感性的模糊性质予以定量化，以这些数值用以表示模糊集合中各元素指标的关联程度。

模糊性问题有“身高高的人和身高矮的人”“年轻人和老年人”“优质和劣质”等彼此直接有区别但是不存在明显可以度量的界限，或者说概念的边界是不明确也不可能明确的，则把这类边界不明确的概念统称为模糊概念。

传统的事件分类中，把事物直接的内在关系可以用一个具体的函数关系式来明确，此类事件称为“绝对相关事件群”；当事物直接的内在关系无明显的绝对或相对关系时，此类事件称为“绝对无关事件群”。但是模糊关系是第三种也是最常见的事件关系：事件群的事物之间不是绝对相关关系，也不是绝对无关关系。一般只能使用适宜、较适宜或者不推荐等给予评价。当事件群中的单一事件与彼此之间具有关联的关系，但是这种关系又不能用数学确定函数来明确界定和表示，则只能使用模糊数学的关系来表示。

某个模糊数学的集合使用一个数学向量来表示，把一般的模糊数集表示为子集 A:$A=(u_1,u_2,\cdots,u_n)$其中 u_i 取值为0~1，表示第 i 个元素相对于所列的这个模糊子集 A 的关联度。

7.1.2 模糊关系

假设3个模糊集合 U、V、R，其中集合 R 为表示从 U 到 V 模糊关系直积集 $U\times V$中的某个模糊子集，记为

$$
\begin{gathered}
U \xrightarrow{R} V \\
R \subseteq U\times V=\{(u,v)\mid u\in U,v\in V\}
\end{gathered}
\tag{7-1}
$$

式中：模糊关系 R 表示集合 U 中的元素 u_i 和集合 V 中元素 v_j 隶属于 R 的程度，

称为 $u_r(u_i,v_j)$。

7.1.3　直积集

假设存在两个模糊数集 A 和 B，其中 $A=(a_1,a_2,\cdots,a_m)$（m 为一个正整数），$B=(b_1,b_2,\cdots,b_n)$（n 为一个正整数）。从集合 A 和 B 中各取出一个元素组成一个序列（a_j，b_j），对于所有的数列组成的这个集合，记为

$$A\times B=\{(a_i,b_j)\mid a_i\in A,b_j\in B\} \tag{7-2}$$

式（7-2）称为集合 A 与集合 B 的直积集。

7.1.4　模糊关系之合成

模糊矩阵之间的乘法运算称为一个模糊关系的合成。假设一个模糊矩阵 $\boldsymbol{C}=[c_{ij}]_{m\times n}$是 $\boldsymbol{A}=[a_{ij}]_{m\times p}$和 $\boldsymbol{B}=[b_{ij}]_{p\times n}$的乘积，记为

$$\boldsymbol{C}=\boldsymbol{A}*\boldsymbol{B} \tag{7-3}$$

其中

$$c_{ij}=\max_k\min(a_{ik},b_{kj})=\bigvee_{k=1}^{p}(a_{ik}\wedge b_{kj}) \tag{7-4}$$

式中：$i=1,2,\cdots,m$；$j=1,2,\cdots,n$。

7.2　模糊一致矩阵的定义及其性质

7.2.1　模糊矩阵

当这个矩阵 $\boldsymbol{R}$ 表达两个模糊集合之间的关系且矩阵中的元素 r_{ij}在区间［0，1］中取值时，则称这个矩阵为模糊矩阵。记为

$$\boldsymbol{R}=[r_{ij}]_{m\times n}=\begin{pmatrix} r_{11} & r_{12} & \cdots & r_{1n}\\ r_{21} & r_{22} & \cdots & r_{2n}\\ \vdots & \vdots & \ddots & \vdots\\ r_{m1} & r_{m2} & \cdots & r_{mn}\end{pmatrix} \tag{7-5}$$

式中：元素 $r_{ij}(i=1,2,\cdots,m;j=1,2,\cdots,n)$表达 $\boldsymbol{A}$ 中的第 i 个指标和 $\boldsymbol{B}$ 中的第 j 个指标之间的关系，也称为隶属于模糊关系 $\boldsymbol{R}$ 的度量值。

7.2.2　模糊互补矩阵

若模糊矩阵 $\boldsymbol{R}=(r_{ij})_{n\times n}$满足

$$r_{ij}+r_{ji}=1\quad(i、j=1,2,\cdots,n) \tag{7-6}$$

则称模糊矩阵 $\boldsymbol{R}$ 是模糊互补矩阵。

7.2.3 模糊一致矩阵

若模糊互补矩阵 $\boldsymbol{R}=(r_{ij})_{n\times n}$满足

$$r_{ij}+r_{ji}=r_{ik}-r_{jk}+0.5 \quad (i、j、k=1,2,\cdots,n) \tag{7-7}$$

则称模糊互补矩阵 $\boldsymbol{R}$ 是模糊一致矩阵。

模糊一致矩阵的性质 设模糊矩阵 $\boldsymbol{R}=(r_{ij})_{n\times n}$是模糊一致矩阵，则有以下几个性质：

（1）$r_{ii}=0.5 \quad (i=1,2,\cdots,n)$；

（2）$r_{ij}+r_{ji}=1 \quad (i、j=1,2,\cdots,n)$；

（3）$\boldsymbol{R}$ 的第 i 行和第 j 列元素之和为 n；

（4）$\boldsymbol{R}^{\mathrm{T}}=\boldsymbol{R}^{\mathrm{C}}$均为模糊一致矩阵，其中 $\boldsymbol{R}^{\mathrm{T}}$ 是 $\boldsymbol{R}$ 的转置矩阵，$\boldsymbol{R}^{\mathrm{C}}$是 $\boldsymbol{R}$ 的余矩阵；

（5）从 $\boldsymbol{R}$ 中划掉任意一行及其对应列所得的子矩阵仍然是模糊一致矩阵。

（6）$\boldsymbol{R}$ 满足中分传递性，即

当 $\lambda\geqslant0.5$ 时，若 $r_{ij}\geqslant\lambda$，$r_{jk}\geqslant\lambda$ 则有 $r_{ik}\geqslant\lambda$；

当 $\lambda\leqslant0.5$ 时，若 $r_{ij}\leqslant\lambda$，$r_{jk}\leqslant\lambda$ 则有 $r_{ik}\leqslant\lambda$。

定理 7-1 模糊互补矩阵 $\boldsymbol{R}=(r_{ij})_{n\times n}$是模糊一致矩阵的充要条件是，任意指定行和其余各行对应元素之差为某一个常数。

7.2.4 用模糊一致矩阵表示因素间两两重要性比较的基本原理

在模糊数学中，模糊矩阵是模糊关系的矩阵表示。若论域 $\boldsymbol{U}=\{a_1,a_2,\cdots,a_n\}$上的模糊关系“…比…重要得多”的矩阵表示为模糊矩阵 $\boldsymbol{R}=(r_{ij})_{n\times n}$，则 $\boldsymbol{R}$ 的元素具有以下实际意义。

（1）r_{ij}的大小是 a_i 比 a_j 重要的重要程度的度量，且 r_{ij}越大，a_i 比 a_j 就越重要，$r_{ij}>0.5$，表示 a_i 比 a_j 重要。反之，若 $r_{ij}<0.5$，则表示 a_j 比 a_i 重要。

（2）由余的定义可知 $1-r_{ij}$表示 a_i 不比 a_j 重要的隶属度，而 a_i 不比 a_j 重要，则 a_j 比 a_i 重要，又因 a_j 比 a_i 重要的隶属度为 r_{ji}，故 $r_{ji}=1-r_{ij}$，即 $\boldsymbol{R}$ 是模糊互补矩阵。特别地，当 $i=j$ 时有 $r_{ii}=0.5$，也即元素同自身进行重要性比较时，重要性隶属度为 0.5。

（3）若人们在确定一元素比另一个元素重要的隶属度的过程中具有思维的一致性，则应有：若 $r_{ij}>0.5$，即 a_i 比 a_j 重要，则 $r_{ij}>r_{ji}$。另一方面 $r_{ik}-r_{jk}$是 a_i 比 a_j 相对重要的一个度量，再加上 a_j 自身比较重要性的度量为 r_{jj}，则可得 a_i 比 a_j 绝对重要的度量 r_{ij}，即 $r_{ij}=r_{ik}-r_{jk}+r_{jj}=r_{ik}-r_{jk}+0.5$，也即 $\boldsymbol{R}=(r_{ij})_{n\times n}$应是模

糊一致矩阵。

根据以上分析可以看出，用模糊一致矩阵 $\boldsymbol{R}=(r_{ij})_{n\times n}$ 表示论域 $\boldsymbol{U}=\{a_1, a_2,\cdots,a_n\}$ 上的模糊关系“…比…重要得多”是合理。

(4) 表示因素间两两重要性比较的模糊一致矩阵同表示因素重要程度权重之间的关系。设表示元素 a_1，a_2，…，a_n 两两比较重要程度的模糊判断矩阵为 $\boldsymbol{R}=(r_{ij})_{n\times n}$，元素 a_1，a_2，…，a_n 的权重分别为 w_1，w_2，…，w_n，r_{ij}表示元素 a_i 比元素 a_j 重要的隶属度，r_{ij}越大 a_i 就比 a_j 越重要，$r_{ij}=0.5$ 时，表示 a_i 和 a_j 同等重要。另外，由权重的定义知，w_i 是对元素 a_i 的重要程度的一种度量，w_i 越大，元素 a_i 就越重要。因而 w_i-w_j 的大小在一定程度上也表示了元素 a_i 比 a_j 重要的程度，w_i-w_j 越大，a_i 比 a_j 就越重要。这样，通过两两比较得到的元素 a_i 比 a_j 重要的重要程度度量 r_{ij}同 w_i-w_j 可建立一定的联系，这种联系用函数 f 表示，即 $r_{ij}=f(w_i-w_j)$。

可以推导出 f 函数具有以下表达式，即

$$r_{ij}=0.5+\alpha(w_i-w_j) \tag{7-8}$$

当 $w_i-w_j=1$ 时 $r_{ij}=0.5+\alpha$，所以，α 是元素 a_i 和 a_j 重要程度差异（w_i-w_j）的度量单位，它的大小直接反映了决策者的意志趋向，α 越大，表明决策者非常重视元素间重要程度的差异，α 越小，表明决策者不非常重视元素间重要程度的差异，基于这种分析，在实际决策分析中可以根据决策者的态度，选择稍大或稍小一点的 α。另外，根据，隶属度定义可知，要求 $\alpha\leqslant0.5$。

1. 模糊一致判断矩阵的建立

定义 7－1　设存在指标因素集 $F=\{a_1,a_2,\cdots,a_n\}$，若矩阵 $\boldsymbol{R}=(r_{ij})_{m\times n}$。满足以下条件：

(1) $0\leqslant r_{ij}\leqslant1$ （$i=1, 2, \cdots, n$; $j=1, 2, \cdots, n$）；

(2) $r_{i1}=0.5$；

(3) $r_{ij}+r_{ji}=1$。

则称 $\boldsymbol{R}$ 为模糊互补判断矩阵。其中 r_{ij}表示指标因素 a_i 比 a_j 重要的隶属度，r_{ij}越大，表示 a_i 比 a_j 越重要。

若模糊互补判断矩阵 $\boldsymbol{R}=(r_{ij})_{m\times n}$对于 i、$j=1,2,\cdots,n$，存在 $r_{ij}=r_{ik}-r_{kj}+0.5$，则 $\boldsymbol{R}$ 为模糊一致判断矩阵。特别地，$\boldsymbol{R}$ 中任一元素均可由其第一行元素描述为$r_{ij}=r_{ik}-r_{kj}+0.5(i、j=1,2,\cdots,n)$。

定理 7－2　设 $\boldsymbol{W}=(w_1,w_2,\cdots,w_n)^{\mathrm{T}}$ 为模糊互补判断矩阵 $\boldsymbol{R}=(r_{ij})_{m\times n}$的权重向量，若 $r_{ij}=r_{ik}-r_{kj}+0.5$，则 $\boldsymbol{R}=(r_{ij})_{m\times n}$为模糊一致判断矩阵。

模糊一致判断矩阵 $\boldsymbol{R}$ 表示针对上一层某元素，本层次与之有关元素之间相对重要性的比较。假定上一层次的元素 A 同下一层次中的元素 a_1，a_2，…，a_n 有联

系，表示为

$$
\begin{array}{c|cccc}
A & a_1 & a_2 & \cdots & a_n \\
\hline
a_1 & r_{11} & r_{12} & \cdots & r_{1n} \\
a_2 & r_{21} & r_{22} & \cdots & r_{2n} \\
\vdots & \vdots & \vdots & \ddots & \vdots \\
a_n & r_{n1} & r_{n2} & \cdots & r_{nn}
\end{array} \tag{7-9}
$$

模糊一致判断矩阵可表示为

$$
\boldsymbol{A}=\begin{pmatrix} r_{11} & r_{12} & \cdots & r_{1n} \\ r_{21} & r_{22} & \cdots & r_{2n} \\ \vdots & \vdots & \ddots & \vdots \\ r_{m1} & r_{m2} & \cdots & r_{mn} \end{pmatrix} \tag{7-10}
$$

元素 r_{ij}具有以下实际意义：r_{ij}表示元素 a_i 和元素 a_j 相对于元素 C 进行比较时，元素 a_i 和元素 a_j 具有模糊关系“…比…重要得多”的隶属度。为了使任意两个评估对象关于某准则的相对重要程度得到定量描述，可采用模糊层次分析法 0.1 ~0.9 标度法给予数量标度，如表 7 – 1 所列。

表 7 – 1　模糊层次分析法中 0.1 ~ 0.9 标度含义

标度	定义	说明
0.5	同等重要	两元素相比较，两者同等重要
0.6	稍微重要	两元素相比较，前者比后者稍微重要
0.7	明显重要	两元素相比较，前者比后者明显重要
0.8	重要得多	两元素相比较，前者比后者重要得多
0.9	极端重要	两元素相比较，前者比后者极端重要
0.1、0.2、0.3、0.4	反比较	若元素 a_i 与元素 a_j 相比较得到判断 r_{ij}， 则元素 a_j 与元素 a_i 相比较得到判断 $r_{ji}=1-r_{ij}$

根据 0.1 ~0.9 标度含义，元素 a_1，a_2，…，a_n 相对于上一层元素 A 进行比较，可得到模糊判断矩阵，即

$$
\boldsymbol{R}=[r_{ij}]_{m\times n}=\begin{pmatrix} r_{11} & r_{12} & \cdots & r_{1n} \\ r_{21} & r_{22} & \cdots & r_{2n} \\ \vdots & \vdots & \ddots & \vdots \\ r_{m1} & r_{m2} & \cdots & r_{mn} \end{pmatrix} \tag{7-11}
$$

2. 模糊判断矩阵转换为模糊一致性判断矩阵的方法

虽然模糊一致性矩阵的一致性特征能够反映基于人们主观判断的思维一致性，但在实际的决策性问题中，基于所要分析的决策性问题复杂程度高、不同人群的认知上具有差异性与片面性等问题，往往导致构建出的模糊判断矩阵为非一致性矩阵，这时就需要使用一些调整方法将模糊判断矩阵变换为模糊一致性矩阵。

可采用进行模糊判断矩阵的一致化，模糊判断矩阵转化为一致性模糊判断矩阵的方法如下。

1）方法一：行和转换法。

（1）对构建好的非一致性模糊判断矩阵每行元素 r_{ij} 进行求和运算，求矩阵行和的计算公式为

$$r_i = \sum_{j=1}^{n} r_{ij} \quad (i = 1,2,\cdots,n;j = 1,2,\cdots,m) \tag{7-12}$$

（2）需要重构模糊判断矩阵，基于上一步中求得的各行之和 r_i，按照式（7-13）重构矩阵元素 r_{ij}，其具体计算公式为

$$r_{ij} = \frac{r_i - r_j}{2n} + 0.5 \tag{7-13}$$

重构后的模糊判断矩阵即为模糊一致性矩阵。

2）方法二：按行进行适当调整。

（1）确定一个同其余元素的重要性相比较得出的判断有把握的元素，不失一般性，设决策者认为对判断 r_{11}，r_{12}，…，r_{1n} 比较有把握。

（2）用 $\boldsymbol{R}$ 的第一行元素减去第二行对应元素，若所得的 n 个差为常数，则不需调整第二行元素；否则对其调整。调整方法如下。

由 $\boldsymbol{R}$ 的性质 $r_{ij} = 1 - r_{ji}$ 可得，$r_{11} + r_{22} = r_{12} + r_{21} = 1$。可得

$r_{11} - r_{21} = r_{12} - r_{22} = \mathrm{a}$(常数)，则有 $r_{23} = r_{13} - a, r_{24} = r_{14} - a, \cdots, r_{2n} = r_{1n} - a$

这样第二行调整完毕。

（3）同理，用 $\boldsymbol{R}$ 的第一行元素减去第三行的对应元素，若所得的 n 个差为常数，则不需调整第三行元素；否则，对其调整。调整方法如下。

由 $\boldsymbol{R}$ 的性质 $r_{ij} = 1 - r_{ji}$ 可得，$r_{11} + r_{33} = r_{13} + r_{31} = 1$。可得

$r_{11} - r_{31} = r_{13} - r_{33} = b$(常数)，则有 $r_{32} = r_{12} - b, r_{34} = r_{14} - b, \cdots, r_{3n} = r_{1n} - b$

这样第二行调整完毕。

（4）同理，用 $\boldsymbol{R}$ 的第一行元素减去第 k（$k = 2, 3, \cdots, n$）行的对应元素，若所得的 n 个差为常数，则不需调整第 k 行元素；否则，对其调整。调整方法如下。

由 $\boldsymbol{R}$ 的性质 $r_{ij}=1-r_{ji}$ 可得 $r_{11}+r_{kk}=r_{1k}+r_{k1}=1$ 可得，$r_{11}-r_{k1}=r_{1k}-r_{kk}=c$（为常数），则有 $r_{k2}=r_{12}-b, r_{k3}=r_{13}-b, \cdots, r_{kn}=r_{1n}-b(j、k=2,3,\cdots,n,j\neq k)$

这样第 k 行调整完毕。

该方法通过对模糊一致矩阵的性质及其充要条件（任意指定两行对应元素之差为常数）的深入研究，给出了如何从模糊互补判断矩阵得到模糊一致判断矩阵，该方法简便实用，具有很强的可操作性。

3. 各元素权重的确立

如果缺乏相关实验数据，各评价指标中各元素的权重可采用层次分析法确定。还可以采用以下两种方法确定。

1）基于转换系数的线性函数

由模糊一致判断矩阵 $\boldsymbol{R}$，求元素 a_1，a_2，…，a_n 的权重 w_1，w_2，…，w_n。

定理 7-3 若 $\boldsymbol{R}=(r_{ij})_{m\times n}$ 是模糊一致判断矩阵，则指标因子的权重计算式为

$$w_i=\frac{1}{n}-\frac{1}{2a}+\frac{1}{na}\sum_{k=1}^{n}r_{ik}\quad(i=1,2,\cdots,n)\tag{7-14}$$

a 为线性转换系数，$a\geqslant(n-1)/2$，通常取 $a=(n-1)/2$。此时有

$$w_i=\frac{\left(2\sum_{k=1}^{n}r_{ik}\right)-1}{n(n-1)}\quad(i=1,2,\cdots,n)\tag{7-15}$$

证明：根据模糊一致判断矩阵的性质，有

$$r_{ij}=0.5+\alpha(w_i-w_j)\quad\left(\alpha\geqslant\frac{n-1}{2}\right)\tag{7-16}$$

$$r_{ij}=r_{ik}-r_{jk}+0.5\tag{7-17}$$

联立这两个方程，可得

$$w_i=\frac{1}{\alpha}\left(r_{ik}-\frac{1}{2}\right)+w_k\tag{7-18}$$

考虑到 $\sum_{k=1}^{n}w_i=1$，所以对式（7-18）两边按 k 进行求和，得到

$$w_i=\frac{1}{n}-\frac{1}{2\alpha}+\frac{1}{n\alpha}\sum_{k=1}^{n}r_{ik}\tag{7-19}$$

其中 $\alpha\geqslant\frac{n-1}{2}$；$-\frac{1}{n-1}\leqslant w_i-w_j\leqslant\frac{1}{n-1}$。

2）行和归一化方法

该方法具有计算简易性、结果精确等优点，其具体的计算公式为

$$w_i = \frac{\sum_{j=1}^{n} r_{ij}}{\sum_{k=1}^{n}\sum_{j=1}^{n} r_{ij}} \quad (i = 1,2,\cdots,n) \tag{7-20}$$

这样反映每个因素的权向量为 $\boldsymbol{W}=(w_1,w_2,\cdots,w_i,\cdots,w_n)$

如果由 m 个专家给出模糊互补判断矩阵 $\boldsymbol{A}_k=(r_{ij}^{(k)})_{m\times n}$，其中 $k=1,2,\cdots,m$。基于第 i 位专家给出的判断矩阵，求出对应的权向量 $\boldsymbol{w}_i$，然后对每个专家的权向量进行加权平均，得到最终的权向量为$\bar{\boldsymbol{w}}_i$，满足

$$\bar{w}_i = \sum_{k=1}^{m} \lambda_k w_i \quad (i = 1,2,\cdots,n) \tag{7-21}$$

式中：λ_k 为不同专家之间的权重，$\sum_{k=1}^{m}\lambda_k = 1,\lambda_k > 0$。

专家的权值可以根据每个专家的专业领域、经验丰富程度来确定。

7.3　模糊层次分析法主要步骤

层次分析法大致包括 4 个步骤：①建立评价指标体系；②构建判断矩阵；③确定指标权重；④一致性检验。形成的指标集为 $\boldsymbol{A}=(B_1,B_2,B_3,\cdots,B_n)$。指标集中的各个元素的权重，即 $\boldsymbol{W}=(w_1,w_2,w_3,\cdots,w_n)$。

模糊综合评价法是在层次分析法完成以上步骤后，再继续通过以下 3 个步骤完成最终综合评价，这 3 个步骤包括：①建立评价语集（备择集）；②模糊综合评判；③评判指标考核。

7.3.1　确定评价语集

模糊综合评价法通过制定评价指标的评价等级标准，实现定性评价到定量评价的转化。评价对象评价的结果可按需划分为若干个等级，一般都在 3 个以上，形成模糊综合评价语集 $\boldsymbol{E}=(E_1,E_2,E_3,\cdots,E_m)$，从左到右分别表示对对象指标的评价情况。满意程度、实现程度依次递减或递增，典型的评价语有优秀、良好、中等、较差、差等。

7.3.2　建立模糊关系矩阵

通过对指标集 $\boldsymbol{A}$ 中的单个因素确定评判对象对应评价集中的隶属程度，得到模糊关系矩阵 $\boldsymbol{R}$。矩阵中的 r_{ij}表示评价总体目标的指标集对于模糊综合评价语集 $\boldsymbol{E}$ 的隶属度，即

$$\boldsymbol{R}=\begin{pmatrix} r_{11} & r_{12} & \cdots & r_{1m} \\ r_{21} & r_{22} & \cdots & r_{2m} \\ \vdots & \vdots & \ddots & \vdots \\ r_{n1} & r_{n2} & \cdots & r_{nm} \end{pmatrix} \tag{7-22}$$

7.3.3 模糊综合评判

利用权重集 $\boldsymbol{W}$ 和单因素评判矩阵 $\boldsymbol{R}$，通过模糊变换 $\boldsymbol{B}=\boldsymbol{W}\cdot\boldsymbol{R}$ 来进行综合评判，得到模糊评价集 $b_j(j=1,2,\cdots,n)$。根据综合分析评判结果，b_j 集合中最大值对应的等级，即为模糊评判对应的评判等级，完成单因素的评估。

模糊评价指标清晰化。模糊综合评估的结果 $\boldsymbol{B}=(b_1,b_2,\cdots,b_n)$ 是一个模糊向量，它代表的是评价对象隶属于各个评价等级的隶属度，而最终评价仍需要一个清晰直观的具体数值作为评价结论，才能使最终的评价意义明确。因此，还需要将该结果向量转化为数值，称为向量去模糊化。

常见的模糊向量反模糊化方法有最大隶属度法、重心法及等级参数法等。其中，最大隶属度法只关注 $b_j(j=1,2,\cdots,n)$ 中的最大者所代表的评价作为对系统的最终评价，可以节约计算时间，快速、直观地对评估对象最终的风险等级进行判断，因此，很多工程应用中多采用最大隶属度法对最终的模糊评估结果进行清晰化。

以两级模糊评价过程为例，对模糊综合评判过程步骤进行详细说明。

7.4 基于层次分析法的模糊综合评价具体过程

首先介绍二级模糊综合评价的基本过程，其次介绍多层次模糊综合评判的具体步骤。

7.4.1 建立一个评价指标集

通常认定影响方案评价的所有指标集为 $\boldsymbol{U}$。将 $\boldsymbol{U}$ 中的指标根据其内在性质分为 m 类，即 $\boldsymbol{U}$ 存在 m 个子集

$$\boldsymbol{U}=\{u_1,u_2,\cdots,u_m\} \tag{7-23}$$

式中：$u_i(i=1,2,\cdots,m)$ 为其中第 i 类的指标子集。

设第 i 类的指标子集中存在 n 个评价指标，即

$$u_i=\{u_{i1},u_{i2},\cdots,u_{in}\} \tag{7-24}$$

式中：$u_{ij}(i=1,2,\cdots,m;j=1,2,\cdots,n)$ 为第 i 类指标里面的第 j 个评判指标。

7.4.2 构建方案集 V

方案集为所有存在的待评价方案的集合，$\boldsymbol{V}=\{v_1,v_2,\cdots,v_p\}=\{v_k\}$，$v_k(k=1,2,\cdots,p)$ 表示第 k 个待评方案。

7.4.3 单指标模糊评价（第一级模糊综合评价）

假设待评价方案按照第 i 类、第 j 个指标 u_{ij} 逐一进行评价，u_{ij} 相对于方案集合中的方案 k 隶属度大小为 $r_{ijk}(i=1,2,\cdots,n;j=1,2,\cdots,m;k=1,2,\cdots,p)$，则 u_{ij} 对于方案集 v 存在单指标评价结果，即

$$\boldsymbol{R}_{ij}=\{r_{ij1},r_{ij2},\cdots,r_{ijp}\} \tag{7-25}$$

同理，依次求出指标集合中第 i 类中的其他各个指标相对于方案集 $\boldsymbol{V}$ 评价结果。

将 $\boldsymbol{R}_{ij}$ 进行行排列，可以得到第 i 类指标的评价矩阵 $\boldsymbol{R}_i$

$$\boldsymbol{R}_i=\begin{pmatrix} r_{i11} & r_{i12} & \cdots & r_{i1p} \\ r_{i21} & r_{i22} & \cdots & r_{i2p} \\ \vdots & \vdots & \ddots & \vdots \\ r_{in1} & r_{in2} & \cdots & r_{inp} \end{pmatrix}_{n\times p} \tag{7-26}$$

式中：$\boldsymbol{R}_i$ 也可以称为这个第 i 类指标的一级评判矩阵（判断矩阵是用隶属度描述了 i 类指标集中各指标与各方案之间的关系）。

第 i 类指标子集合中的各指标相对于方案集的评价影响不尽一致，则应对其赋对应的不同权重数值。假设 $w_{ij}(i=1,2,\cdots,m;j=1,2,\cdots,n)$ 为第 i 类、第 j 个指标 u_{ij} 的权重值。由上述可以得到第 i 类指标子数集中有以下的各指标权重集，即

$$\boldsymbol{W}_i=\{w_{il},w_{i2},\cdots,w_{in}\}$$

将 $\boldsymbol{B}_{1i}$ 记为这个一级模糊综合评价的最终结果数集，其中“1”代表一级评判，“i”代表按第 i 类指标子数集中各指标进行评判结果。可以得出 $\boldsymbol{B}_{1i}$ 的表达式为

$$\begin{aligned} B_{1i} &= W_i * \boldsymbol{R}_i \\ &= \{W_{i1},W_{i2},\cdots,W_{in}\} * \begin{pmatrix} r_{i11} & r_{i12} & \cdots & r_{i1p} \\ r_{i21} & r_{i22} & \cdots & r_{i2p} \\ \vdots & \vdots & \ddots & \vdots \\ r_{in1} & r_{in2} & \cdots & r_{inp} \end{pmatrix}_{n\times p} \\ &= \{b_{i1},b_{i2},\cdots,b_{ip}\} \end{aligned} \tag{7-27}$$

式中：$b_{ik}=\bigvee_{j=1}^{n}(w_{ij}\wedge w_{ijk})(i=1,2,\cdots,n;j=1,2,\cdots,m;k=1,2,\cdots,p)$。上述过程是根据第 i 类指标子数集中各个指标相对于方案的模糊综合评价，也称为一级模糊综合评价过程。

7.4.4 第二级模糊综合评判

相对于第 i 类指标子数集，其中指标的评价最终结果为 $B_{1i}=\{b_{11},b_{12},\cdots,b_{ip}\}$，把 b_{1i}进行行排列，将得到根据各个主要指标进行评价的模糊综合评价矩阵 $\boldsymbol{R}_2$，即

$$\boldsymbol{R}_2=\begin{pmatrix} b_{11} & b_{12} & \cdots & b_{1p} \\ b_{21} & b_{22} & \cdots & b_{2p} \\ \vdots & \vdots & \ddots & \vdots \\ b_{m1} & b_{m2} & \cdots & b_{mp} \end{pmatrix}_{m\times p} \tag{7-28}$$

$\boldsymbol{R}_2$ 也称为第二级模糊综合评价矩阵。

其中我们认定准则层各大类指标将影响方案最终评价结果的权重数集可为 W_2，即

$$W_2=\{w_1,w_2,\cdots,w_m\}$$

将 B_2 作为各个主要类别评价指标数集展开的模糊综合评判（二级模糊）的最后结果，得到 B_2 的计算公式为

$$\begin{aligned} B_2 &= W_2 * \boldsymbol{R}_2 \\ &= \{w_1,w_2,\cdots,w_m\} * \begin{pmatrix} b_{11} & b_{12} & \cdots & b_{1p} \\ b_{21} & b_{22} & \cdots & b_{2p} \\ \vdots & \vdots & \ddots & \vdots \\ b_{m1} & b_{m2} & \cdots & b_{mp} \end{pmatrix} \\ &= \{b_1,b_2,\cdots,b_p\} \end{aligned} \tag{7-29}$$

式中：$b_k=\bigvee_{i=1}^{m}(w_i\wedge w_{ik})(k=1,2,\cdots,p)$。

式中 b_k 的意义是在考虑所有基本指标影响的条件下，表示方案数集 $\boldsymbol{V}$ 中的第 k 个方案的隶属度数值大小。

同样地，根据上述的类似步骤，进行三级及以上层次的模糊综合评价。基于第二级是评价结果 B_2，以此类推，列出以下第三级模糊综合评价数学模型，即

$$
\boldsymbol{B}=W\cdot\boldsymbol{R}=\begin{bmatrix} W_1\cdot\begin{bmatrix} W_{11}\cdot R_{11} \\ W_{11}\cdot R_{12} \\ \cdots\cdots \\ W_{11}\cdot R_{1n}\end{bmatrix} \\ W_2\cdot\begin{bmatrix} W_{21}\cdot R_{21} \\ W_{21}\cdot R_{22} \\ \cdots\cdots \\ W_{21}\cdot R_{2n}\end{bmatrix} \\ \cdots\cdots \\ W_m\cdot\begin{bmatrix} W_{m1}\cdot R_{m1} \\ W_{m1}\cdot R_{m2} \\ \cdots\cdots \\ W_{m1}\cdot R_{mn}\end{bmatrix}\end{bmatrix} \tag{7-30}
$$

利用式（7-30），计算得到这个模糊综合评价结果的数集 $B=\{b_1,b_2,\cdots,b_p\}$，利用最大隶属度法，取数集 $B=\{b_1,b_2,\cdots,b_p\}$ 里面的最大隶属度值 $\max\limits_{k=1}^{p}(b_k)$ 的下标所对应的方案数集 $\boldsymbol{V}$ 中的元素 v_k 为最佳方案。

7.4.5　模糊综合评价模型进行改进

在上述过程中，关于评价模型的计算，有

$$
B=W\cdot\boldsymbol{R}=\{b_1,b_2,b_3,\cdots,b_p\} \tag{7-31}
$$

是通过 $b_{ik}=\bigvee\limits_{i=1}^{m}(w_i\wedge r_{ij})$ 的公式中取小值或取大值的运算得到的。但是这个数学计算模型在方案体系的评价指标较多或较少的情况下，一般很难得到某些有实际意义的结果。主要有以下两个原因。

（1）相比取小运算 $w_i\wedge r_{ij}$，如果方案的评价指标个数较多时，将使指标的权重值 w_i 变得很小或趋近于平均化，将降低重要影响指标在备考方案中的评价价值。

（2）相比取大运算，如果只是在数值 w_i 和数值 r_{ij} 中的各个较小数值中选取最大数值，将把大量的其他单指标评价信息遗失。因此，对上面所描述模型进行以下改进，即

$$
b_j=\sum_{i=1}^{m}w_ir_{ij} \tag{7-32}
$$

其中，$\sum\limits_{i=1}^{m}w_i=1$ 。

不论评价指标数目的多少，使用式（7－32）求和进行运算都将保证考虑到了全部指标的影响。此外，在指标分类的前提下，确保了指标权重数值的较合理分配，同时也将显现出主要影响指标在备考方案评价中的具体作用。

对于一个方案、一个运用过程，如何评估其效能。此时没有方案集，需要构建评语集 Q。这个评语集通常是一个模糊集，如｛优、良、中、差｝和｛大、中、小｝等。评语集表示为$\{q_s\}(s=1,2,\cdots,g)$。此时，按照以下方法构建的模糊判断矩阵见式（7－33）。

假设按照第 i 类、第 j 个指标 u_{ij}逐一进行评价，u_{ij}相对于评语集合 Q 中的评价 q_s隶属大小为 $r_{ijs}(i=1,2,\cdots,m;j=1,2,\cdots,n;s=1,2,\cdots,g)$，则 u_{ij}对于评语集 Q 存在单指标评价结果为

$$R_{ij}=\{r_{ijs}\}=\{r_{ij1},r_{ij2},\cdots,r_{ijg}\}$$

同理，依次求出指标集合中第 i 类中的其他各个指标相对于评语集 Q 评价结果，将 R_{ij}进行行排列，可以得到第 i 类指标的模糊评价矩阵 $\boldsymbol{R}_i$

$$\boldsymbol{R}_i=\begin{bmatrix} r_{i11} & r_{i12} & \cdots & r_{i1g} \\ r_{i21} & r_{i22} & \cdots & r_{i2g} \\ \vdots & \vdots & \ddots & \vdots \\ r_{in1} & r_{in2} & \cdots & r_{ing} \end{bmatrix}_{n\times g} \tag{7-33}$$

式中：r_{ijg}为指标 u_{ij}对于不同的评语 q_s的隶属度。也就是说，每一行就是指标 u_{ij}对于每个评语的隶属度。每一列是不同指标对一个评语 q_s的隶属度。

模糊层次综合评价模型具体实施步骤以及与层次分析法的关系概括总结如表 7－2所列。

表 7－2　模糊层次综合评价模型具体实施步骤以及与层次分析法

评价模型实施步骤	层次分析法 确定指标权重	建立层次结构：目标层、准则层、指标层
		建立判断矩阵：确定标度方法、请专家进行打分
		计算指标权重：确定特征向量、最大特征根
		一致性检验：进行一致性检验
	模糊综合评价法 计算综合评价值	确定因素集
		确定评语集
		确定隶属度：定性指标、定量指标
		单因素评判：模糊矩阵复合运算
		多因素综合评价结果：准则层各因素评价、目标层综合评价、综合分值

7.5　无人机城市街区侦察运用方案决策评估

在城市作战过程中，需要对一个街区进行侦察，一方面是发现街道、楼宇之间等中的小型目标，如敌方人员等；另一方面发现树林、小型空旷地域中隐藏、伪装的中大型目标，如火炮、坦克等。在可能的条件下，发现建筑物内、掩体后的敌方狙击手等敌方人员。要求无人机首先发现街区中伪装、隐蔽的中大型目标；其次快速掌握街区中的显著目标、街区交通道路、掩体等的状况；最后是发现隐藏在建筑物内的敌方人员目标。

城市街区的情况：街区大小为 1km × 1km。街区中有居民区、商业区、小树林、绿地、桥梁等。居民区中建筑物之间的最小距离是 5m，最高建筑的高度不大于 100m。少量街道被树覆盖。

现在有两种便携式电动侦察无人机，分别是无人机 1 和无人机 2。需要对这两种无人机的街区侦察效能进行对比分析，确定最合理的无人机执行街区侦察任务，以获得最大的作战效能。

无人机 1 是小型电动四旋翼无人机，续航时间 1h，巡航速度 10m/s，侦察作业飞行高度 3 ~ 500m。搭载定焦光电（红外、可见光）侦察吊舱，光电吊舱视场角 30° × 30°，像素 1080 × 1080。中大型目标发现距离不小于 0.5km，目标识别距离不小于 0.3km，目标定位误差不大于 5m。在通视条件下，数据传输速率为 2 ~ 8Mb/s，作用半径不小于 10km，操作手两名，训练有素，有 20 个以上起落的飞行经验，执行过城市侦察任务。

无人机 1 侦察作业使用方式：根据城市侦察作战的需要，设定无人机 1 飞行高度不大于 200m，飞行速度不大于 10m/s，那么 1s 侦察的区域大小最大为 0.00108km^2，1h 无人机 1 侦察的区域大小最大为 3.888km^2。由于旋翼无人机飞行模式多样，对于关注目标可以实施悬停侦察，还可以深入复杂区域进行侦察，目标发现和目标识别的概率都比较高。其中目标发现概率不小于 90%，目标识别率不小于 95%。

在环境适应性方面，根据无人机 1 实际作业情况统计，街道环境条件下，无人机目标发现概率为 95%，楼宇环境条件下，无人机目标发现概率为 90%，目标隐蔽环境条件下，无人机目标发现概率为 80%，树林环境条件下，无人机侦察发现目标概率为 85%。

无人机 2 是小型电动固定翼无人机，投掷起飞、飘落软触地回收，续航时间 1.5h，巡航速度 20m/s，侦察作业飞行高度为 200 ~ 800m。搭载定焦光电（红外、可见光）侦察吊舱，光电吊舱视场角 30°×30°，像素 1080×1080。中大型目标发现距离不小于 1km，目标识别距离不小于 0.5km，目标定位误差不大于 50m。在通视条件下，数据传输速率为 2～8Mb/s，作用半径不小于 10km。操作手两名，训练有素，有 20 个以上起落的飞行经验，执行过城市侦察任务。

无人机 2 侦察作业使用方式：根据城市侦察作战的需要，设定无人机 2 以飞行高度最大不大于 500m，飞行速度为 20m/s，那么 1s 侦察的区域大小为 0.0054km^2，1h 无人机侦察的区域大小为 19.44km^2。

由于固定翼无人机飞行模式单一，对于关注目标可以实施悬停侦察，难以深入复杂区域进行侦察，目标发现和目标识别的概率都有所降低。其中目标发现概率不小于 90%，目标识别率不小于 80%。

在环境适应性方面，根据无人机 2 实际作业情况统计，街道环境条件下，无人机目标发现概率为 90%，楼宇环境条件下，无人机目标发现概率为 80%，目标隐蔽环境条件下，无人机目标发现概率为 60%，树林环境条件下，无人机侦察发现目标概率为 70%。

首先利用层次分析法确定各因素权值。这里采用一种简单的工程方法，主要包括以下几个步骤。

步骤一：构建效能影响因素层次分析模型，依据专家经验或实际使用数据，确定判断矩阵 $\boldsymbol{A}$，即

$$\boldsymbol{A}=\begin{bmatrix} a_{11} & a_{12} & \cdots & a_{1n} \\ a_{21} & a_{22} & \cdots & a_{2n} \\ \vdots & \vdots & \ddots & \vdots \\ a_{n1} & a_{n2} & \cdots & a_{nn} \end{bmatrix} \tag{7-34}$$

步骤二：确定判断矩阵的最大特征值及其特征向量。

首先，利用式（7-35）求出判断矩阵每一行元素的乘积，再用式（7-36）对每一行的乘积开 n 次方根，即

$$b_i=\prod_{j=1}^{n} a_{ij} \quad (i=1,2,\cdots,n) \tag{7-35}$$

$$\omega_i=\sqrt[n]{b_i} \quad (i=1,2,\cdots,n) \tag{7-36}$$

其次，按照式（7-37）求取最大特征值对应的特征向量，即

$$\boldsymbol{w}_i=\frac{\boldsymbol{\omega}_i}{\sum_{j=1}^{n}\boldsymbol{\omega}_j} \quad (i=1,2,\cdots,n) \tag{7-37}$$

最大特征值对应的特征向量也即权重向量为

$$\boldsymbol{W}=[w_1,w_1,\cdots,w_n]$$

由于有 $AW=\lambda_{max}W$，可求出最大特征值 λ_{max} 为

$$\lambda_{max}=\sum_{j=1}^{n}\frac{(AW)_i}{nw_i}\quad(i=1,2,\cdots,n) \tag{7-38}$$

步骤三：判断矩阵的一致性，即

$$\mathrm{CI}=\frac{\lambda_{max}-n}{n-1} \tag{7-39}$$

$$\mathrm{CR}=\frac{\mathrm{CI}}{\mathrm{RI}} \tag{7-40}$$

式中：RI 为平均随机一致性指标，它与判断矩阵的维数有关，见表 7－3；CI 为一致性指标；CR 为随机一致性比例因子，如果有

表 7－3　平均随机一致性指标

n	1	2	3	4	5	6	7	8	9
RI	0	0	0.52	0.89	1.12	1.26	1.36	1.41	1.46

$$\mathrm{CR}<0.1 \tag{7-41}$$

表明判断矩阵是一致性的，否则对判断矩阵进行重新调整。

根据以上步骤，结合无人机侦察使用实际，对无人机效能影响因素进行分析，构建无人机效能层次影响因素分析模型，如图 7－1 所示。

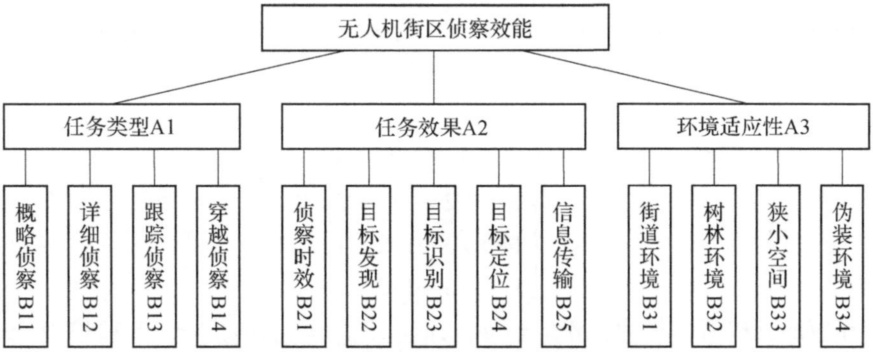

图 7－1　无人机街区侦察效能层次模型

结合无人机街区侦察的作战需求，以及无人机的使用特性，确定无人机侦察效能各影响因素的权重。首先构建 A 层的判断矩阵，无人机专家打分统计，形成基于重要性判断矩阵（进一步描述 3 个因素之间的关系），即

$$\boldsymbol{A}=\begin{bmatrix}1 & 1/3 & 1/2\\ 3 & 1 & 2\\ 2 & 1/2 & 1\end{bmatrix} \tag{7-42}$$

根据式（7-35）、式（7-36）和式（7-37），得到：$b=(b_1,b_2,b_3)=(1/6,6,1)$，$\omega=(\omega_1,\omega_2,\omega_3)=(0.5507,1.8171,1)$，最后得到A层效能影响因素的权值向量：$\boldsymbol{W}_A=(w_{A1},w_{A2},w_{A3})=(0.1635,0.5396,0.2969)$。也即得到对应最大特征值的特征向量。

根据式（7-38）、式（7-39）和式（7-40）可得 $\lambda_{max}=3.0095$，CI = 0.0063，CR = 0.0087。可见，判断矩阵是一致的。

同理，按照以上方法，可以确定第二层的各影响要素权值。

对于侦察任务类型A1，概略侦察B11是指能够对整个街区的态势进行侦察，能够形成街区态势。详细侦察B12是对街区的一个很小区域、特定目标进行核实、查证侦察，重点是发现目标细节。跟踪侦察B13是指能够跟踪敌方的运动目标，侦察目标的瞬时变化，为及时打击提供信息支持。穿越侦察B14是指无人机能够穿越狭小空间，如在街道内穿越飞行侦察、在树林里穿越飞行侦察等，主要是发现隐藏目标。经专家讨论分析，给出重要性比较判断矩阵为

$$\boldsymbol{A}_1=\begin{bmatrix}1 & 2 & 3 & 3\\ 1/2 & 1 & 2 & 2\\ 1/3 & 1/2 & 1 & 1\\ 1/3 & 1/2 & 1 & 1\end{bmatrix} \tag{7-43}$$

相应地，其权值向量为 $\boldsymbol{W}_{A1}=[w_{B11},w_{B12},w_{B13},w_{B14}]=[0.4550,0.2627,0.1411,0.1411]$，并通过一致性检验。

相对于侦察效果A2，侦察时效B21、目标发现B22、目标识别B23、目标定位B24、信息传输B25各因素重要性判断矩阵为

$$\boldsymbol{A}_2=\begin{bmatrix}1 & 1/3 & 1/2 & 1 & 1\\ 3 & 1 & 2 & 3 & 3\\ 2 & 1/2 & 1 & 2 & 2\\ 1 & 1/3 & 1/2 & 1 & 1\\ 1 & 1/3 & 1/2 & 1 & 1\end{bmatrix} \tag{7-44}$$

相应的其权值向量为：$\boldsymbol{W}_{A2}=[w_{B21},w_{B22},w_{B23},w_{B24},w_{B25}]=[0.1240,0.3940,0.2341,0.1240,0.1240]$，并通过了一致性检验。

相对于侦察效果环境适应性A3，街道环境B31、树林环境B32、狭小环境B33、伪装环境B34，各因素重要性判断矩阵为

$$\boldsymbol{A}_3=\begin{bmatrix}1 & 2 & 3 & 2\\ 1/2 & 1 & 2 & 1\\ 1/3 & 1/2 & 1 & 1/2\\ 1/2 & 1 & 2 & 1\end{bmatrix} \tag{7-45}$$

相应的其权值向量为：$\boldsymbol{W}_{A3} = [w_{B31}, w_{B32}, w_{B33}, w_{B34}] = [0.4231, 0.2274, 0.1222, 0.2274]$，并通过了一致性检验。

这样得到不同层次各个因素的权值，如表 7－4 所列。

表 7－4　不同层次各个因素的权值

	准则	同层权值	方案层	同层权值	总权值
无人机效能	任务类型 A1	0.1635	概略侦察 B11	0.4550	0.0744
			详细侦察 B12	0.2627	0.0430
			跟踪侦察 B13	0.1411	0.0744
			穿越侦察 B14	0.1411	0.0744
	任务效果 A2	0.5396	侦察时效 B21	0.1240	0.0669
			目标发现 B22	0.3940	0.2126
			目标识别 B23	0.2341	0.1263
			目标定位 B24	0.1240	0.0699
			信息传输 B25	0.1240	0.0699
	环境适应性 A3	0.2969	街道环境 B31	0.4231	0.1256
			树林环境 B32	0.2274	0.0675
			狭小环境 B33	0.1222	0.0363
			伪装环境 B34	0.2274	0.0675

构建一级模糊评价矩阵。针对任务类型二级评价指标，无人机 1、无人机 2 都可以完成街区侦察任务，需要对采用多旋翼无人机 1 方案和采用固定翼无人机 2 方案进行评价。模糊判断矩阵的第一行针对的是第一级第一组第一个评价指标“概略侦察”，它是偏大型模糊变量，其隶属度函数与飞机的飞行速度和飞行高度有直接关系，概略侦察能力无人机 2 是无人机 1 的 3 倍，其模糊判断第一行元素为 [0.3　0.9]。模糊判断矩阵的第二行针对的是第一级第一组第二个评价指标“详细侦察”，其隶属度函数与无人机的飞行速度、飞行高度有直接关系，它是一个偏大型模糊变量，数值越大，表示详细侦察的效果就越好，考虑飞行模式和定位精度，无人机 1 的详细侦察能力要远大于无人机 2，其模糊判断第二行元素为 [0.8　0.3]。模糊判断矩阵的第三行针对的是第一级第一组第三个评价指标“跟踪侦察”，其隶属度函数与无人机的飞行速度、飞行高度有直接关系，它

是一个偏大型模糊变量，数值越大，表示跟踪侦察的效果就越好，它与目标特性、飞行模式和定位精度都有关系，考虑无人机 1 和无人机 2 具有相同的任务载荷，街区内目标的运动速度不高，所以无人机 1 与无人机 2 具有基本相同的跟踪侦察能力，无人机的跟踪侦察能力还略强一些，据此其模糊判断第三行元素为 [0.8　0.7]。模糊判断矩阵的第四行针对的是第一级第一组第四个评价指标“穿越侦察”，其隶属度函数与无人机的飞行模式有直接关系，它是一个偏大型模糊变量，数值越大，表示穿越侦察的效果就越好，考虑无人机 1 和无人机 2 具有相同的任务载荷，街区内阻挡物比较多，无人机 1 具有悬停能力，所以无人机 1 与无人机 2 具有更强的穿越侦察能力，无人机 2 基本不具有穿越侦察能力。据此分析，其模糊判断第四行元素为 [0.8　0.2]。这样得到任务类型 A1 的一级指标模糊判断矩阵为

$$\boldsymbol{R}_{11}=\begin{bmatrix}0.3 & 0.9\\0.8 & 0.3\\0.8 & 0.7\\0.8 & 0.2\end{bmatrix} \tag{7-46}$$

其权向量为 $\boldsymbol{W}_{A1}=[w_{B11},w_{B12},w_{B13},w_{B14}]=[0.4550,0.2627,0.1411,0.1411]$。由式（7-37）可以得到

$$\begin{aligned}\boldsymbol{B}_1&=[0.4550\quad 0.2627\quad 0.1411\quad 0.1411]\cdot\begin{bmatrix}0.5 & 0.8\\0.8 & 0.3\\0.8 & 0.7\\0.8 & 0.2\end{bmatrix}\\&=[0.6635\quad 0.5698]\end{aligned} \tag{7-47}$$

同理，针对任务效果 A2 一组的 5 个一级指标，可求的评价结果为

$$\begin{aligned}\boldsymbol{B}_2&=[0.1240\quad 0.3940\quad 0.2341\quad 0.1240\quad 0.1240]\cdot\begin{bmatrix}0.3 & 0.6\\0.8 & 0.5\\0.8 & 0.4\\0.8 & 0.5\\0.6 & 0.7\end{bmatrix}\\&=[0.7133\quad 0.5138]\end{aligned} \tag{7-48}$$

针对环境适应性 A3 一组的 4 个一级指标，可求的评价结果为

$$\boldsymbol{B}_3=[0.4231\quad 0.2274\quad 0.1222\quad 0.2274]\cdot\begin{bmatrix}0.7 & 0.5\\0.6 & 0.3\\0.8 & 0.2\\0.6 & 0.4\end{bmatrix}$$

$$=[0.6668\quad 0.3952] \tag{7-49}$$

以上完成了一级指标的评价，在此基础上，构建二级指标的模糊判断矩阵 $\boldsymbol{A}$，其构成为

$$\boldsymbol{A}=\begin{bmatrix}\boldsymbol{B}_1\\ \boldsymbol{B}_2\\ \boldsymbol{B}_3\end{bmatrix}=\begin{bmatrix}0.6635 & 0.5698\\ 0.7133 & 0.5138\\ 0.6668 & 0.3952\end{bmatrix} \tag{7-50}$$

同理可就得第二级评价结果为

$$\boldsymbol{B}=\boldsymbol{W}_{\mathrm{A}}*\boldsymbol{A}=[0.1635\quad 0.5396\quad 0.2969]\cdot\begin{bmatrix}0.6635 & 0.5698\\ 0.7133 & 0.5138\\ 0.6668 & 0.3952\end{bmatrix}$$

$$=[0.6914\quad 0.4877] \tag{7-51}$$

由于模糊变量均是偏大型类型，所以，从评价结果 $\boldsymbol{B}$ 可以看出，采用无人机 1 方案的隶属度为 0.6914，采用无人机 2 方案的隶属度为 0.4877。隶属度大的方案表示为优选方案，所以评价结论是：对于街区侦察任务，采用多旋翼无人机方案比采用固定翼无人机方案好。

按照另一种方法对无人机 1 和无人机 2 的侦察效能分别进行评估，然后通过对比效能的大小，来确定使用哪种无人机完成街区侦察任务。该方法的基本流程是如下。

（1）利用层次分析法，构建评估对象的指标体系。

（2）构建互补模糊矩阵。采用 0.1 ~ 0.9 模糊标度法，如表 7 – 5 所列。对每一层次中的指标两两比对重要性，给出数量表示，得出模糊互补矩阵 $\boldsymbol{R}$。

表 7 – 5　模糊标度及意义

标度	说明
0.5	两个指标同等重要
0.6	一个指标较另一个指标稍重要
0.7	一个指标较另一个指标明显重要
0.8	一个指标较另一个指标重要得多
0.9	一个指标较另一个指标极为重要
0.1、0.2、0.3、0.4	反比较：利用指标重要性互补表示

$$\boldsymbol{R}=\begin{bmatrix}r_{11} & r_{12} & \cdots & r_{1n}\\ r_{21} & r_{22} & \cdots & r_{2n}\\ \vdots & \vdots & \ddots & \vdots\\ r_{n1} & r_{n2} & \cdots & r_{nn}\end{bmatrix} \tag{7-52}$$

(3) 构建模糊一致矩阵。由模糊互补矩阵，通过以下变换，得到模糊一致矩阵 $\boldsymbol{F}=[f_{ij}]$。

变换方法：若对模糊互补矩阵 $\boldsymbol{R}=(r_{ij})_{n\times n}$ 按行求和，记 $r_i = k = \sum_{k=1}^{n} r_a (i \in \Omega)$，实施以下变换：$f_{ij}=\frac{r_i - r_j}{2n}+0.5$，则由此建立的矩阵 $\boldsymbol{F}=(f_{ij})_{n\times n}$ 是模糊一致矩阵。

(4) 确定各层级指标权重。按照下式计算各指标权值，即

$$w_i = \frac{1}{n} - \frac{1}{2a} + \frac{1}{na}\sum_{j=1}^{n} f_{ij} \tag{7-53}$$

式中：a 越小表明决策者越重视元素之间的差异，反之不重视。在实际应用中，通常取 $a=(n-1)/2$。

(5) 排序各层次指标。计算出各模糊一致矩阵指标的层级权重与绝对权重。

(6) 构建评价集和构糊判断矩阵。

(7) 计算综合评价。

同样，以无人机完成街区侦察为背景，对无人机完成侦察任务的效能进行评价。

利用前面层次分析法获得的层次结构构建各层次指标的模糊互补矩阵。

相对于任务类型 A1，概略侦察 B11、详细侦察 B12、跟踪侦察 B13、穿越侦察 B14 构成的模糊互补矩阵为

$$\boldsymbol{R}_{\mathrm{A1}} = \begin{bmatrix} 0.5 & 0.6 & 0.7 & 0.8 \\ 0.4 & 0.5 & 0.6 & 0.7 \\ 0.3 & 0.4 & 0.5 & 0.6 \\ 0.2 & 0.3 & 0.4 & 0.5 \end{bmatrix}$$

由模糊互补矩阵，按照变换方法获得模糊一致矩阵，即

$$\boldsymbol{F}_{\mathrm{A1}} = \begin{bmatrix} 0.5 & 0.55 & 0.6 & 0.65 \\ 0.45 & 0.5 & 0.55 & 0.6 \\ 0.4 & 0.45 & 0.5 & 0.55 \\ 0.35 & 0.4 & 0.45 & 0.5 \end{bmatrix}$$

由模糊一致矩阵，可以由式（7-18）确定权重，其中 $n=4$，取 $a=(n-1)/2=1.5$、$w_{\mathrm{B11}}=0.3$、$w_{\mathrm{B12}}=0.267$、$w_{\mathrm{B13}}=0.233$、$w_{\mathrm{B14}}=0.150$，即权向量为 $\boldsymbol{w}_{\mathrm{B1}}=[0.3\ 0.267\ 0.233\ 0.150]$

同理可求出任务效果 A2 对应侦察时效 B21、目标发现 B22、目标识别 B23、

目标定位 B24、信息传输 B25 等因素的权重，其中模糊互补矩阵和模糊一致矩阵为

$$\boldsymbol{R}_{A2}=\begin{bmatrix}0.5&0.3&0.4&0.6&0.7\\0.7&0.5&0.6&0.8&0.9\\0.6&0.4&0.5&0.7&0.8\\0.4&0.2&0.3&0.5&0.6\\0.3&0.1&0.2&0.4&0.5\end{bmatrix},\boldsymbol{F}_{A2}=\begin{bmatrix}0.5&0.4&0.45&0.55&0.6\\0.6&0.5&0.55&0.65&0.7\\0.55&0.45&0.5&0.6&0.65\\0.45&0.35&0.4&0.5&0.55\\0.4&0.3&0.35&0.45&0.5\end{bmatrix}$$

由模糊一致矩阵，根据式（7－18）确定权重，其中 $n=5$，取 $a=(n-1)/2=2$，计算得到 $w_{B21}=0.2$、$w_{B22}=0.25$、$w_{B23}=0.225$、$w_{B24}=0.175$、$w_{B25}=0.150$，即权向量为 $\boldsymbol{w}_{B2}=[0.2\ 0.25\ 0.225\ 0.175\ 0.150]$

环境适应性 A3 与街道环境 B31、树林环境 B32、狭小环境 B33、伪装环境 B34 等因素的有关，其中模糊互补矩阵和模糊一致矩阵分别为

$$\boldsymbol{R}_{A3}=\begin{bmatrix}0.5&0.4&0.6&0.7\\0.6&0.5&0.7&0.8\\0.4&0.3&0.5&0.6\\0.3&0.2&0.4&0.5\end{bmatrix},\boldsymbol{F}_{A3}=\begin{bmatrix}0.5&0.45&0.55&0.6\\0.55&0.5&0.6&0.65\\0.45&0.4&0.5&0.55\\0.4&0.35&0.45&0.5\end{bmatrix}$$

由模糊一致矩阵，根据式（7－18）确定权重，其中 $n=4$，取 $a=(n-1)/2=1.5$，计算得到 $w_{B31}=0.267$、$w_{B32}=0.3$、$w_{B33}=0.233$、$w_{B34}=0.2$，即权向量为 $\boldsymbol{w}_{B3}=[0.267\ 0.3\ 0.233\ 0.2]$。

相对于无人机运用效能，涉及的要素有任务类型 A1、任务效果 A2、环境适应性 A3 等。采用同样的方法，根据模糊互补矩阵和模糊一致矩阵，求取各要素权重。模糊互补矩阵和模糊一致矩阵分别为

$$\boldsymbol{R}_{A}=\begin{bmatrix}0.5&0.7&0.6\\0.3&0.5&0.4\\0.4&0.6&0.5\end{bmatrix},\boldsymbol{F}_{A}=\begin{bmatrix}0.5&0.6&0.55\\0.4&0.5&0.45\\0.45&0.55&0.5\end{bmatrix}$$

由模糊一致矩阵，根据式（7－18）确定权重，其中 $n=3$，取 $a=(n-1)/2=1$，计算得到 $w_{A1}=0.383$、$w_{A2}=0.283$、$w_{A3}=0.333$，即权向量为 $\boldsymbol{w}_{A}=[0.383\ 0.283\ 0.333]$。

设计评价集。建立｛好、较好、一般、较差、差｝的评价集，用于对每个指标以及效能进行评价。

构建每个指标的评价向量。采用实际经验方法，确定每个指标相对于评价集中每个评价的隶属度。针对无人机 1，它是一种多旋翼电动无人机，其基本的飞

行模式、性能特性、任务工作模式等很大程度地决定了对于每一个评价集的隶属度。对于概略侦察 B11 指标，其评价集｛好、较好、一般、较差、差｝中的每一评价，其评价向量为 $\boldsymbol{X}_{B11}=[0.1\quad 0.2\quad 0.4\quad 0.2\quad 0.1]$，它是由隶属度构成的。也就是说，无人机 1 其概略侦察 B11 的能力属于好、较好、一般、较差、差的隶属度分别为 0.1、0.2、0.4、0.2、0.1。从这个隶属度分布来看，无人机 1 的概略侦察能力属于一般，即达不到好，也达不到差，属于中等。对于详细侦察 B12 指标，其评价集｛好、较好、一般、较差、差｝中的每一评价，其评价向量为 $\boldsymbol{X}_{B12}=[0.6\quad 0.2\quad 0.1\quad 0.0\quad 0.0]$。从这个隶属度分布来看，无人机 1 的详细侦察能力为好，较好、一般的概率也比较低，好的概率很高。对于跟踪侦察 B13 指标，其评价集｛好、较好、一般、较差、差｝中的每一评语，其评价向量为 $\boldsymbol{X}_{B13}=[0.4\quad 0.3\quad 0.2\quad 0.1\quad 0.0]$。从这个隶属度分布来看，无人机 1 的跟踪侦察能力为好或较好、一般的概率也比较低，较差的概率很低，无“差”评级。对于穿越侦察 B14 指标，其评价集｛好、较好、一般、较差、差｝中的每一评价，其评价向量为 $\boldsymbol{X}_{B14}=[0.1\quad 0.4\quad 0.3\quad 0.1\quad 0.1]$。从这个隶属度分布来看，无人机 1 的穿越侦察能力为“较好”。将这些评价向量按行进行排列，构建判断矩阵为

$$\boldsymbol{R}_{B1}=\begin{bmatrix} X_{B11} \\ X_{B12} \\ X_{B13} \\ X_{B14} \end{bmatrix}=\begin{bmatrix} 0.1 & 0.2 & 0.4 & 0.2 & 0.1 \\ 0.6 & 0.2 & 0.1 & 0.1 & 0.0 \\ 0.4 & 0.3 & 0.2 & 0.1 & 0.0 \\ 0.1 & 0.4 & 0.3 & 0.1 & 0.1 \end{bmatrix}$$

判断矩阵中，行表示一个指标对每一个不同评价语的隶属度，每一列表示不同指标对同一个评价语的隶属度。

各指标的权向量为 $\boldsymbol{w}_{B1}=[0.3\ 0.267\ 0.233\ 0.150]$，这样可得到无人机 1 对于任务类型 $\boldsymbol{A}1$ 相关指标模糊综合评价结论为

$$\boldsymbol{B}_{B1}=w_{B1}\boldsymbol{R}_{B1}=[0.3\ 0.267\ 0.233\ 0.150]\begin{bmatrix} 0.1 & 0.2 & 0.4 & 0.2 & 0.1 \\ 0.6 & 0.2 & 0.1 & 0.1 & 0.0 \\ 0.4 & 0.3 & 0.2 & 0.1 & 0.0 \\ 0.1 & 0.4 & 0.3 & 0.1 & 0.1 \end{bmatrix}$$

$$=[0.298\ 0.243\ 0.238\ 0.125\ 0.045]$$

从评价结果可以看出，对于任务类型 A1，无人机 1 的隶属度在“好”“较好”“一般”3 个评价中的数值比较大，且“好”的隶属度最大，按照隶属度最

大原则，则无人机 1 对于任务类型 A1 的评价结论为“好”。

同样，对于任务效果 A2 的相关指标要素，按照同样的方法，得到模糊判断矩阵为

$$\boldsymbol{R}_{B2}=\begin{bmatrix}X_{B21}\\X_{B22}\\X_{B23}\\X_{B24}\\X_{B25}\end{bmatrix}=\begin{bmatrix}0.1&0.1&0.4&0.3&0.1\\0.2&0.4&0.2&0.1&0.1\\0.5&0.3&0.1&0.1&0\\0.6&0.2&0.1&0.1&0\\0.1&0.2&0.4&0.2&0.1\end{bmatrix}$$

这样，根据前面获得的权值向量，结合模糊判断矩阵，可以得到评价结果为

$$\boldsymbol{B}_{B2}=w_{B2}\boldsymbol{R}_{B2}=[0.2\ 0.25\ 0.225\ 0.175\ 0.150]\begin{bmatrix}0.1&0.1&0.4&0.3&0.1\\0.2&0.4&0.2&0.1&0.1\\0.5&0.3&0.1&0.1&0\\0.6&0.2&0.1&0.1&0\\0.1&0.2&0.4&0.2&0.1\end{bmatrix}$$

$$=[0.3025\ 0.2525\ 0.23\ 0.155\ 0.06]$$

同样，对于对于环境适应性 A3 的相关指标要素，按照同样的方法得到模糊判断矩阵为

$$\boldsymbol{R}_{B3}=\begin{bmatrix}X_{B31}\\X_{B32}\\X_{B33}\\X_{B34}\end{bmatrix}=\begin{bmatrix}0.5&0.3&0.1&0.1&0.0\\0.1&0.2&0.4&0.2&0.1\\0.4&0.3&0.2&0.1&0.0\\0.0&0.2&0.3&0.4&0.1\end{bmatrix}$$

这样，根据前面获得的权值向量，结合模糊判断矩阵，可以得到评价结果为

$$\boldsymbol{B}_{B3}=w_{B3}\boldsymbol{R}_{B3}=[0.267\ 0.3\ 0.233\ 0.2]\begin{bmatrix}0.5&0.3&0.1&0.1&0.0\\0.1&0.2&0.4&0.2&0.1\\0.4&0.3&0.2&0.1&0.0\\0.0&0.2&0.3&0.4&0.1\end{bmatrix}$$

$$=[0.2567\ 0.2500\ 0.2533\ 0.19\ 0.05\ ]$$

将针对第二级的指标评价向量 $\boldsymbol{B}_{B1}$、$\boldsymbol{B}_{B3}$、$\boldsymbol{B}_{B3}$ 按行进行排列，组成效能评估的判断矩阵，即

$$\boldsymbol{R}_{A}=\boldsymbol{R}_{B3}=\begin{bmatrix}B_{B1}\\B_{B2}\\B_{B3}\end{bmatrix}=\begin{bmatrix}0.298 & 0.243 & 0.238 & 0.125 & 0.045\\0.303 & 0.253 & 0.23 & 0.155 & 0.06\\0.257 & 0.25 & 0.253 & 0.19 & 0.05\end{bmatrix}$$

其对应的权向量为 $\boldsymbol{w}_{A}=[0.283\ 0.383\ 0.333]$，这样可以得到模糊综合评价结果为

$$\boldsymbol{B}=\boldsymbol{w}_{A}\boldsymbol{R}_{A}=[0.383\ 0.283\ 0.333]\begin{bmatrix}0.298 & 0.243 & 0.238 & 0.125 & 0.045\\0.303 & 0.253 & 0.23 & 0.155 & 0.06\\0.257 & 0.25 & 0.253 & 0.19 & 0.05\end{bmatrix}$$

$$=[0.285\ 0.248\ 0.230\ 0.155\ 0.051]$$

按照隶属度最大原则，无人机 1 执行街区侦察任务，效能评估结果为“好”，属于最好评价，说明无人机 1 适合完成街区侦察任务。

7.6 本章小结

本章深入探讨了模糊层次分析法（F－AHP）在无人机运用效能评估中的应用，为复杂决策问题提供了一种更为精准和全面的解决方案。

首先，本章回顾了层次分析法的基本原理及其在处理复杂决策因素权重方面的优势，同时指出了其在面对人类判断的模糊性和不确定性时的局限性。为解决这一问题，引入了模糊集理论，详细阐述了模糊集、模糊关系和模糊矩阵的基本概念，为模糊层次分析法的构建奠定了坚实的理论基础。

随后，深入解析了模糊一致矩阵的定义及其性质，明确了模糊矩阵、模糊互补矩阵和模糊一致矩阵之间的关系，并推导了模糊一致矩阵的性质及其与权重之间的紧密联系。这些理论探讨为后续的权重计算提供了科学依据和实用方法。

在模糊判断矩阵的构建与调整方面，本章提出了行和转换法和行调整法两种有效方法，确保了模糊判断矩阵的一致性和权重的合理性。这些方法不仅简化了计算过程，还提高了评估结果的准确性和可靠性。

通过无人机城市街区侦察的实例，本章详细展示了模糊层次分析法的具体应用步骤。从构建评价指标体系、构建模糊判断矩阵，到进行权重计算和模糊综合评价，每一步都紧密结合实际作战需求，确保了评估结果的针对性和实用性。同时，通过两种不同方法的对比评估，验证了模糊层次分析法在无人机运用效能评估中的有效性和优越性。

参考文献

[1]陶余会. 如何构造模糊层次分析法中模糊一致判断矩阵[J]. 四川师范学院学报(自然科学版),2002,23(3):282-285.

[2]张吉军. 模糊层次分析法[FAHP][J]. 模糊系统与数学,2000,2(14).

[3]邹小平,姜英龙. 基于 FAHP 的核电用不锈钢焊丝工艺性综合量化评价[J]. 电焊机 2022,52(7).

[4]刘彤杰. 模糊层次分析法在我国深空探测方案优选应用探[J]. 工程科学学报,2022,44(8):1433-1443.

[5]李善鸿. 基于模糊层次分析的船舶柴油机系统风险评估[D]. 武汉:武汉理工大学,2020.

[6]章晓阳. 基于模糊层次分析法的 L 风电项目后评价研究[D]. 成都:西南财经大学,2021.

[7]张迅. 基于模糊层次分析法的高速公路养护施工安全风险评价研究[D]. 广州:华南理工大学,2019.

第 8 章　基于 SEA 的无人机运用效能评估方法

本章利用 SEA 方法对无人机运用效能进行评估，分析了该方法存在的缺陷，并由此提出使用杀伤评估模型对无人机运用进行效能改进评估。

8.1　SEA 方法概述

系统、任务、环境、原始参数、性能量度以及系统效能是 SEA 方法的核心概念。SEA 方法用一组原始参数来描述系统在某种环境下的状态。由于受到诸多因素的影响，系统在运行的过程中可能有多个状态。在系统所有可能的状态中，系统运行到能够满足系统任务的状态的概率就是 SEA 方法所定义的系统效能。为了对比系统在某一状态下的任务完成情况与任务要求，SEA 方法定义了性能度量空间（measurement of performance，MOP）来对两者进行空间上的统一。

SEA 方法的框架结构如图 8－1 所示。通过建立系统原始参数到性能量度{MOP}的映射，从而将系统原始参数的取值范围反映到 MOP 空间上，形成系统轨迹 L_s。系统轨迹上的点对应的便是系统的状态，在这些状态下，系统的功能和性能就确定了。用同样的方法，通过建立任务原始参数到性能量度 MOP 的映射，

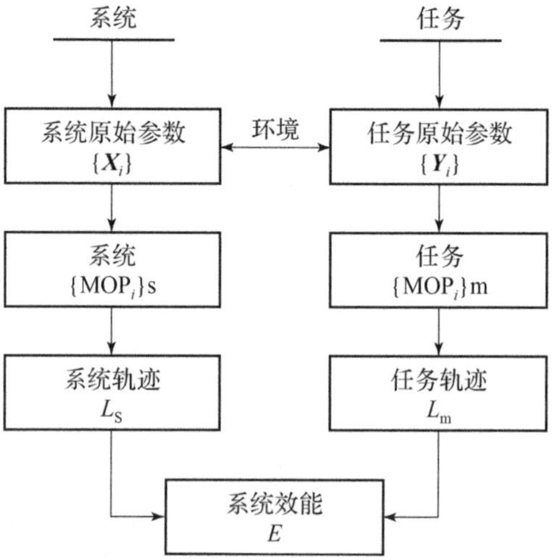

图 8－1　SEA 方法框架结构框图

将任务原始参数的取值范围反映到 MOP 空间上，形成任务轨迹 L_m。而系统轨迹与任务轨迹相交的区域就是所有系统状态中能够满足系统任务的状态。

利用 SEA 方法评估系统效能的具体步骤如下。

（1）确定环境、任务定义、边界以及被评估系统的定义、使用方式等。

（2）根据使命任务与要求，建立性能量度空间$\{MOP_i\}_m$。

（3）根据任务参数，建立任务原始参数 $\{Y_i\}$ 到性能量度的映射f_m，即

$$\{MOP_i\}_m = f_m(Y_1, Y_2, \cdots, Y_n) \tag{8-1}$$

（4）依据系统构成、原理及运用模式，建立系统原始参数 $\{X_i\}$ 到性能量度的映射f_s，即

$$\{MOP_i\}_s = f_s(X_1, X_2, \cdots, X_n) \tag{8-2}$$

（5）系统和任务的每个原始参数都有一个变化范围，每一组确定的原始参数就可以确定一个状态，该状态对应了性能量度空间 $\{MOP_i\}$ 上的一个点。根据系统和任务的所有可能原始参数，将其对应到 $\{MOP_i\}$ 上，形成系统轨迹 L_s 和任务轨迹 L_m。图 8-2 反映了二维性能量度空间上的系统轨迹和任务轨迹。

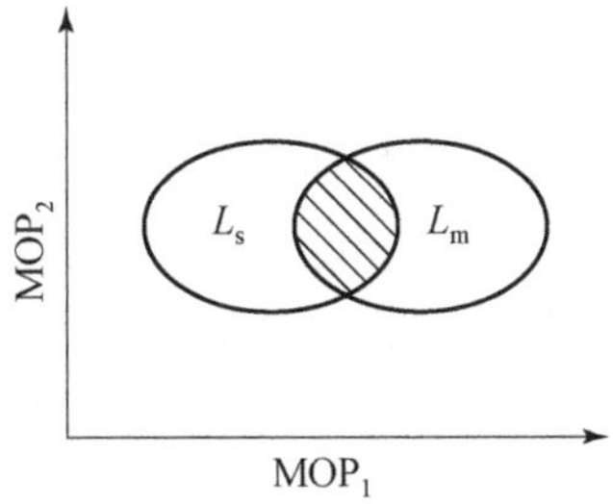

图 8-2　二维性能量度空间上的系统轨迹和任务轨迹

计算系统效能公式为

$$E = \int_{L_s \cap L_m} h(s)\,\mathrm{d}s \tag{8-3}$$

式中：$h(s)$为系统轨迹 L_s 区域上的概率密度函数。当 L_s 上的点满足均匀分布时，有

$$h(s) = \frac{1}{V(L_s)} \tag{8-4}$$

式中：$V(L_s)$为性能量度空间 $\{MOP_i\}$ 上的测度。当 $\{MOP_i\}$ 为一维空间时，$V(L_s)$表示 L_s 的长度；当 $\{MOP_i\}$ 为二维空间时，$V(L_s)$表示 L_s 的面积；当 $\{MOP_i\}$ 为三维空间时，$V(L_s)$表示 L_s 的体积。此时系统效能可以表示为

$$E = \frac{V(L_s \cap L_m)}{V(L_s)} \tag{8-5}$$

在 SEA 方法中，系统效能的取值范围为［0，1］。当 $L_s \cap L_m = \varnothing$ 时，$E=0$，表示系统在运行过程中，所有的状态均无法完成任务。当 $L_s \cap L_m = L_s$ 时，$E=1$，表示系统在运行过程中，所有的状态均能完成任务。

8.2 基于 SEA 方法的侦察无人机运用效能评估

针对不同的无人机系统，基于一种运用场景，对无人机的运用效能进行评估，选择最合适的无人机系统执行该场景下的战争任务。

8.2.1 无人机战场侦察任务描述

无人机城市侦察是城市攻击作战的重要组成部分，主要完成城市街道、树林等区域的武装人员、中型车辆、道路情况、交通障碍物、重要地点等目标的侦察，形成城市防御的战场态势，为城市攻击作战筹划提供情报支持，在侦察过程中，要能够对关注目标进行精确定位，为后续的精确打击提供目标信息支持。

侦察能力需求主要表现在以下几个方面。

（1）侦察时效性。用单位时间侦察区域的大小来表征，对于城市攻击作战 1h 之内，完成 25 ~ 100km^2 区域范围的侦察任务。

（2）侦察范围。能够覆盖整个城市，城市大小为 10km × 10km。

（3）目标发现与识别能力。能够发现武装分队、中型车辆、重要建筑物、大型障碍物等目标，目标发现概率大于 90%，目标识别概率大于 80%。

（4）目标定位精度。定位精度直接影响对目标的精确打击，根据火炮打击的毁伤半径，为了实现对目标的精确打击，要求目标定位误差不大于 30m。

（5）目标跟踪能力。要求能够对最大速度大于 80km/h 的目标进行实时跟踪。

（6）毁伤评估。毁伤评估正确率大于 90%。

8.2.2 城市侦察作战使命任务参数到性能度量空间的映射

本节将侦察能力度量分解为侦察区域、侦察快速性、目标发现概率、目标识别概率、目标定位精度来描述，目前无人机的毁伤效果评估主要是地面操控人员参与完成毁伤评估，毁伤评估能力直接取决于目标识别率，可以将毁伤评估正确率归纳到目标识别率性能一并表征。

1. 侦察区域 MOP_M1

为了有效完成作战筹划，需要作战之前对城市防御态势有个基本掌握，要求及时完成对城市整体的概略侦察，包括街道分布、道路交通与交通枢纽、核心地域特点、防御力量位置与数量。也就是要完成城市全域 $100km^2$ 区域内的侦察。按照城市总面积 $100km^2$ 进行归一化，则侦察区域 MOP_M1 值为

$$MOP\_M1 = 1.0$$

2. 侦察时效性 MOP_M2

侦察时效性是指所给时间内，完成侦察任务区域的大小，也可以称为“侦察速度”。无人机侦察快慢是作战过程对战场侦察的一个重要要求。通常根据战场侦察需要，确定一个最高的侦察速度。根据本次城市作战需要，1h 之内完成城市全域的概略侦察。也就是说 1h 之内完成 $100km^2$ 的侦察任务，按照这个时效性进行归一化，可以确定无人机战场侦察时效性 MOP_M2 的值为

$$MOP\_M2 = 1.0（即对应 100km^2/h）$$

3. 目标发现概率 MOP_M3

战场侦察的目标发现概率与城市作战的具体行动紧密相关，及时发现作战对象是推进作战进程的重要基础。根据作战态势更新需要，目标识别率越高，侦察任务完成得就越好，城市作战中，要求目标发现概率达到 100%，也即 MOP_M3 的值为

$$MOP\_M3 = 1.0$$

4. 目标识别率 MOP_M4

目标识别是确定已发现目标的属性，如类型、数量、行为、运动等信息。目标识别概率是正确识别目标的度量，根据城市作战需要，无人机中型目标（卡车、坦克、步战车等）目标识别概率要求 100%，所以目标识别率 MOP_M4 的值为

$$MOP\_M4 = 1.0$$

5. 目标定位精度 MOP_M5

目标位置是战场态势的重要要素，也是引导火力打击的基础，根据城市进攻作战的特点，采用火炮对目标进行打击的基本要求，要求无人机目标定位误差小于 5m，按照误差 100m 作为归一化基准，并按照成本型指标进行规范化处理，得到目标定位精度 MOP_M5 变化范围为

$$MOP\_M5 = 0.95 \sim 1（对应误差为 5 \sim 0m）$$

8.2.3 任务环境描述

无人机侦察主要应用环境是一个中等城市，面积大小约为 30km × 30km。关注的目标首先是抵抗力量，包括武装分队、坦克、火炮、卡车、大型掩体等；其次还有城市道路、交通情况，识别出阻止通行的大型道路障碍物，最后就是重点建筑的情况，如广播电视台、隧道桥梁、信息中心、市政府等。城市目标动态性

强，目标种类多，隐蔽性好，加之借助城市的建筑、树林、伪装等掩护，很多目标不易被发现。

此外，城市环境给飞行安全也带来一定的挑战，有的区域比较平坦，最低飞行高度可以达到30m，有些区域有高大建筑，飞行高度必须在200m以上，才能避免飞行过程中与建筑物碰撞。

8.2.4 无人机系统描述

城市攻击部队目前拥有的无人机有3种类型，分别是无人机1、无人机2、无人机3，其中，无人机1是一种搭载光电侦察吊舱的小型四旋翼无人机系统，无人机2是一种搭载侦察光电吊舱的手抛型固定翼电动无人机系统，无人机3是一种弹射固定翼油动无人机系统，搭载光电侦察吊舱，具备目标激光指示能力。具体参数主要如下。

(1) 无人机1。由于是多旋翼飞机，能够适应城市环境，飞行高度可以随侦察区域、侦察目标的特性进行变化，飞行高度高，侦察范围就大，但目标发现能力相对弱；相反，无人机飞行高度低，可以达到几十米，目标发现能力、定位精度都会提高。无人机1的最大起飞重量5kg，测控半径大于10km，续航时间1h，巡航速度10m/s，最大工作高度500m（相对于地面），目标跟踪最大速度40km/s，光电吊舱集成了可见光、红外成像，能同时对目标形成可见光图像和红外图像，光电侦察吊舱视场角固定，为30°×30°。无人机具有悬停功能，正下视条件下，目标定位精度可达10m，斜视条件下，目标定位误差小于50m，不同的飞行状态和侦察模式，目标发现率和目标识别率都在变化，目标发现率为80%~95%，目标识别率大于90%。目标毁伤评估正确率在90%以上。

(2) 无人机2。由于是固定翼飞机，在城市环境飞行受到一定限制，飞行高度过高，发现目标的能力就弱，飞行高度低，容易与建筑物碰撞，飞行安全不能保证。无人机2最大起飞重量3kg，测控半径大于10km，续航时间1.5h，巡航速度20m/s，最大工作高度500m（相对于地面），目标跟踪最大速度60km/s，光电吊舱集成了可见光、红外成像，能同时对目标形成可见光图像和红外图像，光电侦察吊舱视场角固定，为30°×30°。目标定位误差为25~80m，不同的飞行状态和侦察模式，目标发现率和目标识别率都在变化，目标发现率为70%~80%，目标识别率大于80%。目标毁伤评估正确率在80%以上，与目标的属性、大小等有关。

(3) 无人机3。该型无人机是小型油动固定翼飞机，最大起飞重量60kg，续航时间8h，巡航速度20m/s，最大工作高度1500m（相对于地面），目标跟踪最大速度80km/s，光电吊舱集成了可见光、红外成像，能同时对目标形成可见光图像和红外图像，侦察吊舱视场角连续可调，变化范围为 30°×30°~5°×5°。目标定位误差为 10~50m，不同的飞行状态和侦察模式，目标发现率和目标识别率都在变化，目标发现率在 80% 以上，目标识别率大于 90%。目标毁伤评估正确率在 90% 以上，与目标的属性、大小等有关。

8.2.5　无人机系统参数到性能度量空间的映射

这里将侦察能力度量分解为侦察区域、侦察快速性、目标发现概率、目标识别概率、目标定位精度来描述，目前无人机的毁伤效果评估主要是地面操控人员参与完成毁伤评估，毁伤评估能力直接取决于目标识别率，可以将毁伤评估正确率归纳到目标识别率性能一并表征。

1. 侦察区域 MOP_S1

无人机侦察区域的大小是指无人机一个飞行起落可完成侦察区域的大小，它与无人机飞行高度、光电侦察吊舱的性能、视场角大小等参数直接相关。

对于无人机 1，其侦察飞行时，为了有效发现、识别目标，最大飞行高度为 200m，飞行速度为 10m/s，光电侦察吊舱的视场角为 30°×30°，则可求得无人机 1 侦察视场为 108m×108m，水平飞行速度为 10m/s，那么 1s 侦察的区域 10m×108m，无人机续航时间为 1h，那么飞行起落侦察最大区域为 10m×108m×3600 = 3.89km^2。按照 100km^2 进行归一化，无人机 1 一个飞行起落的侦察区域 MOP_S1 - 1 的变化范围为

$$\text{MOP\_S1}-1=0.0\sim0.0389$$

对于无人机 2，其侦察飞行时，为了有效发现、识别目标，最大飞行高度为 200m，飞行速度为 20m/s，光电侦察吊舱的视场角为 30°×30°，则可求得无人机 2 侦察视场为 108m×108m，1s 侦察的区域 20m×108m，无人机续航时间为 1.5h，则可计算得到一个飞行起落侦察区域最大为 20m×108m×5400 = 11.66km^2。按照 100km^2 进行归一化，无人机 2 一个飞行起落的侦察区域 MOP_S1 - 2的变化范围为

$$\text{MOP\_S1}-2=0.0\sim0.117$$

对于无人机 3，其侦察飞行时，为了有效发现、识别目标，最大飞行高度为 800m，飞行速度为 30m/s，光电侦察吊舱的视场角为 30°×30°~5°×5°连续可变，则可求得无人机 3 侦察视场为 0.43km×0.43km，1s 侦察的区域 0.03km×0.43km = 0.0129km^2，无人机续航时间为 6h，则可计算得到一个飞行起落侦察区域为 0.03km×0.43km×3600×6 = 278.64km^2。无人机 3 一个飞行起落可以完成城市全域的侦察，超过了归一化值，所以侦察区域 MOP_S1 - 3 值为

$$\text{MOP\_S1}-3=0.0\sim1.0$$

2. 侦察时效性 MOP_S2

无人机侦察的时效性决定于飞行速度、光电侦察吊舱的视场角、侦察飞行高度等，对于无人机 1，光电侦察吊舱视场角为 30°×30°，无人机飞行速度为 10m/s，侦察飞行高度为 200m，由这些参数可以计算出无人机 1 在 1s 时间内，侦察面积为 10m×108m = 0.00108km²，那么无人机 1 完成 1h 侦察的区域面积为 3.89km²，按照 100km 进行归一化，则无人机侦察时效性指标 MOP_S2 - 1 的变化范围为

$$MOP\_S2-1=0\sim0.04$$

对于无人机 2，搭载同样的光电侦察载荷，飞行高度同样为 200m，只是飞行速度提高了 1 倍，达到 20m/s。同理可以计算出无人机 2 侦察时效性指标 MOP_S2 - 2的变化范围为

$$MOP\_S2-2=0\sim0.08$$

对于无人机 3，光电侦察吊舱最大视场角为 30°×30°，无人机飞行速度为 30m/s，侦察飞行高度为 800m，由这些参数可以计算出无人机 3 在 1s 时间的侦察面积为 0.03km×0.43km = 0.0129km²，无人机 3 在 1h 的侦察区域为 46.44km，按照 100km 进行归一化，那么无人机 3 侦察时效性指标 MOP_S2 - 3 的变化范围为

$$MOP\_S2-3=0.0\sim0.4644$$

3. 目标发现概率 MOP_S3

无人机目标发现概率一方面取决于飞行性能、光电侦察吊舱的性能，此外还与侦察飞行模式有关。

对于无人机 1，旋翼机飞行速度低，在目标上空驻留时间长，而且飞行高度变化方便，容易实现概略侦察与详细侦察的兼容，通过光电侦察吊舱实际参数，结合旋翼无人机飞行模式，中型目标的发现概率为 95%，即

$$MOP\_S3-1=0.95$$

对于无人机 2，采用相同的光电侦察吊舱，但由于只有一种飞行模式，飞行高度在城市环境又不能过低，飞行模式很难适应不同城市环境条件下的目标侦察。利用无人机载荷参数和飞行参数，结合飞行模式，中型目标的发现概率大于 85%，也即 MOP_S3 - 2 的变化范围为

$$MOP\_S3-2=0.85$$

对于无人机 3，由于其最大任务载荷能力强，可以搭载较高性能的光电侦察吊舱，此外采用变焦模式，可以针对不同目标、不同环境调整视场大小，对弱小目标、昏暗环境下的目标进行清晰成像，目标发现概率得到明显提升。基于光电侦察吊舱的技术参数，结合无人机飞行模式，可以计算出无人机中型目标平均发

现概率为 92%，也即 MOP_S3 - 3 的变化范围为

$$MOP\_S3-3=0.92$$

4. 目标识别概率 MOP_S4

目标识别是在无人机发现目标后，对目标的属性进行识别，目标识别率是正确识别目标属性的概率。目标识别率很大程度上取决于目标成像的清晰度、分辨率和目标图像的大小。同时还与无人机的飞行特性有关，此外还与目标特征库的丰富程度、完整程度、描述模型有效性等有关。在这里假设目标特征库完备、丰富，有足够的信息支撑目标识别。目标识别的能力主要受光电侦察吊舱的性能参数、侦察飞行模式等影响，与目标特征库无关。

对于无人机 1，由于是多旋翼无人机，对于发现的目标，可以采取不同的飞行模式、不同的飞行高度对其详细侦察，甚至可以悬停在目标上空，直至获得目标的清晰图像，完成目标识别。基于无人机 1 的这些特点，其目标识别率相对较高，利用侦察吊舱像素分辨率参数，结合飞行模式，可以计算出目标平均识别率在 98% 左右，即

$$MOP\_S4-1=0.98$$

对于无人机 2，由于是固定翼飞机，在城市环境条件下，飞行高度不能过低，飞行速度又较高，搭载的任务载荷性能与无人机 1 相同，是一种微型光电侦察吊舱，其目标识别率比无人机要小一些。基于侦察吊舱像素分辨率等参数，结合典型飞行高度，可以计算出目标识别率为 90%，即

$$MOP\_S4-2=0.90$$

对于无人机 3，由于它是长航时小型固定翼无人机，在城市环境条件下，飞行高度不能过低，飞行速度又较高，但是搭载的任务载荷性能比较高，可以通过焦距的控制，对关注目标成清晰图像。基于侦察吊舱像素分辨率等参数，结合典型飞行模式，可以计算出目标识别率为 95%，即

$$MOP\_S4-3=0.95$$

5. 目标定位精度 MOP_S5

无人机目标定位精度主要受到目标定位方式、光电侦察吊舱性能、飞行参数等的影响。假设无人机只对飞机正下方目标进行定位，基于这种假设，利用飞行参数和光电侦察吊舱参数，可以计算出无人机目标定位精度。

对于无人机 1，采用无人机北斗 3 导航模式，根据光电侦察吊舱性能参数，可以计算出无人机 1 对正下方目标的定位误差小于 10m。按照 100m 进行归一化，并结合成本型指标规范方法，可得到无人机 1 目标定位精度 MOP_S5 - 1 的数值为

$$MOP\_S5-1=0.9\sim1.0$$

对于无人机2，无人机采用北斗3导航模式，根据光电侦察吊舱性能参数，可以计算出无人机2对正下方目标的定位误差小于30m，即

$$MOP\_S5-2=0.7\sim1.0$$

对于无人机3，无人机采用北斗3导航模式，根据光电侦察吊舱性能参数，可以计算出无人机3对正下方目标的定位误差小于25m，即无人机3目标定位指标 MOP_S5－3 的变化范围为

$$MOP\_S5-3=0.75\sim1.0$$

8.2.6 不同无人机系统效能评估

针对无人机1，效能评估值 SAE－1 为

$$\begin{aligned}SEA-1&=\frac{MOP\_S1-1\times MOP\_S2-1\times MOP\_S3-1\times MOP\_S4-1\times MOP\_S5-1}{MOP\_M1\times MOP\_M2\times MOP\_M3\times MOP\_M4\times MOP\_M5}\\&=\frac{0.039\times0.04\times0.95\times0.98\times0.9}{1\times1\times1\times1\times0.95}\\&=0.001\end{aligned}$$

针对无人机2，效能评估值 SAE－2 为

$$\begin{aligned}SEA-2&=\frac{MOP\_S1-2\times MOP\_S2-2\times MOP\_S3-2\times MOP\_S4-2\times MOP\_S5-2}{MOP\_M1\times MOP\_M2\times MOP\_M3\times MOP\_M4\times MOP\_M5}\\&=\frac{0.117\times0.08\times0.85\times0.90\times0.7}{1\times1\times1\times1\times0.95}\\&=0.006\end{aligned}$$

针对无人机3，效能评估值 SAE－3 为

$$\begin{aligned}SEA-3&=\frac{MOP\_S1-3\times MOP\_S2-3\times MOP\_S3-3\times MOP\_S4-3\times MOP\_S5-3}{MOP\_M1\times MOP\_M2\times MOP\_M3\times MOP\_M4\times MOP\_M5}\\&=\frac{1\times0.46\times0.92\times0.95\times0.75}{1\times1\times1\times1\times0.95}\\&=0.32\end{aligned}$$

从以上的评估结果可以看出，小型电动无人机1、无人机2进行城市全域侦察，几乎完不成任务，其效能几乎为0，从评估的性能度量空间可以看出，主要是无人机1、无人机2飞行速度慢、飞行高度低，侦察的时效性比较差，不能胜任城市作战全域侦察的需要。这种无人机适合城市局部侦察需要。

无人机3能够完成城市全域侦察任务，但效能比较低。从性能度量指标参数可以看出，侦察时效性不足是根本原因，一些中型无人机可以在2000m以上的高度，搭载高性能光电侦察载荷实施侦察，侦察的时效性就可大幅度提升。例如，搭载视场角为30°×30°的侦察吊舱，飞行速度为30m/s，续航时间8h。其1h的

侦察范围约为 $108km^2$，此时完全满足城市全域侦察需要，即 MOP_S2 - 3 = 1.0，在其他参数不变的情况下，SEA - 3 约为 0.7，说明此时的无人机 3 在进行城市全域侦察时，能够发挥较好的效能。

8.3　本章小结

本章聚焦于无人机运用效能的评估，采用系统效能分析（SEA）方法，并深入探讨了该方法在无人机城市侦察任务中的具体应用与局限性。首先，本章详尽介绍了 SEA 方法的核心框架与关键概念，包括系统、任务、环境、原始参数、性能量度以及系统效能的定义，并解释了如何通过构建性能度量空间（MOP）来实现系统任务完成度与任务要求的量化对比。

本章以无人机城市侦察任务为例，细致描绘了侦察任务的多元化需求，如侦察时效性、侦察范围、目标发现与识别能力、目标定位精度及目标跟踪能力等核心指标。通过将这些需求映射至性能度量空间，成功构建了任务轨迹，为后续的效能评估奠定了坚实基础。

随后，本章对无人机侦察的主要应用场景进行了详细描述，并全面展示了 3 种不同类型的无人机系统及其关键性能参数，包括小型四旋翼无人机、手抛型固定翼无人机以及弹射固定翼油动无人机。通过深入分析，将无人机系统的各项参数同样映射至性能度量空间，从而形成了清晰的系统轨迹。

在效能评估环节，本章通过对比系统轨迹与任务轨迹，对 3 种无人机在城市侦察任务中的表现进行了全面而深入的剖析。评估结果显示，小型无人机受限于其飞行速度与侦察范围，难以胜任城市全域侦察任务，效能表现欠佳。而无人机 3 虽然在全域侦察方面展现了一定能力，但侦察时效性不足成为制约其效能提升的关键因素。本章提出了针对性改进建议，强调通过提升无人机的侦察时效性来显著增强其效能，具体措施包括增加飞行高度、搭载高性能光电侦察载荷等。

参考文献

[1]曾博韬. 地基拦截弹系统建模及效能评估方法研究[D]. 成都:电子科技大学,2018.

第 9 章　无人机运用 TOPSIS 多属性决策方法

考虑对传统的 TOPSIS（technique for order preference by similarity to an ideal solution）多属性决策方法进行改进，对无人机运用的不同模式的安全等级进行排序，以提高无人机运用安全性评估的准确性。

9.1　多属性决策理论

多属性决策是指决策者在综合考虑多个指标并衡量不同指标权重的基础上，在有限个方案中选择最优方案或者对不同方案进行相对优劣排序。多属性决策问题主要包括 5 个主要因素，即决策者、方案集、属性集、属性值和决策准则。其中，决策者水平对多属性决策评价结果的影响较大；方案集由待评价对象组成，是决策者进行方案优选和排序的基础；属性集是用来进行方案优选和排序的决策指标；属性值是各待评价对象的具体指标数据，能够反映各待评价对象的优劣程度；决策者根据决策标准选择较优方案集，评价待选对象优劣。

目前，对于多属性决策的研究主要集中在 3 个方面，即决策矩阵、指标权重与综合评价。其研究内容如下。

1. 决策矩阵

决策矩阵是决策者根据指标原始数据构建的初始矩阵，反映的是多属性决策待评价对象的基本信息，是进行多属性决策的基础。由于进行多属性决策时，不同类型指标的量纲往往不一致，很难直接比较，这时就需要对指标数据进行规范化处理，以消除量纲不一致对评价结果带来的影响。也是多属性决策的关键环节。

2. 指标权重

属性是可以反映待评价对象优劣程度的基本信息，根据数据的性质可以将属性分为定量指标和定性指标。而属性数据对于决策结果来说，有些是越大越好，有些则是越小越好。所以，通常又将属性分为效益型指标和成本型指标，这也是最常用的属性分类方法。属性集中的每个指标的重要程度也不一样，所以确定指标权重也是多属性决策的一个重要环节。权重的确定方法分为主观和客观两大类，此外还有主客观组合赋权法。

3. 综合评价

多属性决策的最终目标是要对待评价对象进行排序和优选，而要实现这一目标就需要选择合理的数学模型对待评价对象进行评价，才能得到比较合理的决策结果。现有的综合评价方法都是通过一种模型或者算法对多个指标进行处理，得到一个可用于进行比较的评价值，根据此评价值的大小对待选方案进行排序或优选，最终达到多属性决策的目的。

9.2　传统 TOPSIS 多属性决策方法

利用 TOPSIS 进行多属性决策的原理是通过计算各评估对象与理想化目标的相对贴近度来进行相对优劣排序，其中理想化目标包含了正理想解 S^+ 和负理想解 S^-，正理想解是待评估方案集中的最优解，它表示各个单一指标值都达到了方案集中的最优，而负理想解则是最劣解。

设有 m 个无人机运用方案 A_1，A_2，⋯，A_m，n 个评估指标 C_1，C_2，⋯，C_n，X_{ij}是第 i 个无人机运用方案 A_i 的第 j 项指标值。利用传统 TOPSIS 方法进行多属性决策的步骤如下。

（1）根据原始数据建立决策矩阵，即

$$\boldsymbol{X}=\begin{bmatrix} x_{11} & x_{12} & \cdots & x_{1n} \\ x_{21} & x_{22} & \cdots & x_{2n} \\ \vdots & \vdots & \ddots & \vdots \\ x_{m1} & x_{m2} & \cdots & x_{mn} \end{bmatrix}$$

（2）由于不同指标数据的量纲存在差异，需要规范化处理，得到规范化矩阵，即

$$\boldsymbol{Y}=\begin{bmatrix} y_{11} & y_{12} & \cdots & y_{1n} \\ y_{21} & y_{22} & \cdots & y_{2n} \\ \vdots & \vdots & \ddots & \vdots \\ y_{m1} & y_{m2} & \cdots & y_{mn} \end{bmatrix}$$

对各指标赋权，将规范化指标数据矩阵乘以权重矩阵就得到评估矩阵 $\boldsymbol{V}$，即

$$\boldsymbol{V}=\begin{bmatrix} y_{11} & y_{12} & \cdots & y_{1n} \\ y_{21} & y_{22} & \cdots & y_{2n} \\ \vdots & \vdots & \ddots & \vdots \\ y_{m1} & y_{m2} & \cdots & y_{mn} \end{bmatrix} * \begin{bmatrix} w_{11} & 0 & \cdots & 0 \\ 0 & w_{22} & \cdots & 0 \\ \vdots & \vdots & \ddots & \vdots \\ 0 & 0 & \cdots & w_{mn} \end{bmatrix} = \begin{bmatrix} v_{11} & v_{12} & \cdots & v_{1n} \\ v_{21} & v_{22} & \cdots & v_{2n} \\ \vdots & \vdots & \ddots & \vdots \\ v_{m1} & v_{m2} & \cdots & v_{mn} \end{bmatrix} \tag{9-1}$$

式中：$w_i > 0, \sum_{i=1}^{n} w_i = 1$，为每个指标的权重。

（4）确定正理想解 S^+ 和负理想解 S^-，即

$$S^+ = \{S_1^+, S_2^+, \cdots, S_n^+\}, S^- = \{S_1^-, S_2^-, \cdots, S_n^-\}$$

若指标 C_j 为效益型指标，则有

$$S^+ = \begin{cases} S_j^+ = \max\{V_{ij} \mid 1 \leqslant i \leqslant m\} \\ S_j^- = \min\{V_{ij} \mid 1 \leqslant i \leqslant m\} \end{cases} \tag{9-2}$$

若指标 C_j 为成本型指标，则有

$$S^+ = \begin{cases} S_j^+ = \min\{V_{ij} \mid 1 \leqslant i \leqslant m\} \\ S_j^- = \max\{V_{ij} \mid 1 \leqslant i \leqslant m\} \end{cases} \tag{9-3}$$

（5）分别计算无人机各运用方案到正、负理想解的欧几里得距离，即

$$D_i^+ = \sqrt{\sum_{j=1}^{n} (V_{ij} - S_j^+)^2} \tag{9-4}$$

$$D_i^- = \sqrt{\sum_{j=1}^{n} (V_{ij} - S_j^-)^2} \tag{9-5}$$

（6）计算相对贴近度 C_i^* 值，并进行相对优劣排序，有

$$C_i^* = \frac{D_i^-}{D_i^+ + D_i^-} \in [0,1] \tag{9-6}$$

所得到的相对贴近度 C_i^* 越趋向于1，说明评估对象越优。

9.3 基于 TOPSIS 方法无人机侦察效能评估应用

9.3.1 无人机运用任务场景

某小型多旋翼无人机要对某关注地域 *ABCD* 实施侦察，*ABCD* 区域的俯视形状如图 9-1 所示。

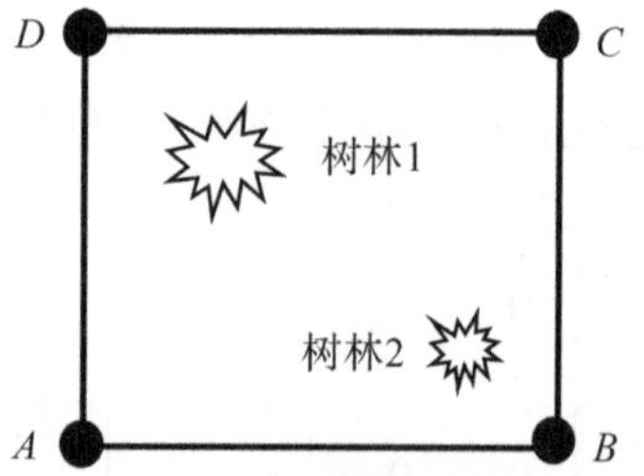

图 9-1 侦察关注的区域 *ABCD*

该区域面积为 1km × 1km，区域中有两片树林，树林 1 的面积为 0.3km × 0.3km，树林 2 的面积为 0.2km × 0.2km。区域中除了两片树林外，其余地域都是空旷平地或道路。无人机从 *A* 点起飞，然后再落回到 *A* 点。小型多旋翼无人机侦察主要参数包括：巡航速度 10m/s，详察飞行高度 100m，略察飞行高度 500m，爬升率 2m/s，下降率为 5m/s。无人机光电吊舱视场角为 30° × 30°，最大续航时间为 1h，最大测控距离为 10km。为了完成对区域内目标侦察，可采取 3 种方案：方案 1 如图 9－2 所示，对区域实施全面详细侦察，从 *A* 点起飞，飞行高度 100m，按照"线虚线"的航线飞行，也就是间隔 Z 形进行侦察飞行，到达 *DC* 边。

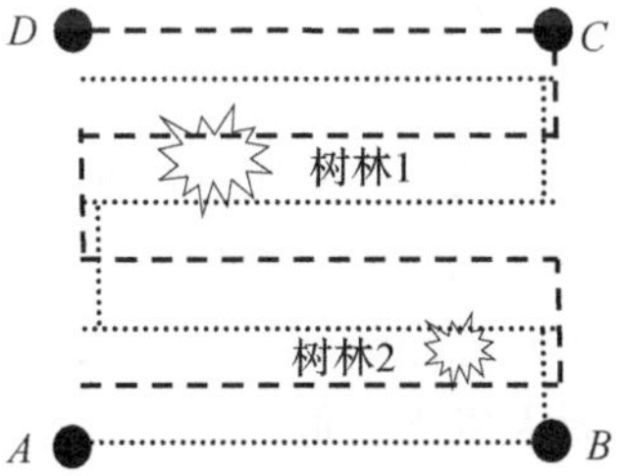

图 9－2　无人机侦察实施方案 1

返航时，按照"点虚线"的航线进行侦察，同样按照 Z 形航线飞行，实施侦察，接近 *AB* 边后，完成侦察任务，降落在 *A* 点。飞行高度低，目标发现能力强，但视场小，需要飞行更长的时间，战场生存能力也较弱。

方案 2 与方案 1 基本相同，仅是飞行高度不同，方案 2 的飞行高度是 200m，由于视场相对于方案 1 变大，飞行时间会适当缩短，但目标发现能力也会降低。

方案 3 与方案 1、2 大不相同，它是针对不同地形、区域，采取不同的侦察方式，力求在缩短飞行时间的同时，又试图不降低侦察能力。对空旷区域实施概略侦察，对可疑区域实施详细侦察。具体过程如图 9－3 所示。

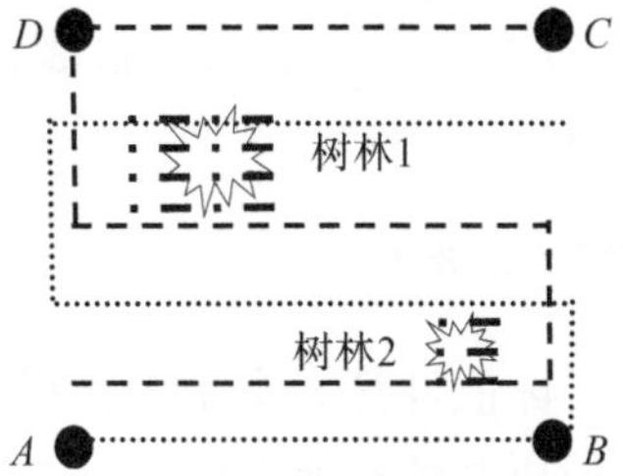

图 9－3　无人机侦察实施方案 3

无人机在侦察飞行的同时，进行爬高实用升限 500m，在这个高度按照 Z 形实施概略侦察，确定可疑区域两片小树林的位置，并完成对空旷区域的侦察，然后直接飞临可疑区域树林1和树林2，并降低高度到100m，对树林1、2实施详细侦察。完成任务后，直接返回到A点。图中“线虚线”和“点虚线”是概略侦察的飞行航线，“点画线”是详细侦察的航线。

从无人机应用场景可以看出，无人机运用方案有3种，构成了方案集，表示为$\boldsymbol{F}=[f_1,f_2,f_3]$。其中$f_1$、$f_2$、$f_3$分别表示方案1、2、3。

9.3.2 无人机运用属性集构建

多旋翼无人机主要完成战场侦察任务，完成这一任务的效能指标主要有侦察能力、战场任务完成时间、任务生存能力。侦察能力主要利用无人机目标检测率、目标虚警率、目标识别率来表征。对于空旷区域，只要无人机采用适当的飞行高度，通常都能够准确地发现、识别目标，也就是说，针对空旷地域，无人机侦察能力表现得都比较强，不同使用方式之间差别较小。但是对于复杂地域，如树林等，无人机侦察能力通常就比较弱，与使用方式就有很大关系，如果飞行时需要降低飞行高度、在可疑区域悬停时间长，才能发现树林中的隐藏目标。战场侦察存在对抗性，小型旋翼无人机飞得低一些、慢一点，目标发现、识别能力会显著增强，但与此同时，被敌方击落的概率就会增大，无人机没有安全返回起飞点，导致任务失败，任务生存能力就会降低。与此同时，飞行速度慢，也会导致全区域侦察所用时间增长，侦察时间就会延长。所以，无人机的侦察能力、侦察时间、任务生存能力等之间相互联系、相互影响。我们选择无人机的侦察能力、侦察时间、侦察生存能力作为反映无人机运用的效能，形成指标集$\boldsymbol{X}=[x_1, x_2, x_3]$。其中$x_1$、$x_2$、$x_3$分别表示无人机的侦察能力、侦察时间、侦察生存能力。侦察能力用1～5测度进行描述，分别表示侦察能力为一般、较强、强、很强、非常强。由领域专家打分进行衡量。侦察时间用定量数据描述，表示完成一个区域侦察任务所需的时间，它和飞行高度、飞行速度、侦察模式有直接关系，可以实际计算活动侦察时间的具体数值。任务生存能力也采用1～5标度描述，分别表示任务生存能力为一般、较高、高、很高、非常高，对应数值分别为1、2、3、4、5，由领域专家打分表征其大小。

9.3.3 无人机运用决策矩阵构建

对于方案1：侦察能力指标值计算。由于无人机飞行高度低，而且对$ABCD$整个区域都采取详细侦察，所以其侦察能力很强，也即$x_{11}=4$。

侦察时间指标值计算。无人机光电吊舱横向、纵向的视场角均为30°，在飞行高度为100m的情况下，侦察视场为54m×54m。往返完成Z形全区域覆盖侦察，所需往返各10个航线，考虑DC、DA各1个航程，共计需要飞行10+10+

1 + 1 = 22 个 1km，才能覆盖整个 *ABCD* 区域，巡航速度为 10m/s，那么完成整个侦察任务所需的总时间为 22 × 1km/10 = 2200s。此外，还要加上 100m 爬升和下降时间（100/2 + 100/5 = 70s），这样共计总时间为 2200 + 70 = 2270s，也即 x_{12} = 2270s。

侦察任务生存能力指标值计算。该飞行侦察模式由于飞行高度低，容易被敌方发现，任务生存能力相对不高，经领域专家综合打分，得到侦察任务生存能力 x_{13} = 1。

对于方案 2：侦察能力指标值计算。由于无人机飞行高度 200m，而且对 *ABCD* 整个区域都采取侦察，所以其侦察能力相对于方案 1 有所下降，经专家打分，给出侦察能力数值为 x_{21} = 2。

侦察时间指标值计算。无人机光电吊舱横向、纵向的视场角均为 30°，在飞行高度为 200m 时，侦察视场为 108m × 108m。往返完成 Z 形全区域覆盖侦察，所需往返各 5 个航线，考虑 *DC*、*DA* 各 1 个航程，共计需要飞行 5 + 5 + 1 + 1 = 12 个 1km，才能覆盖整个 *ABCD* 区域，巡航速度为 10m/s，那么完成整个侦察任务所需的总时间为 12 × 1km/10 = 1200s。此外还要加上 200m 爬升和下降时间为 200/2 + 200/5 = 140s，这样共计总时间为 1200 + 140 = 1340s，即 x_{22} = 1340s。

侦察任务生存能力指标值计算。该飞行侦察模式由于飞行高度有所提高，被敌方发现的概率降低，任务生存能力相对有所提高，经领域专家综合经验评判，给出侦察任务生存能力 x_{13} = 2。

对于方案 3：侦察能力指标值计算。由于无人机飞行高度 500m，先对 *ABCD* 整个区域采取概略侦察，然后对关注的区域进行详细侦察。所以，其侦察能力在空旷区域相对于方案 1 有所下降，但在关注区域，与方案 1 相同，经专家综合评判，给出侦察能力数值为 x_{31} = 3。

侦察时间指标值计算。无人机光电吊舱横向、纵向的视场角均为 30°，在飞行高度为 200m 时，侦察视场为 270m × 270m。往返完成 Z 形全区域覆盖侦察，所需往返各 2 个航线，考虑 *DC*、*DA* 各 1 个航程，共计需要飞行 2 + 2 + 1 + 1 = 6 个 1km，就能覆盖整个 *ABCD* 区域，巡航速度为 10m/s，那么完成整个侦察任务所需的总时间为 6 × 1km/10 = 600s。此外，还要加上 500m 爬升和下降时间为 500/2 + 500/5 = 350s。对于树林 1、树林 2 进行详细侦察，其大小分别为 300m × 300m 和 200m × 200m，各需要飞行一个航线，同样以巡航速度飞行，共需要 300/10 + 200/10 = 50s。从树林 1 到树林 2 的飞行距离大约为 300m，飞行时间大约为 30s。这样共计总时间为 600 + 350 + 50 + 30 = 1030s，即 x_{32} = 1030s。

侦察任务生存能力指标值计算。该飞行侦察模式由于飞行高度大幅度提高，被敌方发现的概率降低很多，对关注区域进行详细侦察时一个飞行就完成，在敌方上空暴露的时间也十分有限，任务生存能力得到明显提高，经领域专家经验综合评判，给出侦察任务生存能力 $x_{13}=4$。

通过以上分析，可以获得决策矩阵 $\boldsymbol{X}$ 为

$$\boldsymbol{X}=\begin{bmatrix} x_{11} & x_{12} & x_{13} \\ x_{21} & x_{22} & x_{23} \\ x_{31} & x_{32} & x_{33} \end{bmatrix}=\begin{bmatrix} 4 & 2270 & 1 \\ 1 & 1340 & 2 \\ 3 & 1030 & 4 \end{bmatrix} \tag{9-7}$$

对决策矩阵进行规范化处理，将侦察时间映射到 1 ~ 5 测度上，因为无人机续航时间为 3600s，侦察最长时间为 $s_{\max}=3600\text{s}$，最短时间是无人机以最大高度飞行实施侦察，也就是 500m 高度。侦察最短时间为 $s_{\min}=950\text{s}$。规范化处理后得到

$$\boldsymbol{Y}=\begin{bmatrix} y_{11} & y_{12} & y_{13} \\ y_{21} & y_{22} & y_{23} \\ y_{31} & y_{32} & y_{33} \end{bmatrix}=\begin{bmatrix} 4 & 3.0 & 1 \\ 1 & 1.6 & 2 \\ 3 & 1.1 & 4 \end{bmatrix} \tag{9-8}$$

9.3.4 无人机运用方案排队决策

在以上决策矩阵中，侦察时间是成本型属性指标，侦察能力和侦察生存能力是效益型属性指标，假定这 3 个指标具有同等权重，就可有决策矩阵 $\boldsymbol{X}$ 获得正理想解 $\boldsymbol{S}^+$ 和负理想解 $\boldsymbol{S}^-$，分别为 $\boldsymbol{S}^+=[S_1^+ \quad S_2^+ \quad S_3^+]=[4 \quad 1.1 \quad 4]$ 和 $\boldsymbol{S}^-=[S_1^- \quad S_2^- \quad S_3^-]=[1 \quad 3.0 \quad 1]$。计算每种方案距离正理想解和负理想解的欧几里得距离。

方案 1：

$$\begin{aligned} D_1^+ &= \sqrt{(x_{11}-S_1^+)^2+(x_{11}-S_2^+)^2+(x_{11}-S_3^+)^2} \\ &= \sqrt{(4-4)^2+(3.0-1.1)^2+(1-4)^2}=3.55 \\ D_1^- &= \sqrt{(x_{11}-S_1^-)^2+(x_{11}-S_2^-)^2+(x_{11}-S_3^-)^2} \\ &= \sqrt{(4-1)^2+(3.0-3.0)^2+(1-1)^2}=3 \end{aligned}$$

方案 1 的最优贴近度 C_1 为

$$C_1=\frac{D_1^-}{D_1^+ + D_1^-}=\frac{3}{3+3.55}=0.46 \tag{9-9}$$

用同样的过程，可以求出方案 2、3 的最优贴近度，分别为 $C_2=0.32$ 和 $C_3=0.80$。

贴近度越大，说明方案越好，从贴近度数值可以看出，方案 3 最优，其次是

方案 1，方案 2 最差，基于该评估结果，可选择方案 3 实施区域 *ABCD* 的侦察任务。

针对战前准备侦察需要，要求把战场目标准确地确定出来，给出一个准确的目标态势，侦察能力显得更重要，侦察时间显得相对就不那么重要，所以战场侦察能力、侦察时间、侦察生存能力 3 个指标的权重是不同的，根据作战要求，结合专家经验和认知，确定它们的权重分别为 $\boldsymbol{w}=[w_1\ w_2\ w_3]=[0.5,0.2,0.3]$。这样，可得到决策矩阵为

$$\boldsymbol{Y}=\begin{bmatrix} y_{11} & y_{12} & y_{13} \\ y_{21} & y_{22} & y_{23} \\ y_{31} & y_{32} & y_{33} \end{bmatrix} * \begin{bmatrix} w_{11} & 0 & 0 \\ 0 & w_{22} & 0 \\ 0 & 0 & w_{33} \end{bmatrix}$$

$$=\begin{bmatrix} 4 & 3.0 & 1 \\ 1 & 1.6 & 2 \\ 3 & 1.1 & 4 \end{bmatrix} * \begin{bmatrix} 0.5 & 0 & 0 \\ 0 & 0.2 & 0 \\ 0 & 0 & 0.3 \end{bmatrix} = \begin{bmatrix} 2 & 0.6 & 0.3 \\ 0.5 & 0.32 & 0.6 \\ 1.5 & 0.22 & 1.2 \end{bmatrix} \tag{9-10}$$

由决策矩阵 $\boldsymbol{Y}$，可获得正理想解 $\boldsymbol{S}^+$ 和负理想解 $\boldsymbol{S}^-$，分别为 $\boldsymbol{S}^+=[S_1^+\quad S_2^+\quad S_3^+]=[2\quad 0.22\quad 1.2]$ 和 $\boldsymbol{S}^-=[S_1^-\quad S_2^-\quad S_3^-]=[0.5\quad 0.6\quad 0.3]$。同理，可求出方案 1、2、3 的最优贴近度，分别为 $C_1=0.62$、$C_2=0.16$ 和 $C_3=0.96$。在这种情况下，还是方案 3 最合适。相对于前一种情况，方案 1 距离最优方案的程度提高了，相反方案 2 距离最优方案相对更远了。

9.4　TOPSIS 方法的改进

传统的 TOPSIS 多属性决策方法所使用的距离计算公式是欧几里得距离，欧几里得距离（Euclidean distance）是一个最通用的距离定义，它是 m 维空间中两个点之间的真实距离，m 空间中点 $X=(x_1,x_2,\cdots,x_m)$ 与点 $Y=(y_1,y_2,\cdots,y_m)$ 之间的距离表示为 $d(X,Y)=\sqrt{(x_1-y_1)^2+(x_2-y_2)^2+\cdots+(x_m-y_m)^2}$。欧几里得距离也可以反映两个样本之间的相似程度。距离函数都有一定要求，如果用 d_{ij} 表示样本 x_i 与 x_j 之间的距离，对于任意的 i、j、k，d_{ij} 应该满足以下 4 个特性：

当且仅当 $i=j$：

①$d_{ij}=0$；

②$d_{ij}\geqslant 0$；

③$d_{ij}=d_{ji}$（对称性）；

④$d_{ij}\leqslant d_{ik}+d_{kj}$（三角不等式）。

而在进行无人机各运用方案的优劣评估时，不同指标之间会存在一定的相关性，而欧几里得距离不能考虑指标之间存在相关性带来的影响，可能会导致评估结果不准确。同时也是由于欧几里得距离的局限性，可能会存在方案离正、负理想解都近的问题。

马哈拉诺比斯距离改进原理。除了欧几里得距离之外，还有一种距离函数，也满足距离函数的 4 个特性，这种距离函数称为马哈拉诺比斯距离。马哈拉诺比斯距离是由印度统计学家马哈诺比斯提出的一种优良距离计算方式，表述样本的协方差距离，它是一种有效计算两个未知样本集相似度的方法，与欧几里得距离不同的是，它考虑了各种特性之间的联系，并且是尺度无关的，独立于测量尺度。马哈拉诺比斯距离既不受指标之间的相关性影响，也不受指标量纲影响，可以排除指标之间相关性的影响。这种优良特性可以使改进之后的多属性决策方法更加科学有效，在社会经济等多个方面得到了广泛应用。

假设第 i 个无人机运用方案的指标向量为 $\boldsymbol{X}_i=(X_{i1},X_{i2},\cdots,X_{im})$。

$\boldsymbol{S}^+=\{S_1^+,S_2^+,\cdots,S_n^+\}$，$\boldsymbol{S}^-=\{S_1^-,S_2^-,\cdots,S_n^-\}$ 分别为正、负理想解所对应的空间坐标，则第 i 个无人机运用方案到正、负理想解的马哈拉诺比斯距离分别为

$$d(\boldsymbol{X}_i,\boldsymbol{S}^+)=\sqrt{(\boldsymbol{X}_i-\boldsymbol{S}^+)\boldsymbol{A}^{-1}(\boldsymbol{X}_i-\boldsymbol{S}^+)^{\mathrm{T}}} \tag{9-11}$$

$$d(\boldsymbol{X}_i,\boldsymbol{S}^-)=\sqrt{(\boldsymbol{X}_i-\boldsymbol{S}^-)A^{-1}(\boldsymbol{X}_i-\boldsymbol{S}^-)^{\mathrm{T}}} \tag{9-12}$$

式中：$\boldsymbol{A}^{-1}$ 为 $\boldsymbol{X}$ 的协方差矩阵的逆矩阵。

基于马哈拉诺比斯距离求解结果，针对式（9-8）所示的 3 种无人机运用方案的决策矩阵 $\boldsymbol{Y}$，可求出其协方差矩阵，即

$$\boldsymbol{A}=\begin{bmatrix} 2.33 & 0.85 & -0.33 \\ 0.85 & 0.97 & -1.35 \\ -0.33 & -1.35 & 2.33 \end{bmatrix}$$

由协方差矩阵求出其逆矩阵，由于该矩阵非满秩，逆矩阵不存在。

逆矩阵不存在的原因是因为样本量偏少，样本量数目小于决策属性个数，价值样本之间存在一定的相关性，造成逆矩阵不存在，如果样本量大，通常就不会出现逆矩阵不存在的情况。

为此将正、负理想解也作为一个样本，形成扩充后的决策矩阵 $\boldsymbol{Y}_1$，即

$$\boldsymbol{Y}_1=\begin{bmatrix} y_{11} & y_{12} & y_{13} \\ y_{21} & y_{22} & y_{23} \\ y_{31} & y_{32} & y_{33} \\ y_{41} & y_{42} & y_{43} \\ y_{51} & y_{52} & y_{53} \end{bmatrix}=\begin{bmatrix} 4 & 3 & 1 \\ 1 & 1.6 & 2 \\ 3 & 1.1 & 4 \\ 4 & 1.1 & 4 \\ 1 & 3 & 1 \end{bmatrix}$$

其协方差矩阵的逆矩阵 $\boldsymbol{A}^{-1}$ 为

$$\boldsymbol{A}^{-1}=\begin{bmatrix} 0.800 & -1.913 & -1.478 \\ -1.913 & 13.270 & 8.752 \\ -1.478 & 8.752 & 6.297 \end{bmatrix}$$

由式（9-11）、式（9-12）可求得方案 1 距离正、负理想解的马哈拉诺比斯距离分别为 2.19 和 2.68，最优贴近度为 0.55。同理可求得方案 2、3 的最优贴近度分别为 0.52 和 0.71。可以看出，基于马哈拉诺比斯距离进行无人机运用方案评估，结果还是方案 3 最优，其次是方案 1，最后是方案 2，评估结论与基于欧几里得距离的评估结论一致。但基于马哈拉诺比斯距离评估中，方案 2 与方案 1 的差距不是很大，几乎相同，说明两种方案差距不大，这与实际情况基本相符。就无人机侦察运用方案评估来看，基于马哈拉诺比斯距离的评估方法与实际情况更符合一些，与人们的预想情况也更一致。

9.5　本章小结

本章深入解析了如何运用 TOPSIS 多属性决策技术，对无人机在多样化运用场景下的安全等级进行科学且精准的排序，旨在显著提升无人机运用安全性评估的全面性与精确性。

本章系统性地回顾了多属性决策的基本原理，强调了决策矩阵构建的严谨性、指标权重分配的智慧以及综合评价方法选择的合理性，这些要素共同构成了多属性决策框架的坚实基石。

针对传统 TOPSIS 方法，本章展示了从初始决策矩阵的形成到数据的规范化处理，再到正负理想解的精准定位，最后通过精密计算各方案与理想解的相对距离，得出科学排序的全过程。

以无人机侦察任务为实证案例，精心设计了多元化的侦察方案，并构建了全面反映无人机侦察效能的评估属性集，该属性集深度融合了侦察能力、侦察效率及侦察生存能力三大核心要素，确保了评估的全面性和准确性。通过专家的深入评估与精准的数据计算，成功构建了无人机侦察方案的决策矩阵。

为了突破传统 TOPSIS 方法的局限性，本章创新性地引入了马哈拉诺比斯距离概念，实现了对传统欧几里得距离的超越。马哈拉诺比斯距离以其独特的优势，不仅有效消除了指标间的相关性干扰，还摆脱了量纲的束缚，使评估结果更加贴近实战需求，显著提升了决策的科学性和可靠性。

通过对比分析，发现采用马哈拉诺比斯距离的 TOPSIS 方法在无人机运用方案评估中展现出了卓越的性能，其评估结果与实际情况高度吻合，进一步验证了该方法的先进性和实用性。

参考文献

[1]刘志强,王涛. 基于改进 TOPSIS 的驾驶行为实时安全性评估方法[J]. 重庆理工大学学报(自然科学),2021,35(11):58-66.

第 10 章　基于 G1 法与灰色关联组合赋权的无人机运用效能评估

为了实现对无关环境要素的筛选和确定各个环境要素的权重，本章着重研究无人机运用环境要素权重的计算方法，关联性弱的要素在筛选时可通过前期的主观判断或者根据要素权重大小排序，剔除权值较小的若干环境要素。采用的是基于主观的 Gl 法和基于客观的灰色关联度分析方法的组合法来求取环境特征要素的权值。

10.1　基于 G1 法的主观权重确定方法

无人机运用效能评估结果的优劣受环境要素影响显著，不同的环境要素对效能评估影响程度不一样，因此确定各个不同环境要素的权重显得极为重要，权重的客观与否对模型的评估精度和准确性具有直接影响。特征权重的求取策略一般可分为主观法和客观法，这两种方法分别侧重于不同的方面。主观法如层次分析法、专家系统法、二项系数法等是依据专家积累的经验来进行权重的获取；客观法如熵权法、主成分分析法等是在客观监测信息的基础上进行的权重计算，受人为因素作用小，比较客观地反映了无人机运用的气象地形环境要素的客观信息。如果单一使用主客观方法中的一种，则评估结果不是太主观就是太客观，将偏离实际，为使评估结果趋于主观和客观的统一，寻找综合的权重求取方法显得很有必要。这样的组合主客观的权重求取方法，将综合主观法的反映专家主观经验和客观法的反映客观环境变化的双重优势。

层次分析法在计算指标权重时需要建立判别矩阵，并且要用一致性检测标准对其进行检测修正，并且在实际应用中，判别矩阵的一致性难以满足，即使满足了，符合该检测标准的判别矩阵也不唯一，从而容易造成计算出的权重随意性太强。

G1 法是一种基于专家经验的指标赋权，首先是借助专家的经验与专业知识将评价指标按照重要性进行排序，得到关于评价指标的一个基于重要性的序关系，接着按照此序关系将相邻指标进行比较，对所有比较值通过数学关系计算确定各评价指标的权重。由于 G1 法在指标间建立了序关系，并在序关系基础上找出了指标间的重要性大小关系的内在联系，得到的判断矩阵一定是完全一致的。与层次分析法相比，G1 法的优势在于无需构建判断，也就无需进行一致性检验，相应的计算量成倍减少，通过层次分析和必要的计算，便可确定各评价指标的权重，简单方便。G1 法的具体步骤如下。

第一步：建立层次结构

与层次分析法的第一步相同，对决策的问题或目标进行分析，建立层次结构，确定目标层、准则层和方案层。

第二步：确定同一层次指标的序关系

给出各评价指标的相对重要程度并确定序关系。

定义 10－1 若评价指标 x_i 在一定的评价准则下，其重要度不小于 x_j 时，则记为 $x_i > x_j (i=1,2,\cdots,n; j=1,2,\cdots,n)$。

定义 10－2 若评价指标 x_1，x_2，…，x_n 在一定的评价准则下满足关系式 $x_1^* > x_2^* > \cdots > x_n^*$ 时，则表明评价指标 x_1，x_2，…，x_n 之间按照“>”规则确立了序关系。

对评价指标集 $\{x_1, x_2, \cdots, x_n\}$ 建立序关系的方法是，首先由专家将其中最重要的评价指标选出记为 x_1^*，然后在剩余的 $n-1$ 个评价指标中，依据专家经验，挑选出权重最大的指标并记为 x_2^*，以此类推，即完成了指标的重要程度排序，从而确立了一个唯一的序关系。这里 $x_1^* (i=1,2,\cdots,n)$ 代表指标集 $\{x_1, x_2, \cdots, x_n\}$ 按序关系“>”排列之后的第 i 个指标，序关系可记为 $x_1^* > x_2^* > \cdots > x_n^*$。

第三步：给出评价指标 x_{j-1} 与 x_j 相对重要程度之比

由专家根据历史经验知识对评价指标 x_{j-1} 和 x_j 重要性程度之比判定 r_j，其中 $r_j = w_{j-1}/w_j$，w_j 为第 j 个评价指标的权重，$j=n$，$n-1$，…，3，2。如果指标集 $\{x_1, x_2, \cdots, x_n\}$ 满足序列关系式，则 r_{j-1} 与 r_j 必须满足关系表达式 $r_{j-1} > 1/r_j$。r_j 的不同取值表征的含义如表 10－1 所列。

表 10－1 指标间相对重要性程度比

r_j	赋值说明
1.0	要素指标 x_{j-1} 与 x_j 同等重要
1.1	要素指标 x_{j-1} 与 x_j 的重要程度位于同等重要和稍微重要之间
1.2	要素指标 x_{j-1} 比 x_j 稍微重要
1.3	要素指标 x_{j-1} 与 x_j 的重要程度位于稍微重要和明显重要之间
1.4	要素指标 x_{j-1} 比 x_j 明显重要

续表

r_j	赋值说明
1.5	要素指标 x_{j-1} 与 x_j 的重要程度位于明显重要和强烈重要之间
1.6	要素指标 x_{j-1} 比 x_j 强烈重要
1.7	要素指标 x_{j-1} 与 x_j 的重要程度位于强烈重要和极端重要之间
1.8	要素指标 x_{j-1} 比 x_j 极端重要

第四步：计算各评价指标的权重值

若 r_j 的赋值已经根据表 10－1 得出，假设共有 m 个评价指标，则第 m 个评价指标权重 w_m 为

$$w_m = \left(1 + \sum_{k=2}^{m}\prod_{i=k}^{m} r_i\right)^{-1} \tag{10-1}$$

再由 w_m 计算出其他评价指标的权重，其方法为

$$w_{k-1} = r_k w_k \quad (k = m, m-1, \cdots, 3, 2) \tag{10-2}$$

第五步：计算各指标综合权重

重复以上步骤，分别计算出不同准则层下各指标的权重，最后采用加权的方法求出各指标的综合权重。

10.2　客观的灰色关联度分析方法

在进行无人机运用效能评估时，往往缺乏样本数据，没有充分的样本资源来进行模型分析，表现出一定的灰色特点，所以客观环境要素权重可使用灰色关联度分析法来进行分析求取。在处理多因素之间的关系时，因其有测度和参考系并且具有整体比较的特性，灰色关联分析对于少量样本和无明显规律的样本等问题具有很好的效果。

灰色关联分析法依据各因素的样本信息来体现因素间次序、大小等关系，隶属于多因素统计分析方法。其算法思路是通过对比序列曲线所描绘的几何形状来判定各序列向量间的相似性关联。如果样本数据体现出的两个因素间变化趋势如速度、方向、大小等大体上趋于相同，则说明这两个因素之间关联度很高；反之，则几乎没有关联性。

10.2.1　基本定义

定义 10－3　设灰色关联因子集合设为 $X = \{x_0, x_1, \cdots, x_m\}$，其中各因子满足

3 个性质，即可比性、可接近性、极性一致性，x_i 记为比较序列，x_0 记为参考序列，$i=\{1,2,\cdots,m\}$，m 为关联因子的个数，$x_0(k)$ 与 $x_i(k)$ 分别是 x_0 与 x_i 的第 k 个样本的值，设样本总数为 n，有

$$\begin{cases} x_0=(x_0(1),x_0(2),\cdots,x_0(n)) \\ x_i=(x_i(1),x_i(2),\cdots,x_i(n)) \quad (i=1,2,\cdots,m) \end{cases} \tag{10-3}$$

定义 10-4 给定实数 $r(x_0(k),x_i(k))$，记 $r(x_0,x_i)$ 为 $r(x_0(k),x_i(k))$ 在 $k\in[1,2,\cdots,n]$ 上的平均值，即 $r(x_0,x_i)=\dfrac{1}{n}\sum\limits_{k=1}^{n}r(x_0(k),x_i(k))$，若满足以下 4 个条件（这 4 个条件也称为灰色关联四公理），即

①规范性：$0<r(x_0,x_i)\leqslant 1, r(x_0,x_i)=1\Leftrightarrow x_0=x_i$，或 x_0 与 x_i 同构，$r(x_0,x_i)=0\Leftrightarrow x_0,x_i\in\varnothing$，$\varnothing$为空集。

②整体性：对于 x_i、$x_j\in X$，如 $i\neq j$，有 $r(x_i,x_j)\neq r(x_j,x_i)$ 成立。

③对称性：$r(x_0,x_i)=r(x_i,x_0)$，当且仅当 $X=\{x_0,x_i\}$。

④接近性：差异信息 $|x_0(k)-x_i(k)|$ 越小，计算的 $r(x_0(k),x_i(k))$ 值将会越大。

则称 $r(x_0,x_i)$ 为 x_0 与 x_i 的灰色关联系数，则 $r(x_0(k),x_i(k))$ 表示参考序列 x_0 与比较序列 x_i 在第 k 个样本处的灰色关联系数。

10.2.2 无量纲处理

灰色系统用序列描述的灰色信息，可以用相应的算子来将这些数据转化为其内部本质特征的基础数据，即实施无量纲化，以进行对等比较。常用的方法有初值化算子、倒数化算子、均值化算子等。

定义 10-5 设 $X_i=(x_i(1),x_i(2),\cdots,x_i(n))$ 是因素 X_i 的行为序列，D_I 设为用于无量纲处理的一种序列算子，若满足

$$X_iD_I=(x_i(1)d_1,x_i(2)d_1,\cdots,x_i(n)d_1) \tag{10-4}$$

其中：

$$x_i(k)d_1=\frac{x_i(k)}{x_i(1)}, x_i(1)\neq 0 \quad (k=1,2,\cdots,n) \tag{10-5}$$

则 D_I 称为初值化算子，并称 X_iD_I 为 X_i 在该算子作用下的初值像（实际上是用初值进行了归一化）。

定义 10-6 设 $X_i=(x_i(1),x_i(2),\cdots,x_i(n))$ 是因素 X_i 的行为序列，D_I 设为序列算子，且

$$X_iD_2=(x_i(1)d_2,x_i(2)d_2,\cdots,x_i(n)d_2)$$

若满足

$$x_i(1)d_2 = \frac{x_i(k)}{\frac{1}{n}\sum_{k=1}^{n} x_i(k)} \quad (k = 1,2,\cdots,n) \tag{10-6}$$

则 D_2 称为均值化算子。X_iD_2 为 X_i 在该算子作用下的均值像（实际上是用均值进行了归一化）。

定义 10-7　设 $X_i = (x_i(1), x_i(2), \cdots, x_i(n))$ 是因素 X_i 的行为序列，D_I 同定义 10-6，也是一种序列算子，且

$$X_iD_3 = (x_i(1)d_3, x_i(2)d_3, \cdots, x_i(n)d_3) \tag{10-7}$$

若满足

$$x_i(k)d_3 = \frac{x_i(k) - \min x_i(k)}{\max\limits_k x_i(k) - \min\limits_k x_i(k)} \quad (k=1,2,\cdots,n) \tag{10-8}$$

则 D_3 称为区间化算子，X_iD_3 为 X_i 在该算子作用下的区间值像（实际上是用区间值进行了归一化）。

定义 10-8　设 $X_i = (x_i(1), x_i(2), \cdots, x_i(n))$ 是因素 X_i 的行为序列，D_I 同定义 10-6，设为某一种序列算子，且

$$X_iD_4 = (x_i(1)d_4, x_i(2)d_4, \cdots, x_i(n)d_4) \tag{10-9}$$

若满足

$$x_i(k)d_4 = \frac{1}{x_i(k)}, x_i(k) \neq 0 \quad (k=1,2,\cdots,n) \tag{10-10}$$

则称 D_4 为倒数化算子，X_iD_4 为 X_i 在该算子作用下的倒数化像。

10.2.3　关联系数计算

无量纲处理以后，两种序列 X_i 和 X_0 在 x_0（k）上的关联程度系数可按下式求取，即

$$r(x_0(k), x_i(k)) = \frac{\min\limits_i \min\limits_k |x_0(k) - x_i(k)| + \rho \max\limits_i \max\limits_k |x_0(k) - x_i(k)|}{|x_0(k) - x_i(k)| + \rho \max\limits_i \max\limits_k |x_0(k) - x_i(k)|} \tag{10-11}$$

式中：ρ 为分辨系数，$\rho \in (0,1)$，通常取值为 0.5，是为了增强关联程度系数间的差异性。

10.2.4　关联度计算

根据关联系数，计算得到因素 X_i 对参考序列 X_0 的关联程度为

$$r_i = r(x_0, x_i) = \frac{1}{n}\sum_{k=1}^{n} r(x_0(k), x_i(k)) \tag{10-12}$$

将 $r = (r_1, r_2, \cdots r_m)$ 归一化，即

$$r_i = r(x_0, x_i) = \frac{1}{n}\sum_{k=1}^{n} r(x_0(k), x_i(k)) \tag{10-13}$$

$$w_i = \frac{r_i}{\sum_{k=1}^{m} r_i} \quad (i = 1,2,\cdots,m) \tag{10-14}$$

则 $\boldsymbol{w}_i(i=1,2,\cdots,m)$ 即为由灰色关联分析方法计算得出的权值向量。

灰色关联分析的计算步骤如下。

(1) 比较序列和参考序列选取。在无人机运用效能评估模型建立过程中，比较序列为气象地形要素集 $U\{u_1,u_2,\cdots,u_m\}$，样本集记为 $X\{X_1,X_2,\cdots,X_m\}$，选取无人机效能值为参考序列，即为 $Y\{y_1,y_2,\cdots,y_n\}$，m 为要素个数，n 为样本个数。分析各气象地形特征要素对评估无人机效能发挥的关联程度。

(2) 原始数据的无量纲化。由于实际中各个因子的量纲并不相同，直接计算会增加复杂度并很难反映实际情况，因此根据情况选择合适的无量纲化算子进行各因子的无量纲化。

第 i 个要素在第 k 个样本中的值记为 a_i^* (k)，选择区间化算子进行无量纲化的出路过程为

$$a_i^*(k) = \frac{a_i^*(k) - \min\limits_k a_i^*(k)}{\max\limits_k a_i^*(k) - \min\limits_k a_i^*(k)} \tag{10-15}$$

无量纲化的数据见表 10－2。

表 10－2 无量纲化的数据

样本	u_1	u_1	…	u_m	Y
X_1	a_1 (1)	a_2 (1)	…	a_m (1)	y_1
X_2	a_1 (2)	a_2 (2)	…	a_m (2)	y_2
⋮	⋮	⋮	⋮	⋮	⋮
X_n	a_1 (n)	a_2 (n)	…	a_m (n)	y_n

(3) 利用式 (10.11) 分别计算多个环境要素与一个无人机运用效能要素的关联度。

①求差序列，记 $\Delta_i(k) = |y_k - a_i(k)|$，$\Delta_i = (\Delta_i(1), \Delta_i(2), \cdots, \Delta_i(n))$ $(i = 1,2,\cdots,m)$。

②分别求：两级最大差记为 $M = \max\limits_i \max\limits_k \Delta_i(k)$，两级最小差记为 $m = \min\limits_i \min\limits_k \Delta_i(k)$。

则关联系数为

$$r(y_k, a_i(k)) = \frac{m + \rho M}{\Delta_i(k) + \rho M}, \rho \in (0,1) \quad (i = 1,2,\cdots,m; k = 1,2,\cdots,n) \quad (10-16)$$

③权值计算。

$$r_i = \frac{1}{n}\sum_{k=1}^{n} r(y_k, a_i(k)) \quad (i = 1,2,\cdots,m) \quad (10-17)$$

权值为

$$w_i = \frac{r_i}{\sum_{k=1}^{m} r_i} \quad (i = 1,2,\cdots,m) \quad (10-18)$$

10.3　基于主客观的综合权重方法

设 w_i^* 是主观分析法 G1 所获得权重，w_i^{**} 是客观的灰色关联度分析法所获得的权重，w_i 为两种方法组合后的第 i 个评价指标的权重，将 w_i 表示成 w_i^* 和 w_i^{**} 的线性组合 $f=1$，2，…，n，即

$$w_i = \lambda w_i^* + (1-\lambda) w_i^{**} \quad (10-19)$$

式中：λ 为 Gl 法所求要素权重的占组合权重的比例系数；$1-\lambda$ 为灰色关联度分析法占组合权重的比例系数。为获得最佳组合权值，现将求得的主观权值和客观权值进行均衡处理，使其与最佳权值偏差最小，即建立目标函数为

$$\begin{cases} \min z = \sum[(w_i - w_i^*)^2 + (w_i - w_i^{**})^2] \\ w_i = \lambda w_i^* + (1-\lambda) w_i^{**} \end{cases} \quad (10-20)$$

进一步可得到

$$\min z = \sum[(\lambda w_i^* + (1-\lambda)w_i^{**} - w_i^*)^2 + (\lambda w_i^* + (1-\lambda)w_i^{**} - w_i^{**})^2] \quad (10-21)$$

对式（10－21）关于 λ 求导之后令其为 0，求得 $\lambda=0.5$，所以最佳权重为

$$w_i = 0.5 w_i^* + 0.5 w_i^{**} \quad (i = 1,2,\cdots,n) \quad (10-22)$$

由式（10－22）的推到过程表明，在所建立的目标函数条件下，使目标函数取极值的最优综合权重是主观和客观所占权重等同，即都为 0.5，即表明主观和客观对评价指标的认知度相同。如果最终求得的主观和客观所占权重比例不同，则表明综合权重是主观和客观权重加权组合之后的结果。

主观赋值法是专家经验知识的反映，专家经验是对历史经验的归纳总结，权重较少变化，将无法实时对客观事实的变化作出调整，而客观赋值法虽然不依赖于专家经验，但是评价指标权重与要素值相关联，权重会依据客观环境

而变化。通过主观和客观法的组合权重能综合专家经验和客观变化。无人机在复杂环境下运用，影响无人机发挥效能的组合权重求取方法流程框图如图 10 - 1所示。

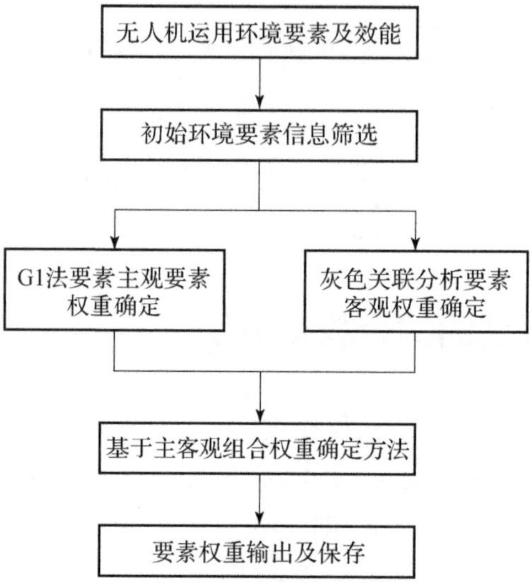

图 10 -1 算法总体流程框图

10.4 无人机运用效能评估应用

针对无人机运用环境要素及其作战效能实例，利用本书提出的方法来获取环境要素的权重。影响该无人机的环境要素主要有风速、雨量、电磁干扰、海流、水平能见度、雨、浪高、暴雷、低云量等。利用专家经验初步筛选影响作战效能的 6 个关键因素分别为风速、能见度、浪高、海流、暴雷、气流，评价指标分别记为 u_1、u_2、u_3、u_4、u_5、u_6。

10.4.1 G1 法算例分析

专家认为这 6 个要素之间的重要程度有序关系是 $u_2 > u_1 > u_3 > u_4 > u_6 > u_5 \Rightarrow u_1^* > u_2^* > u_3^* > u_4^* > u_5^* > u_6^*$，专家根据表 10 -1 的准则，给出了要素之间相对程度比的主观判断：$r_1 = w_1^*/w_2^* = 1.6, r_3 = w_2^*/w_3^* = 1.0, r_4 = w_3^*/w_4^* = 1.3, r_5 = w_4^*/w_5^* = 1.4, r_6 = w_5^*/w_6^* = 1.1$。由式（10 -1）与式（10 -2）两公式计算获得环境要素的主观权重向量为

$$\boldsymbol{w}_1 = [w_2^*, w_1^*, w_3^*, w_4^*, w_6^*, w_5^*] = [0.1846, 0.2953, 0.1846, 0.1420, 0.0922, 0.1014]$$

10.4.2　灰色关联分析法的特征加权算例分析

运用灰色关联分析对无人机作战实例的数据序列进行关联性分析，随机取 20 个样本数据，选取效能组成的向量为评价值向量，记为 $\boldsymbol{Y}\{y_1,y_1,\cdots,y_{20}\}$，这里是要分析各个环境要素值对评价值向量的关联程度。环境要素集记为 $U\{u_1,u_1,\cdots,u_6\}$，设样本集 $X\{x_1,x_1,\cdots,x_{20}\}$，无量纲化之后的样本数据如表 10－3 所列。

表 10－3　历史运用样本数据

样本数据	无人机运用环境要素						效能值
	u_1	u_2	u_3	u_4	u_5	u_6	
X_1	38	1	1.2	1.4	0.5	0.6	0
X_2	3	0.5	0.1	0.6	0.1	0	0.7
X_3	3	8	0.2	0.9	0	0.3	0.9
X_4	8	6	2	1.0	0.4	0.1	0.6
X_5	19	8	6	1.5	0.5	0.2	0.3
X_6	5	8	0.2	1.1	0.7	0.4	0.5
X_7	2	3	0.1	0.6	0.2	0	0.8
X_8	1	9	0.1	0.5	0.2	0.7	0.7
X_9	4	10	0.3	0.5	0.10	0	0.9
X_{10}	22	4	8	0.8	0.4	0.2	0.4
X_{11}	2	0.4	0	1.2	0	0.1	0.6
X_{12}	8	8	2	0.9	0.1	0.5	0.8
X_{13}	16	5	3	1.7	0.8	0.6	0.2
X_{14}	10	3	3	0.7	0.1	0.3	0.7
X_{15}	2	10	0.2	0.9	0	0.1	1
X_{16}	18	3	5	1.6	0.8	0.6	0.1
X_{17}	17	4	5	1.2	0.3	0.3	0.6

续表

样本数据	无人机运用环境要素						效能值
	u_1	u_2	u_3	u_4	u_5	u_6	
X_{18}	5	5	1	1.4	0.4	0.9	0.4
X_{19}	4	2	0.2	0.8	0	0.1	0.8
X_{20}	3	9	0.1	0.7	0.4	0.5	0.7

无人机运用效能取值设为 0～1 之间的数，效能值取为 0 表明环境要素对该作战平台性能发挥影响显著，其军事作用几乎没有发挥；效能取值为 1 表明环境要素对该作战平台性能的发挥没有干扰，其作战性能可达到最佳水平。利用历史样本数据，通过灰色关联分析方法求得特征要素权重客观权重向量为

$$\boldsymbol{w}_2 = [0.7420, 0.8113, 0.9163, 0.9743, 0.9743, 0.9765]$$

10.4.3 综合权重计算

综合主客观所获得的要素权重，则根据前面分析该无人机运用效能评估的要素权重为 $\boldsymbol{w}' = 0.5\boldsymbol{w}_1 + 0.5\boldsymbol{w}_2$，即 $\boldsymbol{w}' = [0.4642, 0.5538, 0.5504, 0.5582, 0.5333, 0.5388]$。由以上所获环境要素权重可知，风速这一环境要素权重相比其他 5 个要素较低，说明该要素在这次作战效能评估中相对其他要素，对无人机效能发挥影响作用较小，由分析知，这一要素的样本数据变化较小，对无人机效能的关联性较小。因此，为了降低评估模型的复杂性，可以暂且不考虑这个环境要素。

10.5 本章小结

本章深入探讨了将 G1 法与灰色关联度分析相结合的组合赋权法在无人机运用效能评估中的应用。首先，通过 G1 法，充分利用了专家的深厚经验与专业知识，对环境要素进行了主观权重的科学分配。这一过程避免了传统层次分析法中复杂的一致性检验，简化了计算步骤，同时确保了权重分配的一致性和合理性。

针对实际评估中可能遇到的样本数据不足问题，本章创新性地引入了灰色关联度分析方法，以进行客观权重的计算。该方法通过精确衡量各环境要素与无人机效能值之间的关联程度，有效应对了少量样本及数据无显著规律性的挑战，从而确保了权重计算的客观性和精准度。

为了进一步融合主客观权重的优势，本章提出了将 G1 法与灰色关联度分析法相结合的综合权重确定策略。通过精心设计的均衡处理过程，得出了主观与客观权重各占一半的最优组合方案，这不仅充分反映了专家的宝贵经验，还精准捕捉了环境因素的动态变化，为无人机效能评估提供了更加全面和准确的视角。

在实际案例应用中，本章通过具体的数据分析和实例验证，充分展示了组合赋权法在无人机运用效能评估中的强大威力。通过细致入微的分析，发现风速在特定作战场景下对无人机效能的影响相对较小，这一发现不仅验证了权重计算的科学性，还为后续的无人机运用提供了宝贵的参考依据。

参考文献

[1]黄镇繁. 基于 G1 法的建设工程评定分离招投标改进研究[D]. 广州:暨南大学,2019.

第 11 章 侦察无人机指数法效能评估

11.1 指数法基本原理

在进行装备效能评估时通常是在确定的状态下、确定的环境中，对装备完成指定任务的能力进行评估，给出了效能的具体数值。但是由于评估过程中某些环节的主观性、评估方法也不近相同，造成装备效能评估结果没有可比性。为了解决这个问题，可以采用指数法对装备效能进行评估。

指数法效能评估是选定一个基准装备，其他同类装备在同等条件下与该基准装备进行比较，最后给出这些装备的效能。这里的指数是指装备的某个性能指标参数值相对于基准装备对应指标参数值的比值（或称为提高的倍数）。例如，某型无人机系统飞行能力为 m_1，基准无人机系统的飞行能力为 m_0，这样该型无人机系统的飞行能力指数为 $I = m_1/m_0$。指数 I 反映了待评估装备相对于基准装备某个指标参数的改善提高的倍数，定义为装备某指标提高改善程度的一种度量。对于某项指标，如果该指标参数值越大，表明性能越高，则用 $I = m_1/m_0$ 表征该指标的指数。相反，如果该指标参数值越大，表明性能越低，则用 $I = m_0/m_1$ 表征该指标的指数。这样就有：当 $I > 1$ 时，说明某装备的某项性能指标高于基准装备的性能指标；当 $I < 1$ 时，说明某装备的某项性能指标低于基准装备的性能指标。

11.2 某侦察无人机系统改进分析

该无人机系统是一种小型固定翼手抛型侦察无人机（以下简称侦察无人机）。原侦察无人机携带摄像头对地面进行侦察，由于没有安装光电吊舱，造成无人机侦察图像晃动较大，影响侦察效果。为了提高侦察效果，加装了光电吊舱，改进了侦察图像稳定性。这里用指数法对改进效能进行评估，分析侦察无人机改进的必要性。假设原侦察无人机系统为无人机系统 1，改进型无人机系统称为无人机系统 2。无人机系统 2 改进的原则是只加装光电吊舱，其他性能尽可能保持不变化，依据该原则，评估改进工作的必要性。改进前、后侦察无人机系统性能变化情况如表 11 – 1 所列。

表 11 –1　侦察无人机改进升级性能指标前后变化

指标 \ 系统	无人机系统 1	无人机系统 2	备注
使用最大高度/m	>1000	>1000	
最大飞行速度（m/s）	>30	>30	
续航时间/min	>60	>60	
航迹控制精度/m	<10	<10	
可见光侦察	640×480	1920×1080	
红外侦察	无	640×480	
侦察范围	可见光视场角 大于 24°×20°	可见光视场角 大于 360°×120°	考虑可以通过飞机航向调整视场，实际指数按 50% 取
光电吊舱/mrad	无，飞机姿态控制精度小于 30；飞机姿态保持精度小于 10	光轴指向精度小于 0.50 光轴稳定精度 小于 10	3 级风以下条件
目标定位精度/m	定位误差小于 100	定位误差小于 20	
目标跟踪速度/（km/h）	无光电跟踪 目标运动速度小于 30	目标运动速度小于 90	
传输距离/m	>15km	>15km	
传输速率/（Mb/s）	>2	>4	
可靠性/h	>150	>120	
可维修性/h	<0.2	<0.2	
安全性	应急返航	电子围栏、应急返航	
方便性	手工输入	自动航迹规划	

用指数法进行效能评估，研究改进后侦察无人机效能能够提高多少。

11.3 侦察无人机系统能力层次分析

为了进行侦察无人机运用效能评估，必须构建指标体系，确定各指标的权重。利用层次分析法，研究侦察无人机能力结构。在图 4-11 所示侦察无人机能力层次结构的基础上，增加了可用性，得到图 11-1 所示的侦察无人机的能力层次结构框图。其中可用性是反映侦察无人机系统的可用性，包括装备本身的状态、人机交互的方便性、使用过程的安全性等。其他能力结构与图 4-11 中的一致。借用式（4-38）、式（4-39）、式（4-40）可得到相应权向量，其中［续航时间权重 飞行最大速度权重 飞行最大高度权重 航迹精度权重］权向量为

$$\boldsymbol{W}_{2F}=[w_{2X}\quad w_{2S}\quad w_{2G}\quad w_{2H}]=[0.5081\quad 0.0926\quad 0.1546\quad 0.2449] \tag{11-1}$$

侦察能力权向量［侦察范围权重 定位精度权重 昼夜侦察能力权重 图像清晰度权重 跟踪精度权重］为

$$\boldsymbol{W}_{2Z}=[w_{2F}\quad w_{2D}\quad w_{2Z}\quad w_{2T}\quad w_{2G}]=[0.0618\quad 0.2620\quad 0.1600\quad 0.4158\quad 0.0972] \tag{11-2}$$

传输能力权向量［传输速率 传输距离］为

$$\boldsymbol{W}_{2C}=[W_{2S}\quad W_{2J}]=[0.3\quad 0.7] \tag{11-3}$$

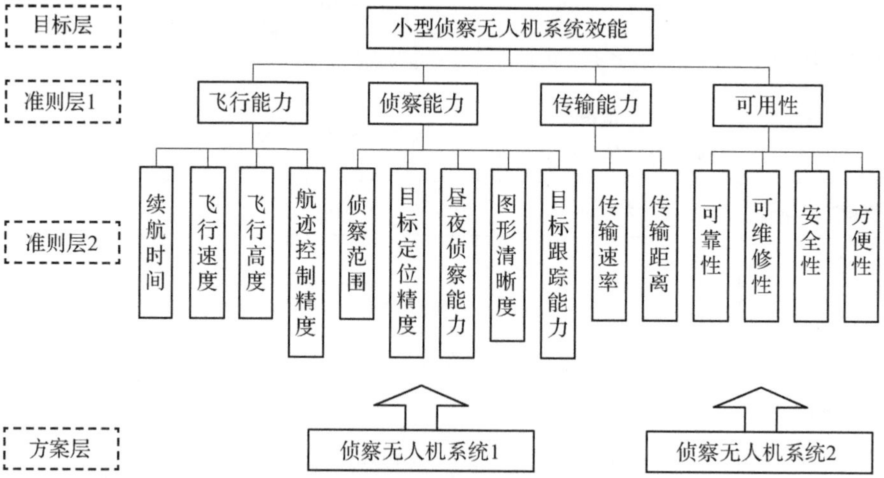

图 11-1　侦察无人机的能力层次结构框图

利用前述原理，确定可用性权向量，首先构建判断矩阵，根据专家打分，形成判断矩阵为

$$\begin{bmatrix} 1 & 4 & 2 & 3 \\ 1/4 & 1 & 1/3 & 1/2 \\ 1/2 & 3 & 1 & 2 \\ 1/3 & 2 & 1/2 & 1 \end{bmatrix}$$

对判断矩阵进行一致性检验，CR =0.0116 <0.1，满足一致性要求。

针对可用性，其权向量［可靠性 维修性 安全性 方便性］为

$$\boldsymbol{W}_{2K} = [w_{2K} \quad w_{2W} \quad w_{2A} \quad w_{2FB}] = [0.4673 \quad 0.0954 \quad 0.2772 \quad 0.1601] \tag{11-4}$$

用同样的方法，构建准则层 1 相对于目标层的权向量。根据专家经验，构建判断矩阵，即

$$\begin{bmatrix} 1 & 1/2 & 2 & 4 \\ 2 & 1 & 3 & 5 \\ 1/2 & 1/3 & 1 & 2 \\ 1/4 & 1/5 & 1/2 & 1 \end{bmatrix}$$

对其进行一致性检验，CR =0.0079 <0.1，满足一致性要求。

针对无人机系统侦察效能，其权向量［飞行能力 侦察能力 传输能力 可用性］为

$$\boldsymbol{W}_2 = [w_{1F} \quad w_{1Z} \quad w_{1C} \quad w_{1K}] = [0.2880 \quad 0.4773 \quad 0.1539 \quad 0.0809] \tag{11-5}$$

11.4　侦察无人机系统各指标指数确定

本次侦察无人机系统改进主要是更换了任务载荷，飞行器、传输链路、可用性变化不大，其对应指标参数的指数容易计算，见表 11 -2，主要是侦察能力变化较大。

11.4.1　侦察范围指数

侦察范围，一是决定于一帧图像的大小；二是取决定于无人机的运动速度。当飞机固定时，侦察图像的大小通常由飞行高度、光学镜头焦距与视场角等决定。当飞机运动后，就可以完成对不同区域的成像。对于小型无人侦察机系统来说，成像设备较小、重量轻，通常采用定焦镜头，俯仰、方位两个方向的视场角均为 30° ×30°左右，侦察高度设定为 500m，飞行速度为 20m/s。在这种条件下，侦察无人机系统 1 单位时间内的侦察区域大小，主要决定于视场角、飞机的运动速度。对于侦察无人机系统 2 的侦察区域大小，由于安装了光电吊舱，其光轴在俯仰、方位两个方向上转动范围、侦察范围可以扩大，安装的光电吊舱，其方位旋转范围为 360°，俯仰旋转范围为 110°，当无人机视为不动时，其视场等效为

360°×110°。考虑的无人机实际侦察飞行过程中按直线飞行，无人机运动方向一致的扫描成像与无人机运动成像效果一致，不额外计算。可以将由于光电吊舱扫描形成的图像等效看成视场角为 180°×30°的可见光成像，这样侦察范围指数可表示为

$$D_{ZF}=\frac{\text{视场角}2}{\text{视场角}1}\times\frac{\text{飞行速度}2}{\text{飞行速度}1}=\frac{180\times30}{30\times30}\times\frac{20}{20}=6 \tag{11-6}$$

11.4.2 目标定位精度指数

由表 11-1 可以看出，无人机 1 的目标定位精度为 100m，无人机 2 的目标定位精度为 20m。目标定位精度指数 D_{DW}表示为

$$D_{DW}=\frac{100}{20}=5 \tag{11-7}$$

11.4.3 昼夜侦察能力

无人机 1 只能进行可见光成像，不具备夜间侦察能力。无人机 2 配置了红外成像组件，具备夜间侦察能力。无人机 1 只有一种侦察手段，无人机 2 具有两种侦察手段，昼夜侦察能力明显提升。将昼夜侦察能力指数设定为 2，即

$$D_{ZY}=2 \tag{11-8}$$

11.4.4 图像清晰度

侦察图像清晰度包括 CCD 像素分辨率、光轴稳定精度两个要素。CCD 像素越高，图像清晰度也就越高。光轴稳定精度越高（稳定误差越小），侦察图像清晰度也就越高，无人机 1 由于没有光电吊舱，其光轴稳定精度就是无人机姿态稳定精度。所以，图像清晰度指数可以表示为

$$\begin{aligned}D_{DW}&=\frac{\text{CCD2 像素}}{\text{CCD1 像素}}\times\frac{\text{无人机 1 姿态保持误差}}{\text{无人机 1 光轴稳定误差}}\\&=\frac{1920\times1080}{640\times480}\times\frac{3\times0.0175}{10\times10^{-3}}=35.8\end{aligned} \tag{11-9}$$

11.4.5 目标跟踪能力

无人机 1 没有光电吊舱，通过控制无人机的运动，可实现对目标进行跟踪。相反，无人机 2 配置了光电吊舱，不但可以利用无人机运动对目标进行跟踪，还可以借助光电吊舱对目标进行跟踪，跟踪的角速率就会提高。无人机 1 对目标跟踪，通常要求其速度小于 30km/h，无人机 2 目标跟踪速度是小于 90km/h，所以目标跟踪能力指数 C_{MB}为

$$C_{MB}=3 \tag{11-10}$$

11.4.6 方便性、安全性指数

无人机 2 在进行光电载荷升级改造的同时，更新了控制站的部分软件，在安全性方面，增加了电子围栏，防止无人机失控，飞出意外空域，提高了飞行安全。增加了航路规划软件，可以自动规划飞行航线，飞行准备时间可以缩短，同时对航迹进行飞行前的仿真，检验航迹规划的有效性，可以进一步提升飞行安全性。分析确定方便性指数为 2，安全性指数为 3。通过分析计算，确定了各个指标的提升指数，具体数值见表 11－2。

表 11－2　各性能指标指数

指标＼系统	无人机系统 1	无人机系统 2	改进指数	备注
使用最大高度/m	>1000	>1000	1	
最大飞行速度/(m/s)	>30	>30	1	
续航时间/min	>60	>60	1	
航迹控制精度/m	<10	<10	1	
可见光侦察	640×480	1920×1080	6	
红外侦察	无	640×480	10	
侦察范围	可见光视场角大于 24°×20°	可见光视场角大于 360°×120°	6	按照实际情况，等效计算
光电吊舱	无，飞机姿态控制精度小于 3°；飞机姿态保持精度小于 1°	光轴指向精度小于 0.5°光轴稳定精度小于 10mrad	指向指数 6 保持指数 6	
目标定位精度/m	定位误差小于 100	定位误差小于 20	5	
目标跟踪速度/(km/h)	无光电跟踪目标运动速度小于 30	目标运动速度小于 90	3	

续表

系统 指标	无人机系统 1	无人机系统 2	改进指数	备注
传输距离/km	>15	>15	1	
传输速率/(Mb/s)	>2	>4	2	
可靠性/h	>150	>120	0.8	
维修性/h	<0.2	<0.2	1	
安全性	应急返航	电子围栏、应急返航	3	
方便性	手工输入	自动航迹规划、仿真检验	2	

11.5 侦察无人机系统指数法效能评估

在确定每个指标的指数后（表 11－2），利用 11.3 节确定的每个权值向量，就可计算出改进后的侦察无人机效能。首先计算飞行能力指数，由表 11－2 可得到权值向量飞行能力的指数向量 $\boldsymbol{D}_{2F}$ = ［续航时间指数 飞行速度指数 飞行高度指数 航迹控制精度指数］，即

$$\boldsymbol{D}_{2F}=[d_{2X}\quad d_{2S}\quad d_{2G}\quad d_{2H}]=[1\quad 1\quad 1\quad 1] \tag{11-11}$$

由式（11－1）的权值向量，可得飞行能力指数为

$$E_{1F}=W_{2F}\cdot \boldsymbol{D}_{2F}{}^{T}=1 \tag{11-12}$$

计算侦察能力指数，由表 11－2 所列相关参数，构建侦察能力指数向量，$\boldsymbol{D}_{2Z}$ = ［侦察范围指数 定位精度指数 昼夜侦察能力指数 图像清晰度指数 跟踪精度指数］，即

$$\boldsymbol{D}_{2Z}=[6\quad 5\quad 2\quad 35.8\quad 3] \tag{11-13}$$

由式（11－2）的权值向量，可得侦察能力指数为

$$E_{1Z}=W_{2Z}\cdot \boldsymbol{D}_{2Z}{}^{T}=17.2772 \tag{11-14}$$

计算传输能力指数，由表 11－2 所列相关参数，构建传输能力指数向量，$\boldsymbol{D}_{2C}$ = ［传输速率指数　传输距离指数］，即

$$\boldsymbol{D}_{2C}=[2\quad 1] \tag{11-15}$$

由式（11－3）的权值向量，可得传输能力指数为

$$E_{1C}=W_{2C}\cdot \boldsymbol{D}_{2C}{}^{T}=1.3 \tag{11-16}$$

最后计算可用性指数，由表 11－2 所列相关参数，构建可用性指数向量，$\boldsymbol{D}_{2K}$ = [可靠性指数　维修性指数　安全性指数　方便性指数]，即

$$\boldsymbol{D}_{2K}=[0.8\quad 1\quad 3\quad 2] \tag{11-17}$$

由式（11－4）的权值向量，可得可用性指数为

$$E_{1K}=W_{2K}\cdot \boldsymbol{D}_{2K}^{\mathrm{T}}=1.62 \tag{11-18}$$

由式（11－11）、式（11－13）、式（11－15）、式（11－17），可以构建准则层 1 的能力指数向量 $\boldsymbol{D}_1$ = [飞行能力指数　侦察能力指数　传输能力指数　可用性指数]，即

$$\boldsymbol{D}_1=[1\quad 17.2772\quad 1.3\quad 1.62] \tag{11-19}$$

由式（11－5）的权值向量，可得无人机效能为

$$\boldsymbol{E}=W_1\cdot \boldsymbol{D}_1^{\mathrm{T}}=8.87 \tag{11-20}$$

可以看出，小型侦察固定翼无人机通过对侦察载荷进行升级，并对地面站软件进行丰富，其效能提高了 8.87 倍。根据这个定量化评估结果，投入侦察载荷升级改造费用，获得近 8.87 倍的效能提升，决策者需要在经费投入与效能提升之间进行权衡。

指数评估法的原理比较直观，采用的都是相对值，主观因素的作用相对较低，评估结果具有可比性。该方法在无人机装备发展、装备改造升级、装备发展方案优选等方面都可以发挥作用。

11.6　本章小结

本章深入探讨了指数法在侦察无人机效能评估中的应用。该方法通过选定基准装备作为参照，将待评估装备的各项关键性能指标与基准装备进行对比，并以指数形式直观展现性能提升的幅度，从而实现对装备效能的量化评估。

以某小型固定翼侦察无人机系统为例，详细分析了其在加装光电吊舱后的性能飞跃。通过详尽对比改进前后的性能指标，构建了一个全面覆盖飞行能力、侦察能力、传输能力和可用性的效能评估指标体系。借助层次分析法，科学地确定了各指标在整体效能评估中的权重，为后续的效能计算奠定了坚实基础。

在效能评估实践中，精准计算了侦察无人机系统各关键性能指标的指数，包括侦察范围、目标定位精度、昼夜侦察能力、图像清晰度以及目标跟踪能力等，从而量化了性能改进的实际效果。随后，结合先前确定的权重，得出了侦察无人机的整体效能指数，结果显示其效能实现了显著的 8.87 倍提升，充分验证了侦察载荷升级和地面站软件改进对提升无人机效能的重要作用。

第12章　基于神经网络的无人机运用效能评估

神经网络也称人工神经网络，是由很多结构相同或相似的神经元广泛连接而成，通过在一定程度上模拟人脑神经系统的信息收集、处理与存储机能，从而使自己具有计算、学习与记忆等处理能力。神经网络具备一些良好的特点，如较好的非线性映射能力、善于从数据中学习和储存知识信息、很容易实现并行计算、不需要精确的数学模型等。神经网络作为一个结构复杂的非线性系统，模拟生物系统而具有独特的结构，能解决较多用传统方法难以解决的问题。研究表明，其在解决结构不确定、需要考虑多因素的非线性问题中具有明显优势。

目前，无人机运用效能的评估方法主要有解析评估法、专家评判、层析分析法等，这些方法构成了无人机运用效能评估理论的基础，在实际中得到了一些应用。

对于需要解决的气象地形要素影响下的无人机运用效能评估问题，影响无人机运用效能的气象地形要素较多，且不同气象地形要素对效能的影响机理不同，具有很强的非线性关系，同时可能还有大量的样本数据需要进行处理，需要从样本数据中对无人机运用效能进行客观评估，由于传统的无人机运用效能评估方法要么采用简单的线性模型，要么需要专家的参与，从而带有较多的主观成分，因此不太适用于气象地形影响下无人机运用效能评估问题。支持向量机和神经网络在无人机运用效能评估问题上都具有好的表现。支持向量机在处理小样本时具有优势，但在处理大样本时神经网络具有更好的性能。初期样本数据相对较少，适宜采用支持向量机建立评估模型，但是随着无人机运用实验数据的不断增加，将会有越来越多的样本数据，建立基于神经网络的无人机运用效能评估模型同样具有重要的实用价值。

本章将成熟的前馈神经网络和遗传算法理论应用于该问题解决中，通过神经网络建立无人机运用效能评估模型，对于神经网络建模中存在的不足，采用遗传算法对神经网络进行优化，改善评估模型的性能。与其他评估方法相比，基于神经网络的无人机运用效能评估模型，一方面能够很好地反映气象地形要素与无人机运用效能之间的复杂非线性关系；另一方面通过对样本数据的学习保证了评估的客观性，评估结果具有较高的可信度。

12.1　神经网络基本原理

神经网络是一门多领域交叉学科，起源于20世纪40年代，自提出以来得到广泛研究，在20世纪80年代中期，曾掀起一场研究神经网络的热潮，提出了很多网络模型和学习算法，并应用于模式分类、数据挖掘、金融决策等许多领域。神经网络由神经元通过复杂的连接组成，从结构上可分为前馈型、反馈型、自组织竞争型和随机型。

神经网络是由大量的神经元组合而成，神经元是神经网络中最小的信息处理单元。神经元通过模拟大脑神经细胞的工作原理，对输入刺激信号进行处理，并将处理结果传递给与其相连的神经元。神经元基本模型如图 12－1 所示，可以抽象成一个多输入单输出的非线性数学模型。

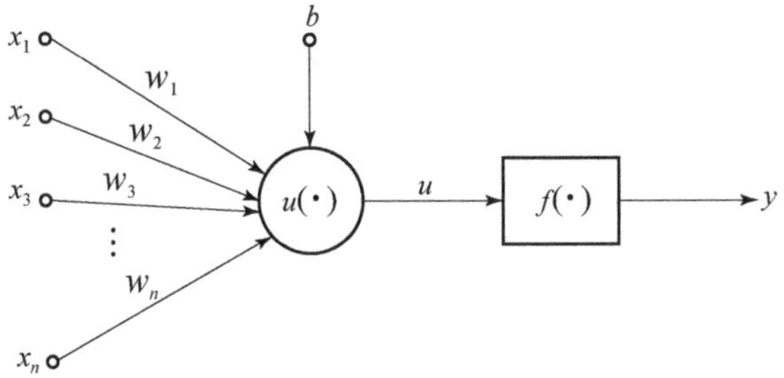

图 12－1　基本神经元模型

图 12－1 中给出的是一个具有 n 个输入刺激信号的基本神经元模型。其中，$\boldsymbol{x}=[x_1,x_2,\cdots,x_n]^{\mathrm{T}}$ 是神经元的输入刺激信号，$\boldsymbol{w}=[w_1,w_2,\cdots,w_n]^{\mathrm{T}}$ 是相应输入刺激信号的连接权矢量，b 是神经元的阈值，$u(\cdot)$ 是神经元的基函数，$f(\cdot)$ 是神经元的激活函数，u 是基函数的输出，y 是激活函数的输出，也是神经元的输出。从图中可以看出，基函数 $u(\cdot)$ 是一个多输入单输出函数，可表示为 $u=u(x,w,b)$，激活函数用于对基函数输出 u 进行变换，从而将神经元 y 输出限定在指定的范围内。

12.1.1　基函数

在基本神经元模型中，基函数有多种类型，其中线性函数、距离函数和椭圆基函数是 3 种应用比较广泛的类型，它们对应的数学模型如下。

1. 线性函数

在神经网络的结构设计中，绝大多数神经网络的神经元都采用线性函数作为

其基函数类型。对于图 12－1 所示的基本神经元模型，如果采用线性函数，基函数输出为

$$u = \sum w_j x_j \tag{12-1}$$

如果将神经元阈值想象成特殊的输入信号，记为 $x_0 = b$，其相应的连接权值为 $w_0 = 1$，式（12－1）可改写为式（12－2），即

$$u = \sum_{j=1}^{n} w_j x_j + b \tag{12-2}$$

2. 距离函数

距离函数，一般指欧几里得距离，用于计算输入向量 $\boldsymbol{x}$ 和连接权向量 $\boldsymbol{w}$ 之间的欧几里得距离。如果采用距离函数，基函数输出为

$$u = \sqrt{\sum_{j=1}^{n} (x_j - w_j)^2} = \| \boldsymbol{x} - \boldsymbol{w} \| \tag{12-3}$$

3. 椭圆基函数

椭圆基函数是对距离函数的加权改进，适用于神经元的输入刺激信号对神经元影响程度不同的情况。如果采用该基函数，c_j 为加权系数，对于图 12－1 所示的基本神经元模型，则输出为

$$u = \sqrt{\sum_{j=1}^{n} c_j (x_j - w_j)^2} \tag{12-4}$$

12.1.2 激活函数

在基本神经元模型中，应用比较广泛的激活函数类型有阶跃型、线性型、单极 Sigmoid 型、双曲正切 Sigmoid 型、高斯型 5 种类型，关于每种激活函数的描述如下。

1. 阶跃型函数

阶跃型函数的表达式为

$$y = f(u) = \begin{cases} 1, & u \geqslant 0 \\ 0, & u < 0 \end{cases} \tag{12-5}$$

式（12－5）的阶跃函数曲线如图 12－2 所示。

2. 线性函数

线性函数实现输入与输出之间的线性映射，对于图 12－1 中的基本神经元模型，神经元输出 y 可表示为

$$y = f(u) = k \cdot u \tag{12-6}$$

线性函数曲线如图 12－3 所示。

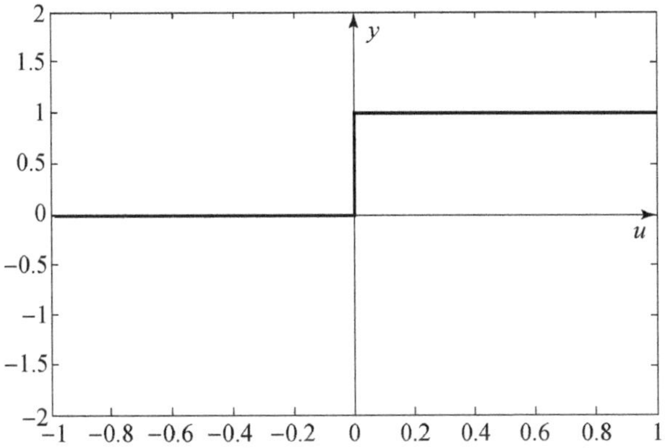

图 12－2　单位阶跃函数曲线

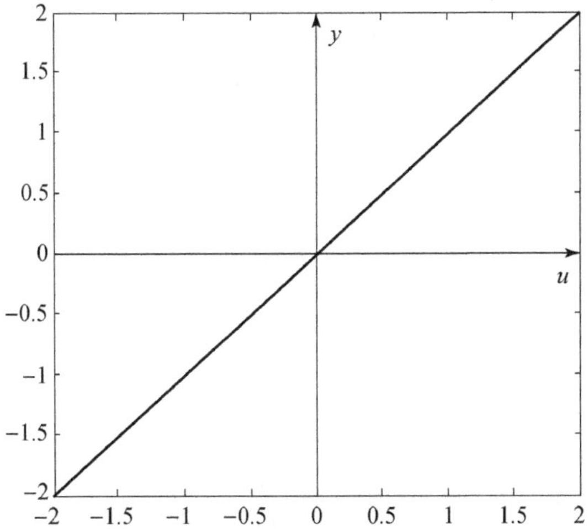

图 12－3　线性函数曲线

3. 单极 Sigmoid 型函数

单极 Sigmoid 型函数也称为单极 S 型函数，是一类常用的非线性激活函数，广泛应用于函数逼近和优化中。对于图 12－1 中的基本神经元，采用单极 Sigmoid 型激活函数的神经元输出 y 可表示为

$$y=f(u)=\frac{1}{1+e^{-\lambda u}} \tag{12-7}$$

式中：参数 λ 为单极 Sigmoid 型函数的调节因子，决定了函数非饱和段的斜率，该值越大，曲线上升段就会越陡，函数曲线如图 12－4 所示。

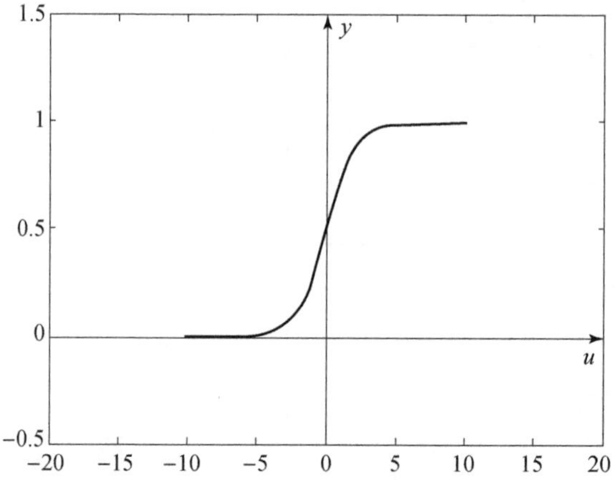

图 12－4　单极 Sigmoid 型函数曲线

4. 双曲正切 S 型函数

双曲正切 S 型函数也称为双极 Sigmoid 型函数，和单极 S 型函数一样，都是非常重要的激活函数。对于图 12－1 中的基本神经元模型，如果采用双曲正切 S 型函数为激活函数，则神经元的输出 y 可表示为

$$y=f(u)=\frac{1-e^{-\lambda u}}{1+e^{-\lambda u}} \tag{12-8}$$

双曲正切 S 型函数的曲线如图 12－5 所示。

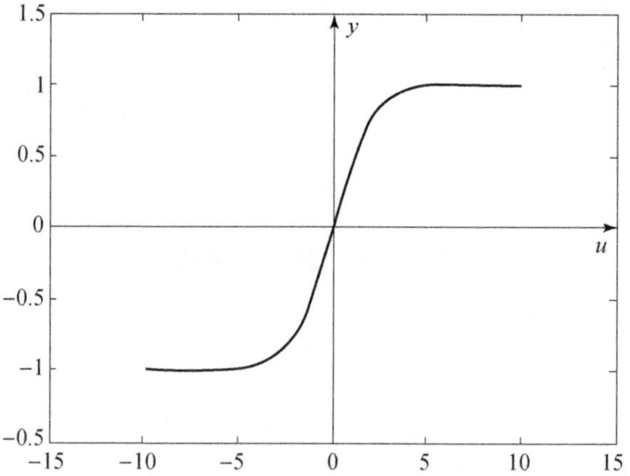

图 12－5　双曲正切 S 型函数曲线

5. 高斯型函数

高斯型函数是另一类非常重要的非线性激活函数类型，经常用于径向基神经网络中。对于图 12－1 中的基本神经元模型，如果采用高斯型函数作为激活函

数，则神经元的输出 y 可表示为

$$y=f(u)=\mathrm{e}^{-\frac{u^2}{\sigma^2}} \tag{12-9}$$

式中：参数 σ 为高斯型函数的扩展常数，σ 越大，则函数曲线越平坦，反之，则函数曲线越陡峭。高斯型函数曲线如图 12－6 所示。

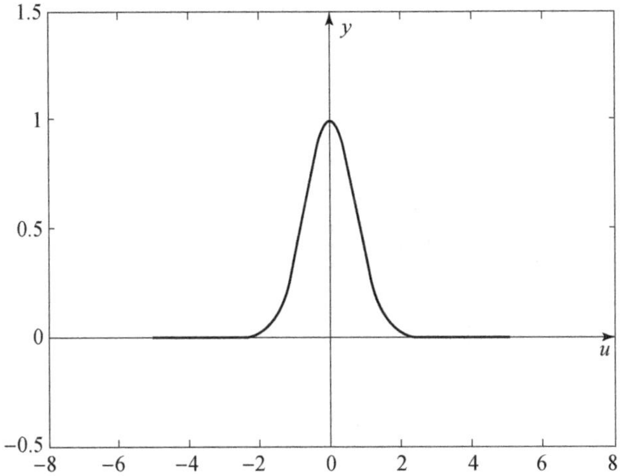

图 12－6　高斯型函数曲线

神经网络有很多种类型，前馈神经网络是在各领域应用最多的一类网络类型，其原理和算法是其他网络类型的基础。该神经网络中，每个神经元接收其前一层神经元的信号作为输入，并将计算结果传递给下一代，中间没有任何反馈信号。前向神经网络中比较典型的神经网络类型有多层感知器、BP 神经网络、RBF 神经网络和级联相关神经网络，其中 BP 神经网络和 RBF 神经网络是前向神经网络类型中应用较多的两种类型，下面对这两种常用而重要的神经网络的结构和原理进行分析。

12.2　BP 神经网络模型

前向神经网络是最基本实用的神经网络类型，学习算法是其需要解决的关键问题。误差反向传播（back propagation，BP）算法为前向神经网络的理论发展与科学研究奠定了坚实的基础。BP 神经网络将误差反向传播思想融入多层感知器网络，其网络结构包含输入层、隐含层和输出层 3 个部分。输入层直接感知外部环境，接收外部输入，隐含层对输入层接收的信息进行处理并将结果传递给输出层，输出层用于将网络的输出按照预定的组织形式输出。隐含层一般可以有多个，但理论上单个隐含层便可以实现多个隐含层的功能，图 12－7 是典型的 3 层

BP 神经网络结构。

如图 12－7 所示，设 BP 神经网络的输入向量为 $\boldsymbol{x}=[x_1,x_2,\cdots,x_n]^{\mathrm{T}}$，$n$ 为输入层节点的数目，输入神经元以 i 编号；隐含层的神经元个数为 h，第 j 个神经元的输入总和为 $\mathrm{net}_j^{(1)}$，第 j 个神经元的输出为 $\mathrm{out}_j^{(1)}$，其中，$j=l,2,\cdots,h$；输出层的神经元个数为 m，第 k 个神经元的输入总和为 $\mathrm{net}_k^{(2)}$，第 k 个神经元的输出为 $\mathrm{out}_k^{(2)}$，其中 $k=1,2,\cdots,m$；输入层到隐含层的权值矩阵为 $\boldsymbol{W}^{(1)}$，隐含层到输出层的权值矩阵为 $\boldsymbol{W}^{(2)}$，$w_{ji}^{(1)}$ 和 $w_{kj}^{(2)}$ 分别为隐含层第 j 个神经元到输入层第 i 个神经元和到输出层第 k 个神经元的权值。

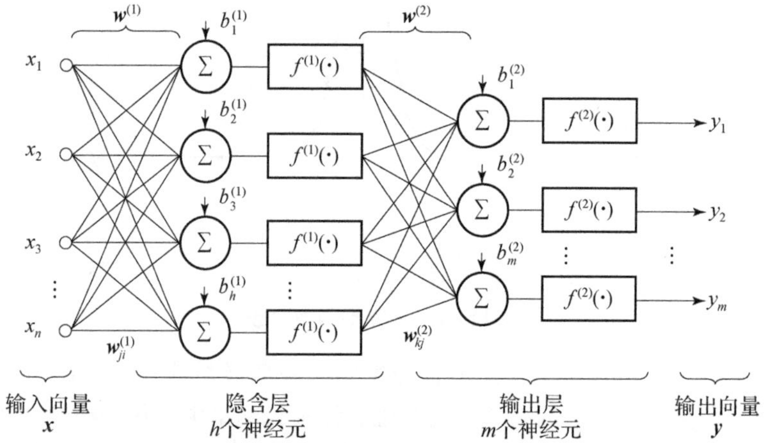

图 12－7　3 层 BP 神经网络结构

下面对 3 层 BP 神经网络模型的学习训练过程从数学模型上给出简单的数学推导，多隐含层前向神经网络模型的分析和 3 层 BP 神经网络模型类似。BP 神经网络的学习训练过程由两部分组成，一个是输入信号在多层感知器上的正向传播过程，另一个则是误差信号反向传递进而修改网络参数的过程。下面先说明多层感知器的前向传播过程。

首先是输入层。输入层实现感知外部刺激信号，并将信号传递给隐含层，在图 12－7 中即由 x_1，x_2，$\cdots$，x_n 组成输入向量。其次是隐含层，隐含层的每个神经元接收上一层的输出信号作为自己的输入信号，并将自己的输出信号传递给下一层各个神经元。对于隐含层第 j 个神经元，有以下等式成立，即

$$\mathrm{net}_j^{(1)} = \sum_{i=1}^{n} w_{jt}^{(1)} \cdot x_i + b_j^{(1)} \tag{12-10}$$

$$\mathrm{out}_j^{(1)} = f^{(1)}(\mathrm{net}_j^{(1)}) \tag{12-11}$$

式中：$b_j^{(1)}$ 为隐含层第 j 个神经元的阈值，其中 $j=1,2,\cdots,h$。

最后是输出层。输出层将神经网络的处理结果以预定的方式输出，输出向量定为 $\boldsymbol{y}$，对于含 m 个神经元的输出层，$\boldsymbol{y}=[y_1,y_2,\cdots,y_m]^{\mathrm{T}}$。对输出层第 k 个神经元，有

$$\mathrm{net}_k^{(2)} = \sum_{i=1}^{h} w_{kj}^{(2)} \cdot \mathrm{out}_j^{(1)} + b_k^{(2)} \tag{12-12}$$

$$\mathrm{out}_k^{(2)} = f^{(2)}(\mathrm{net}_k^{(2)}) \tag{12-13}$$

$$y_k = \mathrm{out}_k^{(2)} \tag{12-14}$$

式中：$b_k^{(2)}$ 为输出层第 k 个神经元的阈值，其中 $k=1,2,\cdots,m$。

上述计算过程实现的是多层感知器的单向计算过程，没有引入学习算法，BP 神经网络就是将 BP 算法应用于多层感知器而得到的一类典型的前馈神经网络，通过使一个选定的目标函数最小化来完成对神经网络的学习训练。通常目标函数选实际输出与期望输出的误差平方和的 1/2，即

$$E(X) = \frac{1}{2}\sum_{k=1}^{m} (d_k(X) - y_k(X))^2 \tag{12-15}$$

式中：$E(X)$ 为单个样本 X 的误差平方和；$d_k(X)$ 为样本 X 在输出节点 k 上的理想输出；$y_k(X)$ 为在样本 X 输入信号作用下输出节点 k 的实际输出。BP 神经网络通过计算样本 X 的误差信号，并将误差信号分摊给前层所有神经元，从而得到每个神经元的误差信号，进而修正每个神经元的权值和阈值。具体步骤如下：

（1）根据实际问题选择合适的 BP 神经网络结构，随机地初始化网络权值与阈值；

（2）从训练样本集合中取出每个样本，作为输入信号传递给神经网络；

（3）对于给定输入信号，按照信号正向传递，得到每个神经元的输出信号；

（4）计算在输入信号下的实际输出与期望输出的总的误差信号；

（5）从输出层开始，将误差信号分摊给前面各层神经元，按照一定的计算原则调整神经网络中每个神经元的权值和阈值；

（6）对训练样本集合中的每个神经元都重复上述步骤，直到整个训练样本集合的总误差满足预定的精度范围或者总训练次数超过指定最大次数时为止。

BP 神经网络是最重要的神经网络模型之一，在很多领域都得到普遍使用，但是同样也一些不足，如存在局部极小点问题、收敛速度与网络初始连接权值及学习率的确定有关、网络结构设计暂无理论指导等，这些不足也在一定程度上限制了其使用，在本章后面将对 BP 神经网络进行优化以适用于本书的无人机运用效能评估问题。

12.3 基于神经网络的复杂环境无人机运用效能评估

本节将上述BP前馈神经网络类型应用于复杂气象地形环境下无人机运用效能评估的实际问题中，基于神经网络建立无人机运用效能评估模型，进而使用训练好的评估模型完成对实际运用环境下的无人机运用作战效能的评估。

12.3.1 影响无人机运用效能的环境要素指标

无人机装备性能的发挥受环境的影响，对于无人机装备而言，由于运用环境中地理位置的变化、地形的变化和气候条件的变化等，都会对无人机装备运用效能的发挥产生较大的影响。不同无人机装备的工作过程、工作模式和实际使用环境要求各不相同，所以对它们效能发挥产生影响的环境要素也会不同。为了较好地完成对无人机在实际运用环境下效能的评估任务，应该首先确定影响无人机的环境要素指标，这些要素指标的确定需要在对无人机工作原理深入分析的基础上得到，而且还需要慎重选择；否则将会对后序无人机运用效能评估产生较大影响。

在确定影响无人机装备的环境要素指标后，接下来便是通过无人机装备在这些环境要素指标下的实验样本数据对所建评估模型进行训练。由于不同环境要素具有不同的量纲，取值范围也差异很大，因此，为了提高模型训练的准确度和减少训练时间，通常对样本数据进行预处理，以减轻或消除不同要素指标在特征上的差异。样本数据的预处理方法有很多，归一化处理是最常用的处理方式。常用的归一化处理公式为

$$\bar{x}_i = (x_{\text{high}} - x_{\text{low}})\frac{x_i - x_{\min}}{x_{\max} - x_{\min}} + x_{\text{low}} \tag{12-16}$$

式中：x_{high}和x_{low}分别为指标归一化之后目标范围的最大值和最小值；$x_{\max}$和$x_{\min}$为指标在归一化之前的最大值和最小值；$\bar{x}_i$和x_i而分别是归一化前和归一化后的指标值。

12.3.2 无人机运用效能评估模型建立

在12.3.1小节中对影响无人机效能的环境要素进行了介绍，在本小节中将基于神经网络建立无人机效能的评估模型。基于标准BP神经网络的无人机运用效能评估模型和基于标准BP神经网络的武器评估模型已经给出，并对BP神经网络采用动量项更新方法进行改进，达到了预期的效果。本节将

给出另外两种 BP 神经网络的改进模型，基于这些网络模型建立无人机运用效能评估模型。

图 12 –8 所示为 25 组训练样本数据在基于 BP 神经网络的无人机运用效能评估模型下的训练结果，考虑到文章篇幅限制，这里不单独列出每组训练样本的拟合误差，仅给出训练样本拟合误差的平均值，标准 BP 网络评估模型中训练样本拟合平均绝对误差为 0.035。图 12 –9 所示为 BP 网络无人机运用效能评估模型训练过程中误差变化。图 12 –10 所示为 BP 网络无人机运用效能评估模型中测试样本真实效能值和评估值的分布情况。

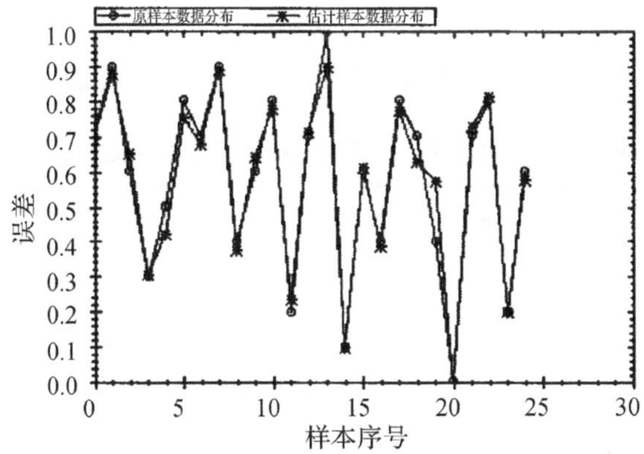

图 12 –8　标准 BP 网络无人机运用效能评估模型中训练样本数据的训练结果

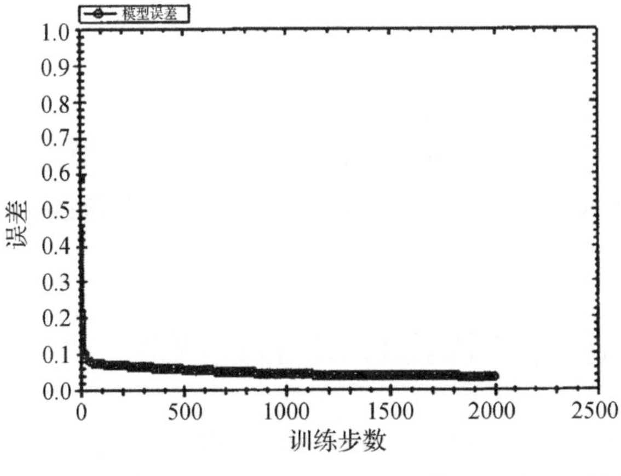

图 12 –9　BP 网络无人机运用效能评估模型训练过程中误差变化

表 12 –1 所列为测试样本数据在 BP 网络无人机运用效能评估模型下的评估结果。

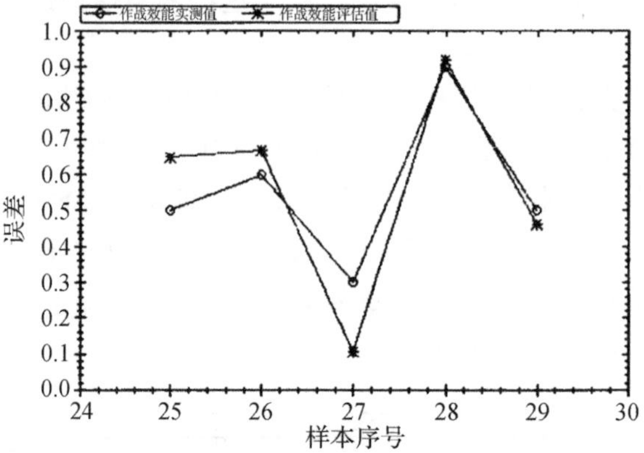

图 12－10　BP 网络无人机运用效能评估模型中测试样本真实效能值和评估值的分布情况

表 12－1　测试样本数据在 BP 网络无人机运用效能评估模型下的评估结果

样本序号	海洋环境要素					作战效能			平均误差
	x_1	x_2	x_3	x_4	x_5	真实值	评估值	误差	
25	15	4	5	0.3	0.3	0.5	0.649	0.149	0.0910
26	10	3	6	0.2	0.5	0.6	0.665	0.065	
27	3	0.1	0.3	0.4	0.7	0.3	0.105	0.185	
28	6	0.5	7	0	0	0.9	0.919	0.019	
29	3	0.1	0.5	0.4	0.2	0.5	0.463	0.037	

BP 网络容易陷入局部极小值而不能获得全局最优解，同时 BP 网络训练效果一般与网络的初始状态有较大关系。针对前馈神经网络建模过程中存在的不足，如 BP 网络容易陷入局部极小点，采用 GA 算法对模型进行优化，改善评估模型的性能。

12.4　基于遗传算法优化的 BP 神经网络

遗传算法（genetic algorithms，GA）是一种借鉴生物界自然选择和自然遗传机制而演变出来的随机化搜索算法，是一种全局优化方法。遗传算法作为进化计算的核心之一，依据自然生物界进化的思想，通过模拟自然选择和自然遗传过程中种群中所发生的繁殖、交叉和基因突变等生物进化现象，在每次迭代过程中，按照某个指定指标从种群中挑选出较优的个体，并利用遗传算子（如选择、交叉和变异）对种群中的个体进行操作产生下一代种群，重复此过程，直到满足某个指定的收敛条件为止。

遗传算法具有很多良好的特点，它直接对结构对象进行操作，不存在函数求导和函数连续性的限定；采用随机化的搜索方法，能够自适应地调整搜索方向，不需要指定确定的规则；具有隐含的内并行性和全局寻优能力。遗传算法的这些特点已被人们广泛接受和认可，并应用于各个领域，如优化、搜索、机器学习等。

12.4.1　遗传算法中的基本概念

遗传算法是在进化论和遗传学原理的基础上被提出的一种全局搜索算法，在这个算法中需要用到一些关于进化和遗传的基本概念，遗传算法中用到的一些基本概念包括以下几个。

（1）种群（population）。若干具有相同特征的个体所组成的集合。

（2）种群大 dx（population size）。种群中所包含个体的数量。

（3）个体（individual）。种群中的单个个体，由一个染色体进行表征，是染色体的形象化表示。

（4）染色体（chromosome）。细胞内的丝状化合物，是遗传的主要载体，每个染色体由多个基因组合而成。

（5）基因（gene）。染色体中不可分割的细小片段。

（6）编码（coding）。将实际问题中所需要的参数按照一定的模式在染色体上进行排列。

（7）解码（decoding）。从染色体中取出每个基因值传递给相应的实际问题中的参数。

（8）适应度（fitness）。表示个体对于环境的适应程度。适应度越大，表明该个体对于环境的适应能力越好。

（9）适应度函数（fitness function）。适应度函数是进化过程的驱动力，是用于从种群中选择优良个体的标准。

（10）选择（selection）。按照一定的概率从种群中选择若干个体进入新生成的下一代种群中。一般这种选择是基于个体的适应度来进行的。

（11）交叉（crossover）。按照一定的概率从种群中随机选择两个个体，随机交换这两个个体中染色体的部分片段而产生两个新的个体。

（12）变异（mutation）。按照一定的概率从种群中随机选择一个染色体，随机对染色体上的某个基因进行改变。二进制编码中，变异即二进制位由 0 变 1、由 1 变 0。

12.4.2 遗传算法过程

遗传算法的实施过程包括参数建模、编码、种群生成、适应度计算、选择、交叉、变换等操作。借助达尔文进化论中的观点，适者生存，不适者将被淘汰，那么种群中那些适应度高的个体将更能适应要求，将有更多的机会生存下来，而那些适应度低的个体将只有较小的机会生存下来甚至会被直接淘汰。

1. 参数建模

使用遗传算法是为了解决实际问题，这些问题的解决一般都需要通过建立相应的数学模型，模型中那些需要最终求解的未知量便是需要通过遗传算法进行全局寻优的参数。在染色体编码过程中，也正是对这些提取的参数进行适当排列的过程。

2. 染色体编码

编码实现的是将优化问题中那些需要求解的参数通过一定的顺序进行组合排列转换成基因串的形式，这一转换操作称为编码。遗传算法的编码有两种：一种是二进制编码；另一种是浮点数编码方式。

虽然二进制编码存在诸多优点，如物理意义明确、简单、易于理解，并且模式定律也给予了满意的解释，但是它也存在一些缺点：首先，二进制编码的遗传算法一般求解的精度都不高；其次，二进制编码的效率一般都比较低。对于在本章中需要求解的气象地形要素影响下无人机运用效能评估的问题，由于有较高的精度要求，所以采用二进制编码并不合适。相比之下，浮点数编码的遗传算法则可以具有相当高的表示精度，同时计算速度较快，虽然存在诸如基因操作不灵活、理论基础差等缺点，但是这些缺点并不会过多影响实际问题的解决，因此，在后续章节中都采用浮点数编码的方式。

3. 染色体解码

染色体解码是指将通过遗传算法求解得到的优良染色体按照一定的组合顺序还原成原问题空间中的参数数值。染色体在编码和解码过程中采用相同的组合排列顺序。

4. 种群

由一定数量的个体组成，每个个体都代表了原问题空间的一个解，所以种群可以理解为问题的一组解的集合。种群中的个体数称为种群规模。在遗传算法中，种群规模是重要的参数之一。如果种群规模过大，那么算法的计算量将会过大，效率降低，也浪费时间，如果种群规模过小，将会导致种群难以包括有关问题解空间的完整信息，使 GA 算法易于收敛到局部极小值。种群规模的选择与染色体的长度、染色体所代表参数的个数以及所求解问题的非线性程度有关，目前尚没有一个定量的标准。一般情况下，种群规模一般在 20 ~ 200 之间。

5. 适应度函数

适应度函数在遗传算法中扮演中重要的角色，它用于表征个体对于环境的适应程度，是体现种群中个体优良好坏的标准。适应度函数值越大，个体对环境的适应程度越好，个体所对应的解也越好。同时，适应度函数值大的个体更有机会生存下来并繁殖，将优良特性传递给下一代。适应度函数的设计直接影响到遗传算法的性能。在实际应用过程中，应根据不同问题设计相应的适应度函数。

6. 遗传算子操作

在遗传算法中所用到的选择、交叉和变异操作称为遗传算子。

1）选择算子

选择算子从种群中按照一定的概率只选择个体，遗传到下一代种群。适应度函数值越高的个体，被选择进入下一代的概率越大；相反，适应度函数值越低的个体，被选择进入下一代种群的概率越小。选择算子的实现一般包括排序选择模型、精英选择模型和轮盘赌选择模型，最常用的选择算子是轮盘赌选择模型。

2）交叉算子

交叉算子是指按照指定的交叉概率 P_c 从种群中随机选择两个染色体，随机地交换其部分基因，从而生成两个新的个体。P_c 是系统参数，是种群进化过程中的重要参数。目前，常用的交叉算子有单点交叉、多点交叉和一致交叉。交叉操作是产生新个体的主要方法，是遗传算法全局搜索的主要手段，在种群进化过程中大大加快了搜索速度，在遗传算法中起着关键作用。

3）变异算子

变异算子以很小的概率 P_m 从种群中随机选择个体，并随机地改变染色体上的某些基因值。例如，在二进制编码中，变异操作即将二进制位由 0 变 1、由 1 变 0。变异操作是种群中产生新个体的辅助方法，决定了遗传算法中的局部搜索能力，同时在保持种群多样性上也发挥重要作用。交叉操作和变异操作相互配合，完成对原问题解空间的全局搜索和局部搜索。

在遗传算法中，通过对实际应用问题进行分析，提取出需要解答的问题的解的参数表达，通过编码组成初始种群，对种群中的个体按照它们对预定适应度函数的适应程度施加一定的操作，从而模拟自然生物界优胜劣汰的进化过程，产生新一代的种群。从问题解空间的搜索角度而言，遗传算法可使问题的解一代一代得到优化，并最终逼近最优解。GA 算法的执行步骤流程框图如图 12 – 11 所示。

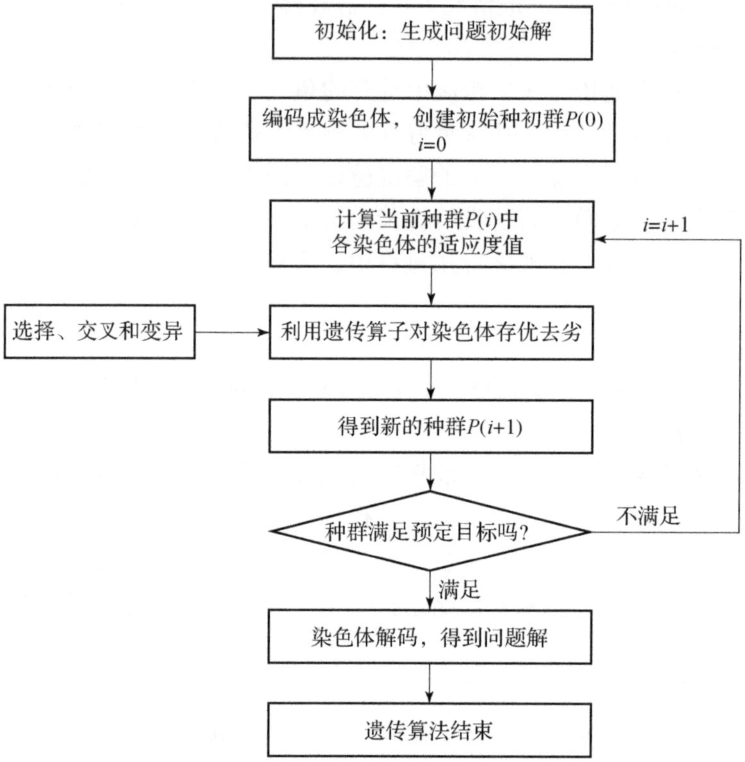

图 12－11　遗传算法执行步骤流程框图

遗传算法的基本步骤如下。

①分析实际问题，生成问题初始解。

②将问题的解编码成染色体，每个染色体代表问题的一个可行解。

③随机生成初始种群，种群代表一些可行解的集合。

④计算种群中每个个体的适应度值。

⑤根据种群中个体适应度值的高低，通过选择、交叉和变异 3 种基本操作产生下一代新的种群。

⑥判断新生成的种群是否满足指定收敛条件，如果满足，则跳到步骤⑦；否则返回步骤④。

⑦将种群中的染色体解码，得到实际问题的解，遗传算法结束。

12.5　基于 GA 优化的 BP 神经网络

BP 神经网络虽然得到普遍应用，但是同样存在一些缺点和不足，如学习率是固定不变的，选择过小会导致网络训练速度慢；选择过大则会导致振荡；容易陷入局部极小值等，这些缺点和不足限制了其所能解决的实际问题类型，也影响问题求解的精度。

GA（遗传算法）是通过模拟自然界生物进化过程而得到的一种自适应启发式全局搜索算法。GA 算法是一种全局搜索算法，具有较强的全局搜索能力，同时还具有较强的鲁棒性和适用于并行计算的优点。当然 GA 也具有一些缺点，如效率较低、易于出现过早的收敛、编码不规范而带来的不准确性等。

BP 神经网络和遗传算法具有各自的优、缺点，将 BP 神经网络和 GA 结合起来，使新算法既有 BP 网络的学习能力，又具有 GA 的全局搜索能力，使之成为一种有效方法。BP 神经网络和 GA 算法的结合方式主要有下面 3 种：

（1）GA 用于确定神经网络中的连接权值和阈值；

（2）GA 用于确定神经网络的拓扑结构；

（3）GA 用于进化神经网络的学习规则。

将 BP 神经网络的局部寻优能力和 GA 的全局寻优能力进行结合，可以充分利用两者的优点，避免陷入局部极小值，提高训练速度，更快得到求解问题的全局最优解。

对于需要解决的复杂环境下无人机运用效能评估问题，典型的 3 层神经网络便可以较好地解决问题，需要解决的只是隐含层神经元的个数的选择问题，虽然可以通过 GA 来优化 BP 神经网络结构，但是通过经验确定隐含层神经元数目不仅简单方便，而且在问题的解决中得到满意的效果，本章使用 GA 优化 BP 网络的连接权值和阈值，并且基于 GA 优化的 BP 神经网络建立复杂环境下无人机效能的评估模型，通过实例验证所建模型的有效性。

12.5.1　评估模型设计

1. 评估模型结构确定

在基于 GA + BP 的无人机运用效能评估模型中，网络结构和基于 RPROP 学习算法的无人机运用效能评估模型中的神经网络结构相同，采用的都是 3 层前向神经网络结构。

2. 评估模型算法确定

评估模型的建立，本质上就是采用神经网络建立起环境要素与无人机运用效能之间的非线性映射关系。神经网络通过训练将这种映射关系以权值和阈值的方式保存在神经网络中。权值和阈值的训练过程，实际上是一种复杂函数优化问题，即通过反复调整来寻找最优的权值和阈值。广泛使用的 BP 神经网络是基于梯度下降法，容易陷入局部极小值，因而对网络的初始权值和阈值比较敏感，不同的初始权值和阈值可能得到不同的训练结果。为了解决这一问题，采用具有全局寻优能力的遗传算法对 BP 神经网络进行权值和阈值优化，避免在 BP 陷入局部极小值，同时还能加快训练收敛速度，提高模型的泛化能力。

12.5.2 评估模型建立与求解

由上述可知，评估模型的输入层有 n 个神经元，隐含层有 h 个神经元，输出层有一个神经元。隐含层和输出层的激活函数分别为 $f^{(1)}(\cdot)$ 和 $f^{(2)}(\cdot)$，阈值分别为 $b^{(1)}$ 和 $b_1^{(2)}$。基于 GA 优化的 BP 神经网络无人机运用效能评估模型如图 12－12 所示。

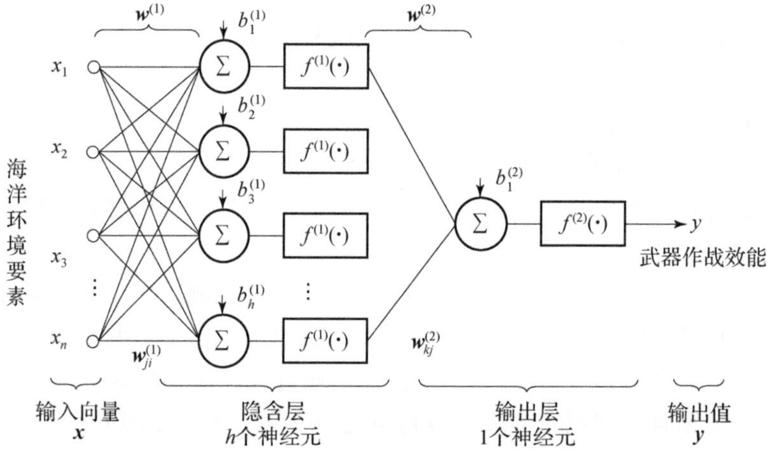

图 12－12 基于 GA 优化的 BP 神经网络评估模型结构

使用遗传算法对 BP 神经网络权值和阈值进行优化的流程框图如图 12－13 所示。

具体过程如下。

（1）确定 BP 神经网络结构，采用浮点数编码方式对网络权值和阈值进行编码，随机生成 N 个个体，每个个体由代表神经网络的权值和阈值组成。

（2）解码每个个体，得到代表网络的权值和阈值集合，并由该集合构造 N 个神经网络。

（3）使用实际样本数据计算这 N 个神经网络的误差均方差，并由适应度函数计算每个个体的适应度，选出最优个体，判断最优个体是否满足结束条件，如果满足，则直接转向步骤（5）。

（4）对当前一代种群使用选择、交叉和变异操作，得到下一代种群，转向步骤（2）。

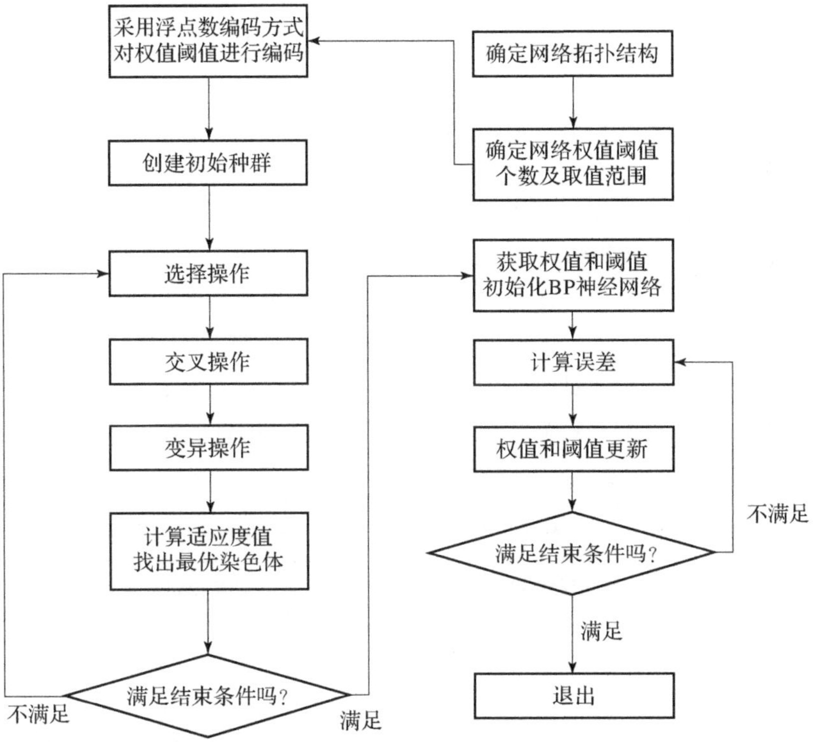

图 12－13　遗传算法优化 BP 神经网络的流程框图

(5) 对最优染色体进行解码，得到权值和阈值集合，使用该权值和阈值对 BP 神经网络进行初始化。

(6) 采用预设的训练算法训练 BP 神经网络，直到满足结束条件为止。

12.6　基于改进的 BP 网络无人机运用效能评估

无人机运用效能样本数据如表 12－1 所列，从表中可以看出，影响该无人机装备的环境要素主要有风速、地形、水平能见度、雨和降落地域，分别用 x_1、x_2、x_3、x_4、x_5 表示。通过该样本数据验证所提出的基于 GA 优化 BP 神经网络的无人机运用效能评估模型的可行性。

12.6.1　评估模型实验结果

由表 12－1 可知，共有 30 组样本数据，为了避免使用训练样本数据对最终模型进行性能测试，增加评估模型的可信度，现取前 25 组样本数据作为训练样本，后 5 组数据作为测试样本。由于样本数据中的不同环境要素的单位不同，取值范围差异也较大，为了更好地训练神经网络模型，在实验中使用的都是归一化后的样本数据。对评估模型结构图，$f^{(1)}(\cdot)$选择为双曲正切S型函数，$f^{(2)}(\cdot)$选择为线性函数。输入层神经元个数n为5，输出层神经元个数m为1，隐含层神经元个数h确定为12。在神经网络结构确定以后，采用浮点数编码对网络中权值和阈值进行编码，每个染色体的长度根据$(n*h+h+m*h+m)$计算确定为85。训练算法采用基于GA优化的BP学习算法。遗传算法的最大进化代数为200，BP算法最大训练次数为3000，训练精度为1×10^{-3}。

考虑到文章篇幅限制，这里不单独列出每组训练样本的拟合误差，仅给出训练样本拟合误差的平均值，训练样本拟合平均绝对误差为0.029。对训练得到的评估模型，使用测试样本对模型进行性能评估，评估结果如表12-2所列，从表中测试结果来看，基于GA优化BP网络的无人机运用效能评估模型评估的平均绝对误差为0.0774。

表12-2　GA优化BP网络模型中测试样本的评估结果

样本序号	海洋环境要素					作战效能			平均误差
	x_1	x_2	x_3	x_4	x_5	真实值	评估值	误差	
25	15	4	5	0.3	0.3	0.5	0.645	0.145	0.0774
26	10	3	6	0.2	0.5	0.6	0.695	0.095	
27	3	0.1	0.3	0.4	0.7	0.3	0.278	0.022	
28	6	0.5	7	0	0	0.9	0.933	0.033	
29	3	0.1	0.5	0.4	0.2	0.5	0.529	0.092	

为了进一步说明采用遗传算法后给无人机运用效能评估模型所带来的好处，现将基于标准BP神经网络的无人机运用效能评估模型的实验结果在上面已经给出，通过对基于标准BP神经网络和基于GA优化BP神经网络的两种武器评估模型的结果进行对比分析，说明遗传算法在改进BP神经网络性能方面所起的重要作用。

12.6.2　实验结果分析

遗传算法作为一种自适应启发式全局搜索算法，具有良好全局搜索能力，能够在问题解空间范围内自动寻找问题最优解。从结果对比来看，BP网络评估模型评估的平均绝对误差为0.0910，GA优化BP网络评估模型评估的平均绝对误差为0.0774，后者在平均绝对误差方面要明显小于前者。另外，BP网络评估模型的训练样本拟合程度没有基于 GA 优化的 BP 网络评估模型好，前者拟合平均绝对误差为 0.035，后者为 0.029。BP 网络评估模型的误差起始较大，随着训练的进行，误差慢慢变小，而 GA 优化 BP 网络评估模型的起始误差相对较小，这是由于 BP 神经网络经过 GA 改进之后已经非常接近问题的最优解。

总体来说，通过分析复杂环境对无人机效能的影响情况，建立基于算 GA 优化 BP 网络的无人机运用效能评估模型，通过训练样本对模型进行训练，采用测试样本对训练后的模型进行性能测试，从测试结果来看，基于 GA 优化 BP 网络的评估模型评估精度达到预定要求，模型具有可行性。

12.7　本章小节

本章深入探讨了基于神经网络的无人机运用效能评估方法，特别是在复杂气象地形环境下的应用。首先，概述了神经网络的基本原理及其在处理复杂非线性问题中的显著优势，强调了其相较于传统评估方法在提高评估准确性和客观性方面的潜力。

随后，对 BP 神经网络模型进行了详细剖析，包括其层次结构（输入层、隐含层、输出层）及核心算法（误差反向传播算法）。针对 BP 神经网络易陷入局部最优解、收敛速度受初始参数影响等固有缺陷，本书创新性地引入了 GA 进行优化，旨在提升模型的全局搜索能力和鲁棒性。

GA 作为一种受自然选择和遗传机制启发的全局优化算法，具备强大的全局寻优能力和自适应搜索特性。通过将 GA 与 BP 神经网络相结合，充分发挥了两者的长处，既保留了神经网络的学习与映射能力，又引入了 GA 的全局搜索机制，有效避免了局部最优问题，加速了收敛过程。

在无人机运用效能评估模型的构建过程中，首先对影响无人机效能的各类环境要素进行了系统分析，并确定了相应的评估指标。针对样本数据的多样性和差异性，进行了必要的预处理工作，以确保模型的训练效果和评估准确性。

基于 BP 神经网络与 GA 的优化组合，成功构建了无人机运用效能评估模型，并通过实际样本数据进行了充分的训练和测试。实验结果表明，该模型在训练速度和评估精度方面均表现出色，能够准确反映复杂气象地形要素与无人机运用效能之间的复杂关系。